DUDEN

POCKET TEACHER MUSIK

Abi

6., aktualisierte Auflage

Norbert Heukäufer

Dudenverlag
Berlin

Der Autor
Norbert Heukäufer hat über 40 Jahre das Fach Musik an einem Gymnasium unterrichtet; er war in der Lehrerfortbildung und -ausbildung tätig.

Bibliografische Information der Deutschen Nationalbibliothek
Die Deutsche Nationalbibliothek verzeichnet diese Publikation in der Deutschen Nationalbibliografie; detaillierte bibliografische Daten sind im Internet über http://dnb.dnb.de abrufbar.

Bibliographisches Institut GmbH, Mecklenburgische Straße 53, 14197 Berlin

Redaktionelle Leitung: David Harvie
Herstellung: Uwe Pahnke
Umschlaggestaltung: Büroecco, Augsburg
Layout / technische Umsetzung: LemmeDESIGN, Berlin
Druck und Bindung: Heenemann GmbH & Co. KG
Bessemerstraße 83–91, 12103 Berlin
Printed in Germany

ISBN 978-3-411-87208-4

Inhalt

Vorwort

Liebe Leserin, lieber Leser!

Der Pocket Teacher Abi Musik eignet sich als idealer Begleiter durch die gesamte Oberstufe bis zum Abitur. Er stellt die wesentlichen Grundlagen, Entwicklungslinien, wichtigen Elemente und Zusammenhänge der Musik sehr übersichtlich dar und konzentriert sich dabei auf das Wesentliche. Das Buch hilft nicht nur beim Endspurt vor der Abschlussprüfung, sondern ebenso gut bei der Vorbereitung auf Klausuren und Tests.
Es gibt viele Notenbeispiele und Tabellen, die die Ausführungen veranschaulichen. Da diese Notenbeispiele nicht „klingen" und nicht „hörbar" sind, ist es sinnvoll, sich diese Beispiele auf dem Klavier andeutungsweise vorzuspielen bzw. vorspielen zu lassen. Die meisten Kompositionen lassen sich außerdem im Internet finden und können dort, z. B. bei *youtube,* angehört werden.
Die Abiturprüfung wird gründlich behandelt, wobei sowohl kommentierte Beispiele von Prüfungsaufgaben als auch grundlegende Tipps zur Vorbereitung gegeben werden; generelle Hinweise zur Arbeitstechnik runden diesen Teil ab.
Besonderes Gewicht wurde auf die Querverbindungen zwischen den musikalischen Entwicklungen und den grundlegenden gesellschaftlichen und historischen Ereignissen gelegt. Auch Hinweise zur Belletristik oder zu Filmen sind enthalten, wenn eine Komposition oder eine Epoche in diesen anderen Kunstbereichen konkret dargestellt bzw. gezeigt wird; lernpsychologisch ist es oft hilfreich, einen Sachverhalt auch in anderen Zusammenhängen zu erfahren, da sich die Fakten auf diese Weise viel besser einprägen!

Die Querverweise im Text (▶) sowie das umfangreiche Stichwortverzeichnis helfen, weiterführende Informationen zum jeweiligen Thema schnell zu finden. Denn natürlich ist ein solches Buch nicht dazu gedacht, dass es systematisch von Beginn bis zum Ende durchgelesen wird. Für weitere und detailliertere Auseinandersetzungen mit einem bestimmten Thema sind am Schluss – vor allem digitalisierte – Nachschlagewerke angegeben.
Eine spezielle Erweiterung in dieser Auflage sind die heraustrennbaren Karteikarten im Anhang. Diese 20 Karten stellen eine Vorauswahl an Themen dar, mit denen man zur Abiturprüfung rechnen muss. Die Rückseiten wurden freigelassen, damit Sie dort Ihre eigenen Notizen machen können.
Entsprechende Vorlagen für weitere Karteikarten gibt es auf **www.duden.de/pocket-teacher-abi** zum Herunterladen und Ausdrucken.

Musikrichtungen

U-Musik, E-Musik, Popmusik, klassische Musik, außereuropäische Musik, Volksmusik, Kunstmusik – dies sind nur einige Begriffe, mit denen versucht wird, die verschiedenen musikalischen Richtungen zu benennen. Im Folgenden soll daher zunächst eine kurze Begriffsbestimmung erfolgen.

Europäische Musik

- die Musik des geographischen Raums Europa
- die Musik der von ihr (z. B. im Zuge der Kolonialisierung anderer Kontinente) beeinflussten Kulturen

Außereuropäische Musik

- die originäre Musik anderer Kulturen
- oft eigenes Instrumentarium und eigene Gesetzmäßigkeiten
- oft einer anderen Ästhetik verpflichtet
- oft von einer anderen Funktion geprägt

Volksmusik

- in Volkslied und -tanz unterteilte Musik, regional sehr unterschiedlich
- vorwiegend mündlich tradiert, daher – ähnlich wie bei den mündlich überlieferten Märchen – zahlreiche Varianten
- geprägt vom ständisch gegliederten Musikleben des frühen Mittelalters, das eine nach eigenen Gesetzmäßigkeiten und sozialen Normen entstehende Form der Musikpraxis ausbildet
- bestimmt von der Musikpraxis der bäuerlich-dörflichen Gemeinschaften und damit auch ein unmittelbarer Spiegel der Lebensweise ihrer Menschen

- gebunden an Arbeits- und Alltagsvorgänge, bestimmte Feste, Jahreszeiten oder jahreszeitlich bedingte Gegebenheiten und Ereignisse (z. B. Frühlingsanfang, Ernte)

Kunstmusik
- in Abgrenzung zur Volksmusik das vom Komponisten geschaffene, schriftlich überlieferte Werk
- Verwendung bestimmter ästhetischer und formaler Gesetzmäßigkeiten mit einem hohen Grad an Komplexität
- Ausdruck geschichtlicher Entwicklung
- Anspruch: bewusstes Zuhören und geistiger Nachvollzug durch den Hörer

U-Musik
- „Unterhaltungsmusik"
- Begriff der GEMA („Gesellschaft für musikalische Urheberrechte" [früher: „Genossenschaft zur Verwertung musikalischer Aufführungsrechte", daher die Abkürzung GEMA])
- zum reinen Hörvergnügen
- breiter Kreis von Hörern
- erst im 19. Jh. eigenständige Richtung
- starke Verbreitung durch die Massenmedien im 20./21. Jh.
- sehr einfache und unproblematische Verwendung der musikalischen Elemente

E-Musik
- „Ernste Musik"
- Gegenbegriff der GEMA zur U-Musik
- Synonym von Kunstmusik

Klassische Musik
- im engeren Sinn die Musik der Epoche der Klassik (also des Zeitraums von ca. 1750–1827)
- umgangssprachlich der Begriff für den gesamten Bereich der Kunstmusik bzw. E-Musik

Populäre Musik

- im eigentlichen Sinn Musik, die allgemein bekannt, beliebt und weit verbreitet ist (z. B. *Eine kleine Nachtmusik* von Mozart; *Air* von Bach; *Kanon* von Pachelbel)
- umgangssprachlich für Rock- und Popmusik

Popularmusik

- Bezeichnung für die Rock- und Popmusik
- Abgrenzung zum Begriff der populären Musik

Weltmusik

- in den 1960er Jahren entstandene Bezeichnung für in der Welt allgemein gültige Erscheinungen in der Musik
- Gleichberechtigung der Musikkulturen in ihren unterschiedlichen Ausprägungen der Auffassungen von Musik und Musizieren (z. B. andere Singtechnik, andere Instrumentalklänge, andere Art des Zusammenspiels, fremdartige Melodien, andere metrische Auffassungen)
- auch Begriff für übernationale und überzeitliche Werke (z. B. von Cage, Stockhausen)

Die hier vorgeschlagene Begrifflichkeit wird in der Alltagssprache, aber leider auch in der Allgemein- und Fachliteratur selten eingehalten (so unterscheidet z. B. die Frankfurter Allgemeine Sonntagszeitung in einer Rubrik zwischen „Ernster Musik“ und „Populärer Musik“, meint damit aber Popularmusik). Dennoch sollte doch immer eine begriffliche Klarheit und Eindeutigkeit angestrebt werden, um Missverständnisse zu vermeiden.

2 Entwicklung der Notation

Im Gegensatz zu vielen anderen Kulturen, in denen Musik lediglich mündlich überliefert wird, wird Musik in der abendländischen Kultur ab einer bestimmten Zeit aufgeschrieben, was u.a. als ein Grund für ihre sehr differenzierte Entwicklung gesehen werden kann. Diese Verschriftlichung hat sich in einem langen geschichtlichen Prozess herausgebildet und arbeitet mit unterschiedlichen Zeichen und Symbolen. Im Verlauf der Entwicklung können zwar immer mehr Teilbereiche eines musikalischen Ereignisses schriftlich festgehalten werden, doch je genauer und differenzierter man die musikalischen Vorgänge festzuhalten sucht, desto mehr zeigen sich auch die Grenzen des Notationssystems. So sind viele Teilbereiche der Notation (z.B. Tempoangaben wie *Allegro,* Dynamikvorschriften wie *ff*) keine absoluten Größen, sondern lassen dem Interpreten einen großen Spielraum.
Die Verschriftlichung vollzieht sich in mehreren Schritten.

2.1 Neumen

Einer der ersten Versuche, die Melodien des gregorianischen Chorals (▶ S. 121) aufzuschreiben, sind die sog. Neumen; erste Aufzeichnungen dieser Art gibt es seit dem 8./9. Jh.
Neumen sind relativ offene Zeichen, die über dem Text notiert werden und das Steigen oder Fallen der Melodie recht vieldeutig wiedergeben. Sie dienten wohl auch nur als Gedächtnisstütze. Die regional sehr unterschiedliche Notationsform gibt noch keine Auskunft über rhythmische Verhältnisse; diese ergeben sich, genauso wie das Tempo des Singens, aus der Textdeklamation.

BEISPIEL

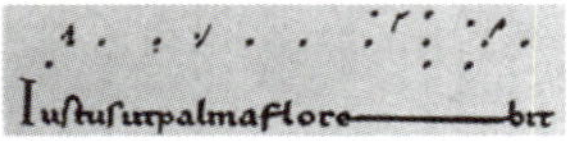

2.2 Gregorianische Notation

Um die Neumen etwas genauer zu fassen, fügt man ab etwa 900 n. Chr. Linien hinzu, von denen diejenigen, unter denen die Halbtonschritte liegen (also die c- und die f-Linie), oft in unterschiedlichen Farben dargestellt werden.

Von diesen verschiedenen Notationssystemen mit Linien hat sich das von Guido von Arezzo (gest. 1050) entwickelte System mit 4 Linien durchgesetzt, die terzweise angeordnet waren: Noten, die auf benachbarten Linien oder in benachbarten Zwischenräumen liegen, sind eine Terz voneinander entfernt. In diesem System gibt es zwei Notenschlüssel, den c- und den f-Schlüssel. Diese Schlüssel bestimmen die jeweilige Linie für den entsprechenden Ton, sodass alle anderen Töne davon abgeleitet werden können. Allerdings sind diese Schlüssel noch nicht an eine bestimmte Linie gebunden, es sind also „gleitende" Notenschlüssel.

Diese Notationsform in einem 4-Linien-System (zusätzlich mit je einer Hilfslinie oben und unten) reicht für den Melodieumfang *(Ambitus)* des gregorianischen Chorals (▶ S. 121) aus; immerhin können mit dieser Notationsform 13 Töne in ihrer Tonhöhe absolut definiert werden.

Noch fehlen jedoch Zeichen zur Bestimmung der verschiedenen Zeitdauern der Töne.

BEISPIEL

2.3 Modalnotation

Im Zuge der beginnenden Mehrstimmigkeit musste ein System gefunden werden, das die Dauer der jeweiligen Note im Vergleich zur gleichzeitig erklingenden in einer anderen Stimme regelte. Es entsteht gegen Ende des 12. Jh.s die Modalnotation, die nach dem Vorbild des antiken Versmaßes sechs verschiedene Modi unterscheidet. So verhalten sich z. B. die Noten im 3. Modus wie 3:1:2, der in das heutige System übertragen folgendermaßen aussehen würde:

2.4 Mensuralnotation

Gegen Ende des 13. Jh.s wird es durch zunehmende Differenzierungen der Rhythmen notwendig, die Einzelnote in ihrer Zeitdauer gegenüber anderen genau zu bestimmen. Es gibt jetzt unterschiedlich geregelte Verhältnisse zwischen den einzelnen Noten. Die Mensur ist das Maß, die dies von Fall zu Fall regelt.
Wesentlich ist die ternäre Auffassung (fast) aller Mensuralzeichen. Diese Dreierunterteilung symbolisiert die Dreieinigkeit Gottes. Das *tempus perfectum* (ungerade Takte, z. B. der 3/2-Takt) wird durch einen Kreis dargestellt, das *tempus imperfectum* (gerade Takte, z. B. der 4/2-Takt) durch einen Halbkreis. Davon ist in der späteren Entwicklung zu konstanten, nicht relativen Dauern und festen Takten (ab 1600) der Halbkreis als Zeichen für den 4/4-Takt (𝄴), der längs durchgestrichene Halbkreis als Zeichen für den ***Alla-breve-Takt*** (𝄵) geblieben.
Haupteinheit ist die Brevis, gleichsam die Grundzählzeit; sie wird im tempus perfectum in 3 Semibreves unterteilt. Die Länge von drei Breves heißt Longa; zwei Longae ergeben den längsten Notenwert der Duplex Longa. Es ergeben sich also folgende Proportionen:

Duplex Longa	Longa	Brevis	Semibrevis
18	9	3	1

Neben diese ternäre Teilung tritt aber gleichberechtigt die binäre (tempus imperfectum). Die Verbindung von in der Melodie eng zusammengehörenden Tönen (Ligaturen) wird durch die Mensuralnotation nach komplizierten Regeln und mit regionalen Ausprägungen festgelegt. Deshalb ist eine Übertragung in das heutige Notensystem auch nicht unumstritten.

2.5 Heutige Notation

Die heute noch gebräuchliche Notenschrift bildet sich im 16. Jh. aus. Zu unterscheiden sind mehrere Elemente, die in diesem Zeichensystem festgelegt werden.

Tonhöhe

Zur Festlegung der Tonhöhe dient ein System von nunmehr 5 Linien, die, wie im System von Guido von Arezzo (▶ S. 13) auch, im Terzabstand geführt sind: Für die zunehmend wichtiger werdende Instrumentalmusik mit ihrem größeren Ambitus im Vergleich zur menschlichen Stimme reichen die 4 Linien nicht mehr aus. Ein vorgesetzter Notenschlüssel definiert eine Linie als eine bestimmte Tonhöhe, wodurch auch alle anderen Töne festgelegt sind. Gebräuchlich sind heute der ***Violinschlüssel,*** der den Ton auf der 2. Linie (die Linien und die Zwischenräume werden immer von unten nach oben gezählt) als g' definiert (der Buchstabe g ist im unteren Teil des Schlüssels noch zu erkennen), der ***Bratschen-*** oder ***Altschlüssel,*** der die 3. Linie als c' definiert, und der ***Bassschlüssel,*** der die 4. Linie als f definiert (auch dieser Schlüssel ist aus dem Buchstaben F entstanden: die beiden Querstriche des Buchstabens sind auf die beiden Punkte reduziert, der Längsstrich ist verziert).

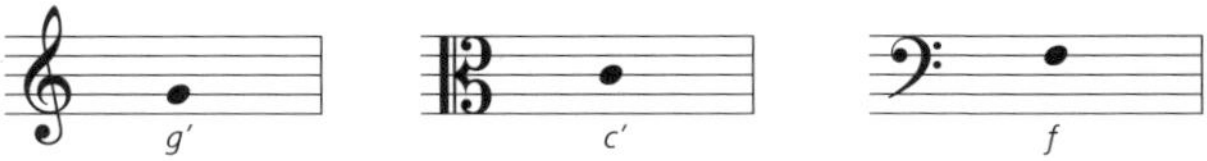

Die Bedeutung der verschiedenen Notenschlüssel kann gut am Beispiel der leeren Saiten der Streichinstrumente verdeutlicht werden: Die vier leeren Saiten der Violine lauten:

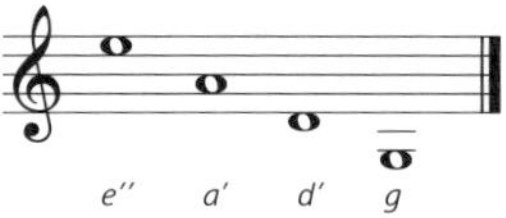

Die Viola hat eine zusätzliche Saite in der Tiefe, dafür fehlt die höchste Saite der Violine. Würde die Violastimme im Violinschlüssel notiert, wären zu viele Hilfslinien erforderlich.
Der Bratschenschlüssel rückt die Noten daher so weit nach oben, dass die tiefste Saite der Viola mit einer Hilfslinie auskommt.

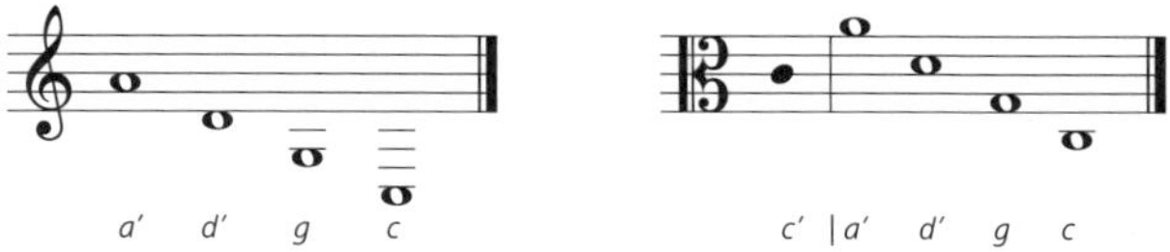

Entsprechend ist es beim Violoncello, dessen tiefe Töne im Violinschlüssel überhaupt nicht mehr lesbar wären.

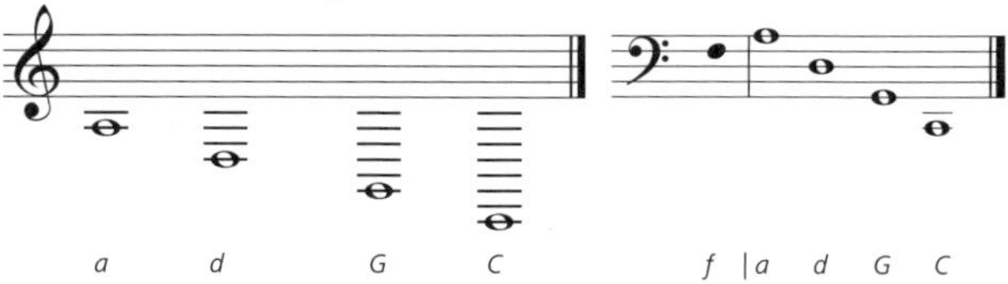

An diesem Beispiel wird also deutlich, dass der Notenschlüssel dafür sorgt, dass der Hauptvorrat aller Töne des jeweiligen Instruments im 5-Linien-System zu liegen kommt.
Sollten einzelne Töne wesentlich über oder unter das System hinausreichen, wird ein ***Oktavierungszeichen*** verwendet: 8va bedeutet: eine Oktave höher; 8va bassa bzw. 8va (unter den Noten stehend) bedeutet: eine Oktave tiefer.

2

Tondauer

Der Notenwert ist ein Symbol, das für eine bestimmte Notenlänge steht; sein Aussehen bestimmt die Tondauer. Je nachdem, ob die Note einen Notenhals hat, ob der Notenkopf hohl oder ausgefüllt ist, hat die Note eine andere Dauer. Zur besseren Lesbarkeit werden Achtel, Sechzehntel usw. durch Balken so zusammengefasst, dass als Summe (meist) eine Viertelnote entsteht.

Nur bei Textvertonungen werden die Noten mit Fähnchen versehen, wenn sie auf eine Silbe bezogen werden *(Syllabik)*; wenn mehrere Noten auf eine Silbe kommen *(Melismatik)*, verwendet man Balken.
Ein Notenwert kann aber auch differenzierter unterteilt werden; grundsätzlich ist dieses System von jedem Notenwert aus möglich.
Das folgende Beispiel bezieht sich auf den Ausgangswert der Halben Note:

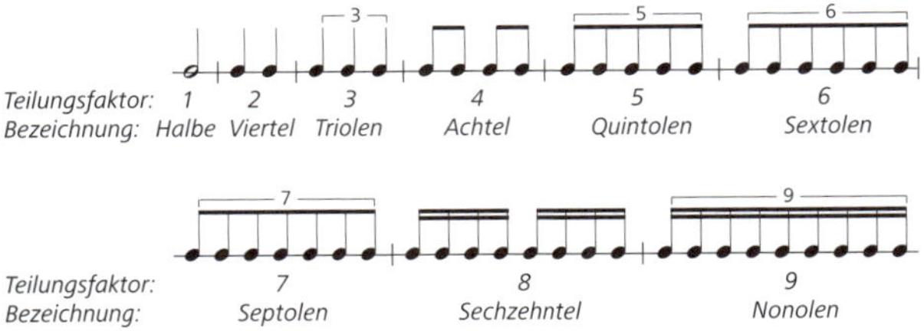

Das durch eine Teilung erreichte Notensymbol bleibt also immer bis zum neuen Notenwert bestehen; die genaue Einteilung wird dann durch eine hinzugefügte Zahl verdeutlicht. Eine Septole bedeutet also die Unterteilung eines Ausgangswertes in sieben gleich lange Noten.
Eine weitere Sonderform ist die ***Duole*** im Dreiertakt, wenn also z. B. in einem 3/4-Takt nur 2 Viertel gespielt werden sollen:

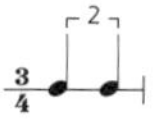

Ein Notenwert ist kein absoluter Wert, sondern zeigt lediglich die Relation zu den anderen an. Denn die genaue Tondauer ist abhängig vom gewählten Tempo (z. B. Adagio, Allegro, Presto) oder auch von Artikulationsvorschriften (z. B. Viertelnote im staccato oder legato).

Betonungsschema, Takt

Der Takt ist nicht nur ein für den ausübenden Musiker hilfreiches System der Gruppierung von Noten, sondern regelt vor allem die Betonungsabfolge. Grundsätzlich ist in jedem Takt der erste Schlag betont (also die Note direkt hinter dem Taktstrich). Im Grunde gibt es nur zwei Taktarten: den geraden Takt und den ungeraden Takt. Alle anderen sind Vervielfachungen oder Zusammensetzungen dieser beiden grundlegenden Betonungsabfolge.

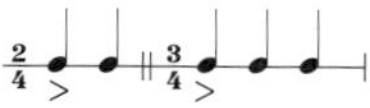

Der 4/4-Takt hat demnach die Betonung auf der 1. und 3. Zählzeit, wobei die auf der 3. Zählzeit etwas schwächer ist.
Ein 6/4-Takt hat die Betonung auf der 1. und 4. Zählzeit, auch hier fällt die zweite Betonung etwas schwächer aus.
(Grundsätzlich gilt das Gesagte auch für die Taktarten, die einen anderen Notenwert als Metrumschlag haben, also z. B. 4/8-Takt, 2/2-Takt, 6/8-Takt usw.)

Bestimmte Musikarten sind an eine jeweilige Taktart gebunden, z. B. der Walzer (immer im 3/4-Takt) oder der Marsch (immer im 4/4-Takt, damit der Schwerpunkt beim Marschieren immer denselben Fuß trifft). Dies nutzen Komponisten bei Parodien, wenn sie z. B. bei einem Marsch überraschend einen 5/4-Takt einbauen.
Taktarten wie z. B. der 5/8-Takt setzen sich aus zwei Taktarten zusammen, wobei das Betonungsschema entweder 2 + 3 oder 3 + 2 sein kann. Der Komponist gibt dies in der Regel durch einen gepunkteten Taktstrich oder durch die Balkenbildung an. Es kann sein, dass auch an sich symmetrische Takte (wie im folgenden Beispiel der 8/8-Takt, der normalerweise in 4 + 4 eingeteilt würde), asymmetrisch betont wird, also in diesem Fall 3 + 3 + 2.

BEISPIEL

Béla Bartók:
Musik für Saiteninstrumente, Schlagzeug und Celesta
Thema der Fuge des 1. Satzes

Ein Musikstück muss nicht immer in einer Taktart bleiben, die Taktart kann auch gewechselt werden ***(Taktwechsel)***. Bei einem Volkstanz aus Süddeutschland und Österreich, ***Zwiefacher*** genannt, wird z. B. ständig zwischen einem 2/4- und 3/4-Takt gewechselt. Auch in der böhmischen Musik sind solche Taktwechsel sehr beliebt. Taktwechsel kommen insbesondere in der Musik des 20. Jh.s vor. So ist z. B. im Abschlussteil des *Sacre du Printemps* von Igor Strawinsky (1913) fast jeder Takt in einer anderen Taktart notiert (▶ S. 170).

BEISPIEL Ein berühmtes Beispiel für einen latenten Taktwechsel ist der Song *America* aus dem Musical *West Side Story* von Leonard Bernstein (1957).

Im 1. und 3. Takt gibt es zwei Dreiergruppen, von denen die erste Note jeder Gruppe betont ist; im Takt sind also zwei Betonungen enthalten.
Im 2. und 4. Takt gibt es dagegen drei Zweiergruppen, von denen die erste Note jeder Gruppe betont ist; im Takt sind also drei Betonungen enthalten.
In diesem Beispiel wird folglich ständig zwischen einem 6/8-Takt und einem 3/4-Takt gewechselt.

2.6 Generalbassschrift

Diese besondere Form der Notationsweise (von ***Tabulaturen*** abgesehen, die häufig Griffbilder zeigen) hat sich in der Barockzeit (▶ S. 140) entwickelt. Sie ist für diese Musikepoche so prägend, dass die Barockzeit später „Generalbasszeitalter“ genannt wurde. Man kann diese Notationsform als eine Art Kurzschrift ansehen. Der Komponist notiert als Note nur den ***Basston*** (nicht zu verwechseln mit dem Begriff ***Grundton!***). Der dazugehörige Akkord wird durch Zahlen unter der entsprechenden Note ausgewiesen. Diese Zahlen bedeuten den Intervallabstand zum geschriebenen Basston. Dabei werden, wenn der Akkord nur aus den Dreiklangstönen bestehen soll, die Zahlen 3 und 5 nicht notiert. Aus dieser Notation, die also aus einer Note plus dazugehörigen Zahlen besteht, erkennt der ausführende Musiker, welcher Akkord zu spielen ist. Die Spielweise ist ihm dabei freigestellt, d. h., er kann entweder alle Akkordtöne gleichzeitig spielen, den Akkord in verschiedenen Oktavlagen oder Umkehrungen wiederholen oder arpeggieren, die Akkordtöne also nacheinander spielen. Ausgeführt wird dieser Generalbass von der ***basso continuo***-Gruppe: Der notierte Basston wird von einem Instrument gespielt, das den Ton halten kann (z. B. tiefes Streich- oder Blasinstrument), die darüber zu spielenden Dreiklangstöne von einem Tasten- oder Zupfinstrument (z. B. Cembalo, Laute).

Einige grundsätzliche Beispiele:
Ist nur der Basston notiert, so stellt er den Grundton des Dreiklangs dar. Im oberen System werden dann Terz, Quinte und Grundton in höherer Lage ergänzt.

BEISPIEL

Notation *mögliche Ausführung*

ergibt F-Dur

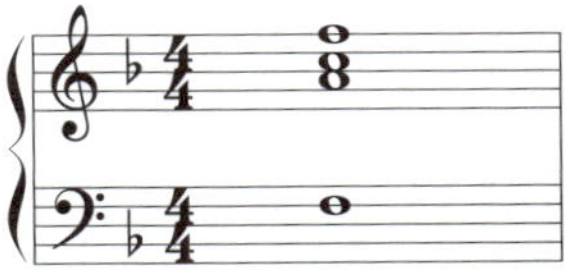

2

Steht unter dem Basston eine 6, werden die Terz und die Sexte (statt der Quinte!) vom Basston aus ergänzt; der Basston entpuppt sich als die Terz des Dreiklangs. Es handelt sich somit um die 1. Umkehrung ***(Sextakkord).***

BEISPIEL

Notation *mögliche Ausführung*

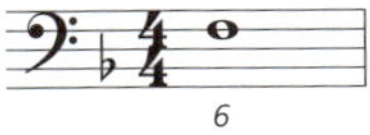

ergibt d-Moll

Stehen unter dem Basston eine 4 und eine 6, werden die Quarte (statt der Terz) und die Sexte (statt der Quinte) vom Basston aus ergänzt; der Basston entpuppt sich als die Quint des Dreiklangs. Es handelt sich somit um die 2. Umkehrung ***(Quartsextakkord).***

BEISPIEL

Notation *mögliche Ausführung*

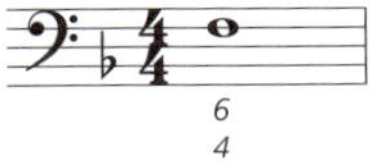

ergibt B-Dur

Möchte der Komponist eine kleine Terz anstelle der durch die vorgeschriebenen Vorzeichen entstehenden großen Terz verwenden, so schreibt er unter den Basston ein b, im umgekehrten Fall ein #.
Die Zahlen 4 (Quarte) und 6 (Sexte) stehen also grundsätzlich statt der 3 (Terz) bzw. 5 (Quinte). Sollen beide Töne gespielt werden, müssen dann auch beide Zahlen angeben werden.

BEISPIEL

2.7 Grenzen der Notation

Schon in den Teilbereichen, die die traditionelle Notation erfasst, gibt es große Ungenauigkeiten. Die Tonhöhe wird zwar absolut angegeben, das Schriftbild unterscheidet aber z. B. nicht zwischen Halb- und Ganztonschritten. Der Aufbau einer Tonleiter gaukelt daher immer gleiche Abstände zwischen den einzelnen Tönen vor, obwohl unterschiedliche Abstände vorhanden sind.
Außer der Tonhöhe, der Tondauer und dem Takt gibt es noch viele andere Vorschriften, die im Verlauf der Musikgeschichte immer zahlreicher werden und die die Komponisten durch Zeichen oder Anweisungen in die Noten schreiben. Diese können sich auf das Tempo, eine besondere Spielweise des jeweiligen Instruments, die Artikulation, die Dynamik, den Ausdruck u. v. a. mehr beziehen. Diese Zeichen oder Vorschriften sind so zahlreich, dass es dafür eigene Lexika gibt. Die Problematik soll deswegen nur an einem Beispiel verdeutlicht werden.

Tempoangaben werden meist mit italienischen Bezeichnungen notiert (z. B. Andante, Allegro molto, Largo). Wie schnell bzw. langsam eine Komposition mit einer solchen Bezeichnung ausgeführt wird, ist in einem gewissen Rahmen dem Interpreten überlassen; wobei er allerdings zu beachten hat, dass diese Bezeichnungen auch den Charakter einer Komposition betreffen. Erst seit 1816, mit der Erfindung des Metronoms (durch den Wiener Erfinder Johann Nepomuk Mälzel, ▶ S. 31), kann das Tempo absolut angegeben werden. Wenn also über den Noten ♩ = 60 steht, bedeutet es, dass 60 Viertelnoten in einer Minute gespielt werden sollen: jede Viertelnote ist also 1 Sek. lang. Ändert sich der angegebene Wert in Halbe Noten (𝅗𝅥 = 60), würden 120 Viertelnoten pro Minute gespielt. Mit dem Metronom kann eine Komposition in ihrem Tempo zwar nun absolut angegeben werden, doch „lebt" eine Interpretation auch immer von nicht notierten geringen Temposchwankungen ***(Agogik)***, die das Werk lebendig werden lassen. Die Agogik ist besonders in der Musik der Romantik (▶ S. 158 ff.) sehr wichtig.

BEISPIEL Der 3. Satz aus der *9. Sinfonie* von Beethoven ist mit *Adagio molto e cantabile* überschrieben und ändert das Grundtempo mehrfach. Beethoven gibt als Grundtempo vor: ♩ = 60. Trotzdem dauert derselbe Satz bei zwei CD-Aufnahmen unterschiedlich lang: bei einem Dirigenten 11' 08", bei einem anderen Dirigenten 16'05"!

Aus all dem folgt, dass – obwohl die Interpreten denselben Notentext in Klang umsetzen – unterschiedlichste Interpretationen erklingen werden. (Diese Tatsache kann u. U. zu interessanten Themen für Klausuren, die schriftliche oder mündliche Abiturprüfung führen, ▶ S. 220 ff.)

In bestimmten Musikarten (z. B. dem Jazz) dient die Notation oft nur als Gedächtnisstütze oder Improvisationsvorlage; die aufgeführte Musik kann sich von den notierten Noten sehr weit entfernen. Auch in der Barockzeit (▶ S. 140 ff.) notieren viele Komponisten lediglich ein melodisches Gerüst, das von den ausführenden Musikern dann sehr stark verziert wird.

2.8 Grafische Notation

In der zweiten Hälfte des 20. Jh.s erweitern die Komponisten die Klangbereiche und entfernen sich teilweise weit von dem bisher geltenden ästhetischen Ansatz. Nun dominiert der Klang, nun tritt das Geräusch gleichberechtigt neben den Ton, nun wird mit einer Vielzahl eng nebeneinanderliegender Töne *(Cluster)* gearbeitet. Deswegen lassen sich viele Kompositionen nicht mehr mit der traditionellen Notationsform aufschreiben. Es entstehen daher Notationen, die sehr viele neue Symbole und Zeichen verwenden. Die Bandbreite reicht von Notationen, bei denen die Herkunft aus dem traditionellen System noch zu ahnen ist, bis zu Notationen, die sich völlig von Notenlinien und den traditionellen Symbolen gelöst haben. Grafische Zeichen sollen assoziativ auf den ausführenden Musiker wirken und geben ihm einen großen subjektiven Spielraum bei der Interpretation, sodass jede Aufführung eines so notierten Werkes zu einem jeweils anderen Ergebnis führt.

2.9 Die unterschiedlichen Stimmungssysteme

Die Notation gibt u. a., dies wurde anfangs dargestellt, die Tonhöhe und den Tonhöhenabstand zwischen zwei Tönen an. Nicht ersichtlich aus dem Notenbild wird jedoch, dass es sich bei der Festlegung der Tonhöhe um eine in einem langen Prozess entwickelte Vereinbarung handelt, die recht kompliziert ist. Die folgenden Ausführungen, die im Grunde mit Klangbeispielen verdeutlicht werden müssten, sind dementsprechend sehr vereinfacht und beziehen sich auf alle traditionellen Instrumente – nicht jedoch auf die elektronischen, die im 20. Jh. entwickelt worden sind (z. B. Synthesizer).
Wenn ein Orchester sich einstimmt, übernehmen die verschiedenen Instrumentengruppen das von der Oboe vorgegebene a', das heute offiziell eine Höhe von 440 Hz hat. Berufsorchester

stimmen schon erheblich höher ein. (Früher waren es nur 415 Hz, sodass Barockmusik auf Originalinstrumenten auch in dieser Stimmung, also tiefer als heute, gespielt wird.)
Den Abstand aller anderen Töne zu diesem Ausgangston regeln die Naturgesetze der Akustik. Doch zwischen diesen und den Bedürfnissen der Musiker bzw. der Entwicklung bestimmter Instrumente gibt es Probleme. Diese versuchte man im Laufe der Jahrhunderte in den Griff zu bekommen.
Was Musiker als Ton bezeichnen, ist physikalisch gesehen ein Klang, da neben dem Grundton immer auch noch Obertöne (***Partial***- oder ***Naturtöne***) mitklingen. Während der Grundton für die empfundene Tonhöhe verantwortlich ist, entsteht die Klangfarbe durch die Intensität der einzelnen Obertöne.
Die Obertonreihe, die mit einem Grundton zusammenklingt, sieht folgendermaßen aus (hier vom Ton C 1) aus:

Durch diese Obertonreihe ergeben sich durch einfache Zahlenverhältnisse reine, d. h. schwebungsfreie Intervalle:

1. → 2. Oberton = Oktave (1:2)
2. → 3. Oberton = Quinte (2:3)
3. → 4. Oberton = Quarte (3:4)

Die komplizierte Entwicklung der verschiedenen Stimmungssysteme soll an drei verschiedenen Stationen dargestellt werden.

Die pythagoreische Stimmung

Pythagoras (6. Jh. v. Chr.) erforschte den Zusammenhang von Saitenlänge und Tonhöhe. Er kam zu folgenden Ergebnissen:
1. Während die Oktave durch die Verdoppelung der Schwingungszahl zu immer gleichnamigen Tönen führt, führt die Quinte zu allen Tönen.

Im folgenden Beispiel wird zur Vereinfachung von 10 Hz ausgegangen, die eigentliche Hertzzahl des Ausgangstones liegt etwa bei 32 Hz.

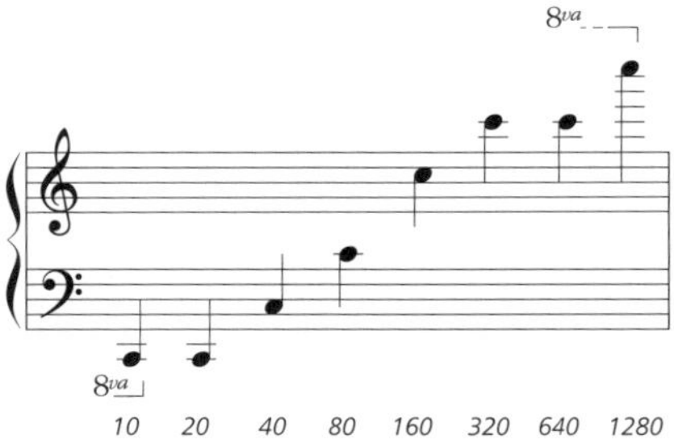

7 Oktaven übereinander; angenommene Schwingungszahl des Ausgangstons: 10 Hz; die Oktave (2. zum 1. Oberton = 2:1) wird durch Verdoppelung der jeweiligen Schwingungszahl errechnet.

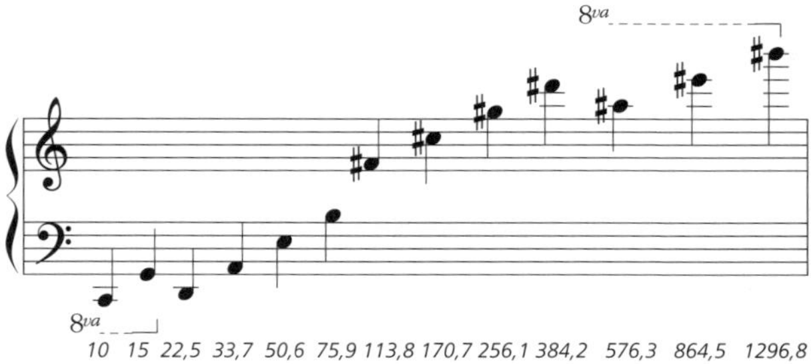

12 Quinten übereinander; angenommene Schwingungszahl des Ausgangstons: 10 Hz; die Quinte (3. zum 2. Oberton = 3:2) wird durch die Multiplikation mit dem Faktor 1,5 errechnet.

Ergebnis: Die jeweiligen Endtöne *c* bzw. *his* sind nicht gleich, *his* ist etwa um einen Viertel Halbtonschritt zu hoch („pythagoreisches Komma“)! Das Tonsystem schließt sich demnach nicht, da z. B. für beide Töne auf einer Tastatur zwei Tasten gebraucht würden (und für alle anderen alterierten Töne, also *b*/*ais* oder *es*/*dis* ebenfalls).

2. Schichtet man in diesem System vier reine, also schwebungsfreie Quinten (z. B. c-g-d-a-e) übereinander und spielt den so erreichten Ton zwei Oktaven tiefer, so erhält man eine zu hohe große Terz. Diese „pythagoreische Terz" ist um 1/5 Halbton zu hoch („syntonisches Komma"). Deshalb gilt die Terz bis ins 15. Jh. hinein auch als Dissonanz!

Diese Mängel des pythagoreischen Stimmungssystems führen allerdings bis zu der Zeit, in der die Tasteninstrumente (Orgel, Cembalo, Klavier) wichtig werden, zu keinen Problemen in der praktischen Musikausübung, da entweder Einstimmigkeit vorherrscht oder die verwendeten Instrumente sich anpassen können. Erst mit dem Aufkommen der Tasteninstrumente wird man sich dieses Problems überhaupt bewusst, da man eine Cembalosaite nur entweder auf den Ton *c* oder auf den Ton *his* stimmen kann. Auch bei einer Orgel, bei der die Tonhöhe durch die Länge der jeweiligen Pfeife vorgegeben ist, muss man sich für einen bestimmten Ton entscheiden.

Die mitteltönige Stimmung

In der Renaissance (▶ S. 134) erfolgt nun ein Eingriff in dieses Naturgesetz, da die Tasteninstrumente immer wichtiger werden. Die vier schwebungsfreien Quinten, die zur übergroßen pythagoreischen Terz geführt hatten, werden nun so erniedrigt, dass sich eine schwebungsfreie Terz ergibt. Die Terz wird damit zur Konsonanz und ist seit dieser Zeit bis zum 20. Jh. das bestimmende und tonartbildende Intervall in der abendländischen Musikentwicklung.

Doch auch diese sogenannte mitteltönige Stimmung hat einen Mangel, da sich dieses System ebenfalls nicht schließt: Von *c* aus aufwärts ergeben zwei große Terzen den Ton *gis*, von *c′* aus abwärts heißt die große Terz *as*. Beide Töne aber sind nicht gleich.

Deswegen konnte man auf einem Tasteninstrument der damaligen Zeit nicht in allen Tonarten spielen, da die Saite z. B. nur entweder auf *gis* oder auf *as* gestimmt werden konnte. Somit konnte ein Komponist der Renaissance- oder Barockzeit nur in Tonarten mit wenigen Vorzeichen komponieren, da es sonst eine Vielzahl von entweder zu hohen oder zu tiefen Tönen gegeben hätte. Auch das ***Transponieren,*** also das Spielen einer Komposition in einer anderen Tonart, z. B. um einen Halbtonschritt tiefer, war nicht möglich.

Die gleichschwebend temperierte Stimmung

Um diesen Mangel abzustellen, werden um ca. 1700 alle 12 Quinten erniedrigt, sodass sich der Quintenzirkel nun schließt. Die Oktave wird in zwölf gleich klingende, d. h. dasselbe Frequenzverhältnis aufweisende Halbtonschritte eingeteilt ($\sqrt[12]{2} = 1{,}0594...$; temperierter Halbtonschritt). Die Töne *b* und *ais*, *gis* und *as*, *h* und *ces* usw. sind nun identisch und können auf einer einzigen Taste gespielt werden. Man spricht dann von einer ***enharmonischen Verwechslung.***

Damit aber werden (von den Oktaven abgesehen) alle Intervalle unrein, d. h. sie sind nicht schwebungsfrei: alle Quinten werden zu tief, alle Quarten zu hoch, die große Terz wird ebenfalls um 1/7 Halbton zu hoch, wodurch aber ihr Dur-Charakter deutlicher herausgestellt wird.

Der Vorteil besteht jedoch in der Geschlossenheit dieses Systems, d. h. nun kann man in allen Tonarten spielen, nun kann auch problemlos transponiert werden. Der Nachteil ist, dass die Terzen ihre Reinheit (und damit Schönheit) verloren haben. Auch eine Tonartencharakteristik gibt es nicht mehr. – Den klingenden Beweis für das gleichschwebend temperierte System tritt J. S. Bach mit seiner Komposition *Das wohltemperierte Klavier*

(Band 1: 1722; Band 2: 1744) an, in der er Präludien und Fugen in allen 12 Dur- und Moll-Tonarten komponiert.
Die folgende Tabelle zeigt nochmals die Intervallverhältnisse der drei dargestellten Tonsysteme:

	pythagoreisch	mitteltönig	temperiert
c	1,0	1,0	1,0
cis	1,0679	1,0449	1,0595
d	1,125	1,1181	1,1225
es	1,1852	1,1963	1,1892
e	1,2656	1,25	1,2599
f	1,3333	1,3375	1,3348
fis	1,4238	1,3976	1,4142
g	1,5	1,4953	1,4983
as	1,5802	1,60	1,5874
a	1,6875	1,6719	1,6818
b	1,7778	1,7889	1,7818
h	1,8984	1,8692	1,8877
c'	2,0	2,0	2,0

BEISPIEL Angenommen, der Ausgangston *c* hat die Frequenz von 100 Hz, dann hätte der Ton h bei der pythagoreischen Stimmung die Frequenz von 189,84 Hz, bei der mitteltönigen Stimmung die Frequenz von 186,92 Hz und bei der temperierten Stimmung die Frequenz von 188,77 Hz!
Da das menschliche Ohr aber die Fähigkeit des „Zurechthörens“ hat, fallen die Mängel des wohltemperierten Systems nicht gravierend auf. Wer allerdings einmal Musik von einem mitteltönig gestimmten Instrument im direkten Vergleich mit einem temperiert gestimmten gehört hat, dem wird auffallen, wie „falsch“ das temperierte System klingt.

3 Elemente der Musik

Es kann im folgenden Kapitel nicht darum gehen, eine vollständige und systematische Übersicht über die Musiktheorie zu geben. Dafür gibt es gesonderte Veröffentlichungen. Neben grundlegenden Funktionen einiger Einzelelemente wird besonders die Harmonik um die Bereiche erweitert, die erfahrungsgemäß in der Oberstufe benötigt werden (zur formalen Gestaltung siehe Kapitel 5 „Gattungen, Formen und Kompositionsprinzipien“). Grundlage aller Ausführungen bildet das wohltemperierte System, wie es im vorhergehenden Kapitel beschrieben worden ist.

3.1 Metrum, Takt, Rhythmus

Diese Elemente steuern den zeitlichen Ablauf; und weil Musik eine Zeitkunst ist, haben sie eine ganz entscheidende Bedeutung.

Metrum

Das *Metrum* (lat. = *Maß*) ist der regelmäßige Puls in der Musik. Jeder kennt das Phänomen: Wenn Musik ertönt, beginnt der Körper zu reagieren; meist sind es die Füße, die einen regelmäßigen Puls mitklopfen. Damit reagiert man auf das Metrum (auch wenn es oft heißt, man klopfe den Takt mit!).

Das Metrum, der Grundschlag in der Musik, kann grundsätzlich jeder Notenwert sein. Es ist (indirekt) verantwortlich für das Tempo: Je mehr Impulse in einer Zeiteinheit erfolgen, desto schneller ist das damit erreichte Tempo.

Das Metronom, das Johann Nepomuk Mälzel 1816 entwickelt hat, kann den Metrumschlag objektiv angeben. Dieses Gerät gibt es in verschiedenen, inzwischen auch elektronischen Ausführungen. Am bekanntesten ist die mechanische Ausführung, bei der ein Pendel, das über ein verschiebbares Gewicht in unterschiedlich schnelle Bewegung versetzt werden kann, durch ein Ticken die Metrumschläge pro Minute verdeutlicht. Dieses Ticken kann jeder Notenwert sein – wenn ein Ticken pro Sekunde als Halbe bestimmt wird, dann ist das Tempo doppelt so schnell, als wenn dasselbe Ticken als Viertelnote bestimmt wird!

Takt

Der ***Takt*** gibt diesem Metrum nun ein regelmäßiges oder, bei Taktwechseln, unregelmäßiges Betonungsschema. – Dieses erfolgt durch die Tatsache, dass in der von der ***Taktart*** bestimmten Abfolge jeweils ein Metrumschlag betont wird.

Die Taktangabe zeigt dabei sowohl den Notenwert des Metrumschlags (untere Zahl) als auch, wie viele dieser Notenwerte in einem Takt vorkommen (obere Zahl). Wenn also (wie im oberen Beispiel) als Taktart ein 3/4-Takt vorgeschrieben ist, so bedeutet es: Die Metrumschläge sind Viertelnoten (untere Zahl) und jeder 4. dieser Metrumschläge ist betont. Als Hilfsmittel dienen die ***Zählzeiten***. Im Beispiel des folgenden 4/4-Taktes wird also gezählt: 1 – 2 – 3 – 4, im Beispiel des 5/8-Taktes: 1 – 2 – 3 – 4 – 5.

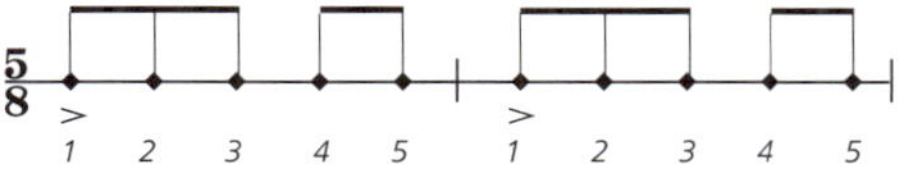

Rhythmus

Natürlich wäre jede Musik langweilig, wenn immer nur gleiche Notenwerte vorkämen, deswegen besteht die Musik fast immer aus einer Abfolge unterschiedlicher Notenwerte. So entsteht der ***Rhythmus*** (wobei die Einteilung eines Rhythmus in Takte auch eine Lesehilfe darstellt). Er entsteht aus einer Folge von unterschiedlichen Noten- oder Pausenwerten und ist das musikalische Prinzip, das für Bewegung sorgt. Zu berücksichtigen ist auch, dass diese Folge von Noten- oder Pausenwerten meistens noch in die Vorgaben des jeweiligen Taktes eingebunden werden muss: Wie man an einem Automaten eine Briefmarke oder Fahrkarte in unterschiedlicher Münzstückelung kaufen kann, so kann eine Taktangabe auch mit unterschiedlichen Noten- und/oder Pausenwerten erfüllt werden. Die Balkenbildung erleichtert dabei das Lesen: Meist wird eine Notengruppe zu dem den Metrumschlag bildenden Notenwert zusammengefasst. Die Rhythmusauffassung, wie wir sie heute in der Musik kennen, setzt sich in der Musikgeschichte allmählich durch und ist etwa ab der Mitte des 15. Jh.s. ausgebildet.

BEISPIEL Ein 4/4-Takt könnte also mit folgenden Rhythmen ausgefüllt werden:

Eine wichtige rhythmische Besonderheit ist die ***Synkope***. Unter einer Synkope ist eine Betonung gegen den Taktschwerpunkt zu verstehen. Dieses rhythmische Mittel ist ein wichtiges Gestaltungsmittel.

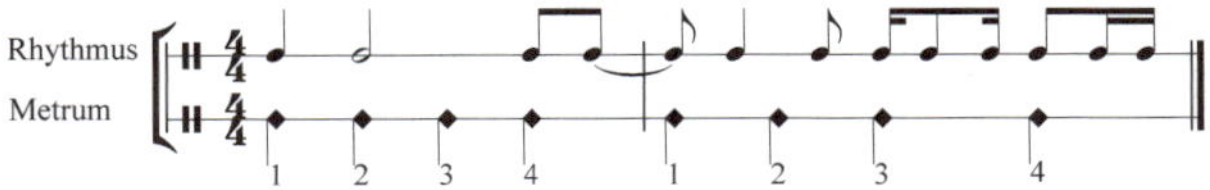

Im 1. Takt wird die Betonung der Zählzeit 3 auf die Zählzeit 2 vorverlegt – es entsteht eine Synkope, da die Zählzeit 2 im 4/4-Takt nicht betont ist. Im 2. Takt wird die Zählzeit 1 auf die (unbetonte) Zählzeit 4 + des vorigen Taktes verschoben – auch hier entsteht eine Synkope. Die letzte Synkope findet sich auf der Zählzeit 3, da das 2. und 3. Sechzehntel zusammengebunden werden, wodurch die Betonung vorverlagert wird.

Eine Sonderform der Synkope ist die ***Hemiole:*** Aus zwei 3/4-Takten werden (durch Synkopen) quasi drei 2/4-Takte.

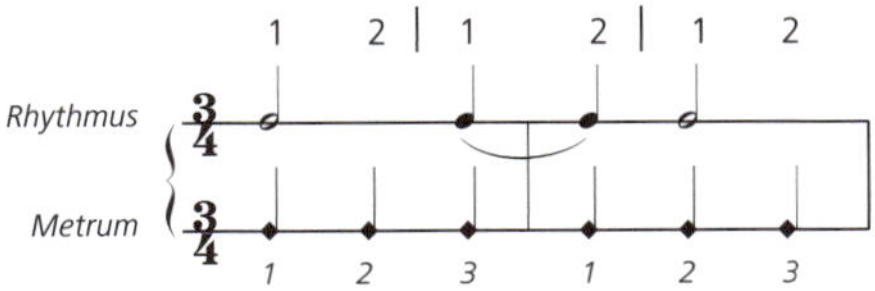

Die Betonungsverschiebung der beiden Synkopen bewirkt, dass der Hörer drei Zweiertakte wahrnimmt. Solche Hemiolen werden besonders in der Barockmusik am Ende eines Abschnitts eingesetzt.

BEISPIEL

R. Schumann: Sinfonie Nr. 3 Es-Dur,
1. Satz (Anfang)

Das Hauptthema aus der 3. Sinfonie Es-Dur von R. Schumann steht in den ersten sechs Takten quasi im 2/4-Takt.

Allerdings muss eine Hemiole nicht immer durch eine Synkope entstehen, sie kann auch durch eine rhythmische Gestaltung innerhalb eines Dreiertaktes auftreten.

BEISPIEL

G. F. Händel: Israel in Ägypten

3.2 Melodik, Themenbildung

Unter einer Melodie versteht man die (einstimmige) Tonhöhenbewegung im Tonraum. Es gibt drei Möglichkeiten der Bewegung:

- Tonwiederholung (1),
- Tonschritt, also zum Nachbarton auf- oder abwärts (2),
- Tonsprung, der mindestens einen Nachbarton überspringt (3).

Eine Melodie aus häufigen Tonwiederholungen ist sehr selten.

BEISPIEL

L. v. Beethoven: Sinfonie Nr. 7, Thema des 2. Satzes

Die fehlende melodische Bewegung wird bei solchen Themen oft durch ein anderes Element, meistens die Harmonik, kompensiert.

Stufenmelodik

BEISPIEL

L. v. Beethoven: Sinfonie Nr. 9, 4. Satz

Diese Melodie bewegt sich – von den Tonwiederholungen abgesehen – immer zu dem jeweils benachbarten Ton der zugrunde liegenden Tonleiter. Deswegen spricht man von **Stufenmelodik.**

Dreiklangsmelodik

Bei dieser Melodie (aus dem langsamen Satz der Sinfonie Nr. 94 von J. Haydn) fällt auf, dass viele Sprünge vorliegen: Von den beiden Schlusstakten abgesehen wird immer ein Ton übersprungen. Daher können immer zwei Takte zu einem Dreiklang bzw. Vierklang zusammengefasst werden. Hier spricht man von ***Dreiklangsmelodik.***

Viele Melodien haben durch diese Dreiklangsmelodik eine Binnenharmonik, sodass die harmonische Wirkung (vertikale Richtung) oft die melodische (horizontale Richtung) bestimmt. Eine melodische Linie wird daher in der Regel aus einer sinnvollen Mischung von verschiedenen Bewegungsmöglichkeiten und Intervallen bestehen:

BEISPIEL

J. S. Bach: Matthäus-Passion, Nr. 63: Beginn der Choralmelodie

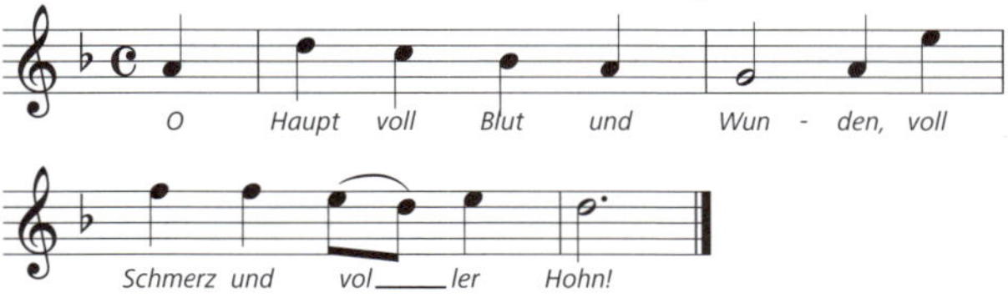

Bei der Melodiegestaltung muss unterschieden werden zwischen einer vokalen, d. h. von der menschlichen Stimme ausführbaren, und einer instrumentalen, d. h. von einem Instrument ausführbaren und auf das jeweilige Instrument zugeschnittenen Melodie. Eine instrumentale Melodie hat meistens einen größeren ***Ambitus,*** also einen größeren Abstand zwischen dem höchsten und tiefsten Melodieton.

Thema

Eine charakteristische Melodie in einer Komposition nennt man ***Thema***. Es ist der musikalische Grundgedanke in der Musik seit der Barockzeit. Die Themenbildung ist in den jeweiligen Epochen unterschiedlich; auch die Funktion des jeweiligen Themas macht unterschiedliche Konzeptionen notwendig.

BEISPIELE

- *Passacaglia-Thema* (Passacaglia ▸ S. 113)

J. S. Bach: Passacaglia c-Moll für Orgel

Dieses achttaktige Thema im typischen Jambus-Rhythmus einer Passacaglia (kurz – lang bzw. unbetont – betont) dient dem Komponisten zur Grundlage einer Variationsreihe, die das Thema ständig (meist sogar unverändert) zur Grundlage hat.

- *Fugen-Thema*

Bei einer Fuge (▸ S. 107 ff.) muss zwischen einer Instrumentalfuge und einer Vokalfuge unterschieden werden. Grundsätzlich muss das Fugenthema ***(Subjekt)*** für eine eigenständige Gegenstimme ***(Kontrasubjekt)*** sowohl rhythmisch als auch harmonisch geeignet sein. Ein Fugenthema verfügt oft über einen charakteristischen *Themenkopf*.

BEISPIELE für instrumentale Fugenthemen

J. S. Bach: Fuge G-Dur (Wohltemperiertes Klavier, Bd. 1)

J. S. Bach: 4. Brandenburgisches Konzert, Fugenthema des 3. Satzes

BEISPIELE für vokale Fugenthemen

F. Schubert: Messe Es-Dur, Ende des Credo

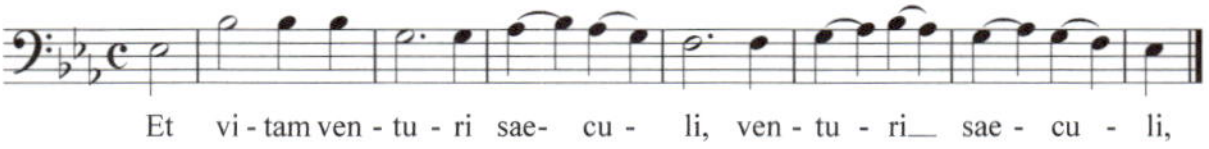

G. F. Händel: Der Messias, Nr. 26

◆ *Barockes Thema*

G. Ph. Telemann: Konzert f. Viola, Streicher und b. c., 2. Satz

Nach dem Themenanfang, der seine Energie aus den beiden Synkopen (T. 1 und T. 2) bezieht, entlädt sich diese in einer Motorik, die eine typische Spielweise der Streichinstrumente (Saitenwechsel) nutzt, um in (harmonischen) Sequenzen die Grundtonart G-Dur zu erreichen. – Ein solcher Themenaufbau wird ***Fortspinnungstyp*** genannt.

◆ *Themenbau in der Klassik*

In der Klassik haben sich zwei Grundmodelle der Themengestaltung ausgeprägt. Beide sind für die motivisch-thematische Arbeit geeignet, da sie sich aus ***Motiven*** (den kleinsten musikalisch sinnvollen Bausteinen) und ***Phrasen*** (bestehend aus mehreren Motiven) zusammensetzen. Die hier vorgestellten Modelle sind der Normalfall; sie können natürlich auch proportional verkleinert oder vergrößert werden.

1. Die musikalische Periode

W. A. Mozart: Sinfonie Nr. 40, g-Moll, 4. Satz

Dieses Thema ist typisch für die Wiener Klassik, da es durch seinen periodischen Bau und wegen seiner Bauweise aus gegensätzlichen Motiven und Phrasen zur motivisch-thematischen Arbeit geeignet ist.
Es ist aus zwei jeweils zweitaktigen Phrasen (T. 1 + 2; T. 3 + 4) gebildet, die durch Rhythmik, Dynamik, Bewegungsrichtung und Artikulation gegensätzlich sind. Dieses Prinzip wird auf einer anderen harmonischen Basis wiederholt (T. 5 + 6; T. 7 + 8). Die Harmonik geht von der Tonika g-Moll bis zur Dominante D-Dur in T. 4 (Halbschluss); dieser Teil heißt Vordersatz. Der Nachsatz (T. 5 – 8) geht dann wieder zurück zur Tonika, sodass ein geschlossener Eindruck entsteht.

L. v. Beethoven: Klaviersonate D-Dur op. 28, 2. Satz

Bei diesem Beispiel ist der Aufbau anders. Zwar gibt es auch hier einen Vorder- und einen Nachsatz (T. 1 – 4, T. 5 – 8), doch der Nachsatz geht nicht wieder zurück in die Tonika d-Moll, sondern endet mit a-Moll. Somit bleibt das Thema am Ende offen.

Gleichzeitig wird bei diesem Beispiel deutlich, dass Melodien stark mit der Harmonik verknüpft sein können. Besonders an den Tonrepetitionen der Melodiestimme in T. 3 + 4 (mit Auftakt) kann dies verdeutlicht werden: Jeder Ton hat eine andere Harmonik: d-Moll (mit der Terz im Bass), C-Dur (ohne Grundton, aber mit Septime [im Bass] und None), d-Moll (mit der Quinte im Bass), C-Dur (ohne Grundton und Quinte im Bass, aber mit Septime und None), E-Dur (ohne Grundton und Terz im Bass, aber mit Septime und None), A-Dur (mit dem d und f als Quartsextvorhalt, der sich auf Zählzeit 2 in die Terz [cis] und die Quinte [e] des A-Dur-Dreiklangs auflöst).

Eine ***musikalische Periode*** hat somit folgendes Modell:

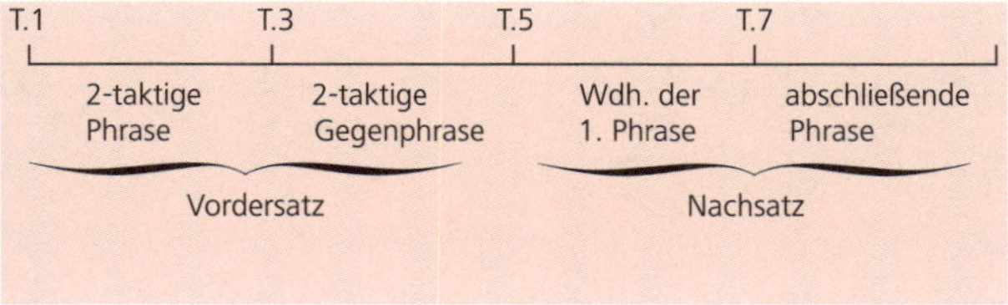

2. Der musikalische Satz

L. v. Beethoven: Klaviersonate op. 14,2
Beginn des 1. Satzes

Dieses Thema ist anders gestaltet als die beiden vorigen Beispiele. Es besteht aus einer 2-taktigen Phrase mit einem sich wiederholenden Motiv. Diese Phrase wird (auf einer anderen Tonstufe und mit einer anderen Harmonik) wiederholt. Dann erfolgt eine 4-taktige Entwicklung von motivisch neuem Material. – Der Unterschied zwischen den beiden 4-Takt-Gruppen ist gut an der Begleitung abzulesen.

Ein ***musikalischer Satz*** hat somit folgendes Modell:

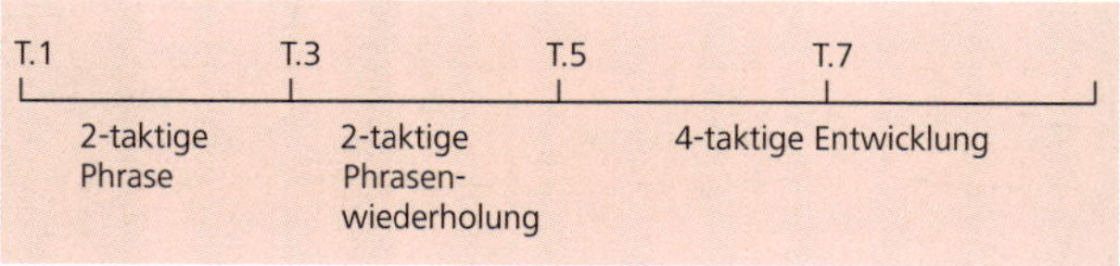

Eine solche Themenbildung hat weitreichende Konsequenzen für die weitere Arbeit an der jeweiligen Komposition: Während das thematische Formmodell des ***musikalischen Satzes*** einen sich entwickelnden und sich öffnenden Charakter hat, ist das thematische Formmodell der ***musikalischen Periode*** dagegen abgeschlossen und somit in sich ruhend.
In der Klassik gibt es aber auch – besonders häufig in den langsamen Sätzen – liedhafte Themen wie z. B. das Thema aus der *Sinfonie Nr. 94* von Joseph Haydn, dem ein Volkslied zugrunde liegt (▶ S. 35).

◆ *Themenbau in der Romantik*

Die Themen der Instrumentalmusik sind in sich meist nicht mehr so gegensätzlich angelegt wie in der Klassik. Der Kontrastgedanke, der für die Klassik wichtig ist und nicht nur die großformale Anlage einer Komposition bestimmt, sondern auch schon in den Themen selbst angelegt ist (▶ S. 38 f.), weicht einer einheitlichen Stimmung.

F. Schubert: Sinfonie h-Moll, 1. Satz (Takte 44–62)

Dieses Thema ist periodisch gebaut und besteht aus einem Vordersatz (T. 44–47) und einem Nachsatz (T. 48–52). Der 2. Teil des Vordersatzes (T. 46 + 47) hat die Motive des 1. Teils umgestellt und variiert (a, b, b', a'). Der Nachsatz wiederholt den Vordersatz, weicht nur durch die Halbtonrückung in T. 49 in eine andere Tonart aus. Durch diese Bauweise der Phrasenverkettung entsteht ein kreisförmiges Thema, das im Grunde kein Ende findet. Die logische Folge wäre nach T. 51 die Wiederholung des gesamten Themas, jetzt nur einen Ton höher – und es würde am Ende des Themas wieder von vorne beginnen, nur jetzt zwei Töne höher usw. Der 9. Takt dieses Themas (T. 52) ist also zur Rückmodulation in die Ausgangstonart notwendig. Allerdings findet das Thema auch dann keinen Abschluss, sondern müsste wieder von vorn beginnen. – Die überraschende Generalpause in T. 62 ist damit nicht nur eine auf die Überraschung des Hörers zielende Geste, sondern strukturell durch die Besonderheit dieses Themenbaus bedingt.

A. Bruckner: Sinfonie Nr. 7 E-Dur, 1. Satz (Anfang)

Bei diesem Thema der Spätromantik ist eine Periodik zugunsten einer weit ausladenden Melodie aufgegeben. Das Thema wird nach der kurzen Überleitung (T. 24) sofort in einer anderen Klangfarbe wiederholt (T. 25 ff.). Die Harmonik geht schon bald in entferntere Tonarten über. Dies kann gut an den vielen zusätzlichen Vorzeichen abgelesen werden. Durch die Einführung tonleiterfremder Töne wird z. B. schon in T. 7 C-Dur, die Mediante der Grundtonart E-Dur, erreicht. Das Thema bekommt dadurch eine harmonische Farbigkeit. Die Spielweise der Begleitung besteht aus einem Tremolo, durch die Balken über den Noten bzw. durch die Notenhälse zu erkennen. Bei einem ***Tremolo*** (ital. = *zitternd*) wird die angegebene Tonlänge in sehr viele kurze Einzeltöne aufgelöst. Dadurch verwischen die klaren Konturen.

3.3 Tonleitersysteme

All diesen Melodien und Themen liegen Tonleitern zugrunde. Tonleitern sind Ordnungselemente, die in unterschiedlichen Kulturen und zeitlichen Entwicklungen zu verschiedenen Ergebnissen geführt haben. Die Unterteilung des in allen Kulturen vorhandenen Intervalls der Oktave kann z. B. erfolgen:

- in 5 unterschiedlichen Schritten (fernöstliche Kulturen, z. B. bei den Gamelan-Orchestern aus Java, die in der pentatonischen Tonleiter nachgeahmt wird, ▶ S. 46)
- in 6 gleich großen Schritten (europäische Teilung in temperierte Ganztonschritte ▶ Ganztonleiter, S. 46)
- in 7 gleich großen Schritten (Musik der westafrikanischen Kulturen, die zur Bluestonleiter des Jazz führt, ▶ S. 176)
- in 8 unterschiedlichen Schritten (diatonische Tonleitern, z. B. Dur und Moll, s. u.)
- in 12 gleich großen Schritten (europäische Teilung in temperierte Halbtonschritte ▶ chromatische Tonleiter, S. 46)

Die europäische Tonleiterordnung geht auf die griechische Antike zurück, die Tonleitern aus Halb- und Ganztonschritten gebildet hat ***(diatonische Tonleitern)***. Die Kirchentonarten (▶ S. 123 ff.) sind Beispiele für eine solche Tonleiterauffassung. Aus dieser Vielzahl von diatonischen Tonleitern kristallisiert sich im 16. Jh. die Bevorzugung von ***Dur*** und ***Moll*** heraus.

Dur

Eine Durtonleiter wird aus zwei analog aufgebauten Viertonreihen ***(Tetrachorden)*** gebildet.

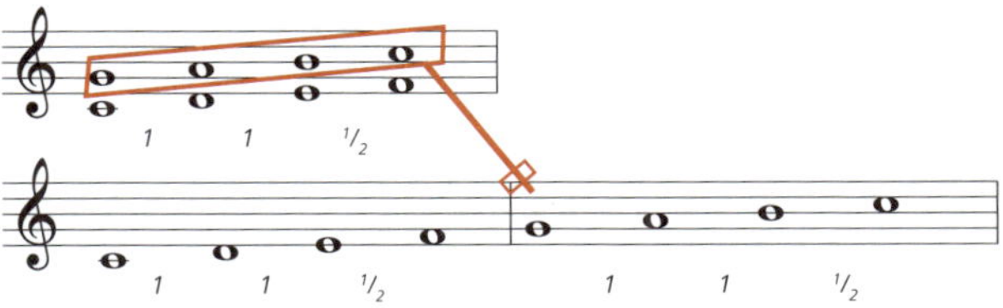

Bei der Ableitung der Durtonleitern kann dies genutzt werden, da der 2. Tetrachord für eine neue Durtonleiter zu deren 1. Tetrachord gemacht werden kann, während der 2. Tetrachord nach der Gesetzmäßigkeit des Aufbaus neu zu bilden ist.

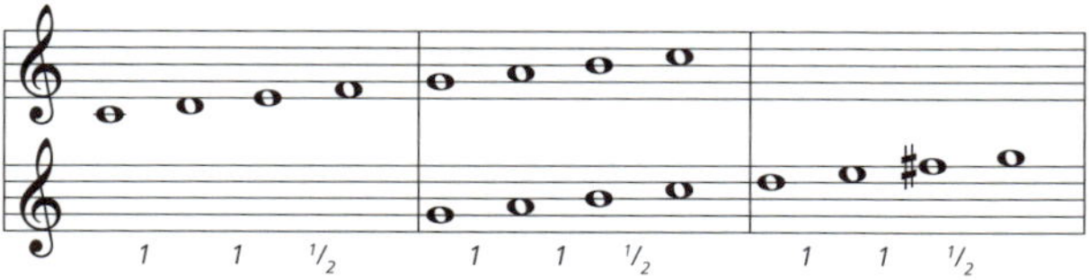

Diese Ableitungstechnik funktioniert auch in der anderen Richtung, d. h., der 1. Tetrachord der Ausgangstonleiter wird zum 2. Tetrachord der neuen Tonleiter, sodass nun deren 1. Tetrachord neu gebildet werden muss. (Da der Anfangs- und Schlusston jedoch gleich sind und der Schlusston bekannt ist, kann der Anfangston einfach abgeschrieben werden!)

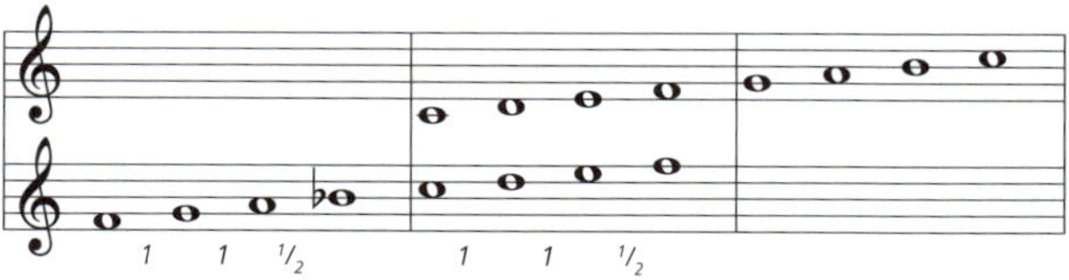

Um nicht zu viele Hilfslinien zu erhalten, ist der 2. Tetrachord um eine Oktave nach oben transponiert worden.

Bei einer solchen Ableitung wird gleichzeitig auch der Verwandtschaftsgrad der Tonleitern deutlich: Zwei benachbarte Tonleitern haben von den 7 unterschiedlichen Tönen immerhin 6 gemeinsam, sie sind also „verwandter“ als zwei Tonleitern, die z. B. nur 2 gemeinsame Töne haben. Bei der weiteren Ableitung ist folgende Gesetzmäßigkeit zu erkennen:

- Es kommt immer ein weiteres # bzw. b hinzu.
- Ein Vorzeichen, das einmal benutzt worden ist, wird auch für alle weiteren Tonleitern benutzt.
- Der Verwandtschaftsgrad zur Ausgangstonart wird immer schwächer.

Moll

Die Ableitung der Molltonleitern ist etwas komplizierter, da die beiden Tetrachorde hier ungleich gebaut sind. Zudem kommen die Tonleitern in drei verschiedenen Formen vor.

Natürliche oder ***äolische Molltonleiter***

Dies ist die o. a. Tonleiter, die ihre Halbtonschritte zwischen dem 2./3. und 5./6. Ton hat und der äolischen Kirchentonart (▶ S. 124) entspricht. – Ihr fehlt allerdings durch den Ganztonschritt vom 7. zum 8. Ton die Schlusswirkung, die durch den ***Leitton*** (7. Ton einer Tonleiter, wenn er in einem Halbtonschritt zum Grundton der Tonleiter führt) erreicht wird. Deswegen wird dieser Leitton in der

harmonischen Molltonleiter

künstlich eingeführt, indem die 7. Stufe erhöht wird. Dadurch entsteht aber zwischen dem 6. und 7. Ton der Tonleiter ein übermäßiger Sekundschritt. Diese Tonleiter liegt häufig der Musik des Balkan und Vorderasiens zugrunde.

Um den zwar sehr charakteristischen, aber schwer singbaren Abstand einer übermäßigen Sekunde zu vermeiden, erhöht die

melodische Molltonleiter

auch noch den 6. Ton, sodass sie – außer dem 3. Ton – mit der Durtonleiter desselben Ausgangstons identisch ist. Da die Leittonwirkung aber nur aufwärts erforderlich ist, wird abwärts die Form der natürlichen Molltonleiter benutzt, sodass diese Art der Molltonleiter daher aufwärts anders klingt als abwärts.

Weitere Tonleitern

Außer diesen beiden diatonischen Tonleiterarten (und der Bluestonleiter, ▶ S. 176) sind noch wichtig

- die ***chromatische Tonleiter***, die nur aus Halbtonschritten besteht;

Bei den Vorzeichen wird immer dasjenige genommen, das im Quintenzirkel (▶ S. 53) als erstes auftaucht, also z. B. b statt ais, cis statt des.

- die ***Ganztonleiter***, die nur aus Ganztonschritten besteht;

Die drei letzten Töne der Ganztonleiter hießen, wenn das Stammtonprinzip beibehalten würde, eigentlich eis, fisis und gisis. Allerdings würde es dann zu einer unübersichtlichen Schreibweise kommen. So ist die enharmonische Verwechslung (f = eis; g = fisis; a = gisis) zu erklären. Die Ganztonleiter kommt häufig in der Musik des Impressionismus vor (▶ S. 166 ff.)

- die ***pentatonische Tonleiter*** (von griech. penta = fünf), die halbtonlos ist und nach dem Schema $1 - 1 - 1^1/_2 - 1$ gebildet wird. Aus dieser Tonleiter sind viele Kinderlieder gebildet; sie gibt einer Komposition aber auch einen fernöstlichen Charakter.

Das 2. Beispiel für eine pentatonische Tonleiter entsteht, wenn nur die schwarzen Tasten des Klaviers gespielt werden!

3.4 Harmonik

Die Harmonik ist das Regelwerk, das den Zusammenklang von zwei oder mehr Stimmen regelt. Auch dieses Regelwerk hat sich, wie andere Elemente in der Musik, allmählich entwickelt und ist seit der Spätrenaissance ausgeprägt. Die harmonischen Gesetzmäßigkeiten gelten in der Kunstmusik bis in die Mitte des 19. Jh.s; dann werden sie durch zunehmende Chromatisierung allmählich außer Kraft gesetzt. – In der Volks- und Popularmusik gelten die Regeln noch heute.

Für die Harmonik sind zwei Punkte wichtig:

- der ***Dreiklang*** ist das bestimmende Element;
- die Bezüge, die zwischen den verschiedenen Dreiklängen bestehen, werden in ***Funktionen*** systematisiert; diese sind – ähnlich wie eine mathematische Formel, in die Zahlen eingesetzt werden können – quasi „musikalische Formeln", in die Tonarten eingesetzt werden. (Die so entstehende ***Funktionsharmonik*** hat die ältere ***Stufenharmonik*** abgelöst, die lediglich die Dreiklänge nach ihrem Platz gekennzeichnet hat, die sie in einer Tonleiter einnehmen, z. B. IV. Stufe oder V. Stufe.)

Dreiklang

Nachdem sich die Terz durch die Temperierung (▶ S. 24 ff.) als Konsonanz durchgesetzt hat, können durch die zwei Formen der Terz (als großes Intervall mit vier Halbtonschritten und als kleines Intervall mit drei Halbtonschritten) je nach Schichtung vier Dreiklangsformen gebildet werden:

Terzform	Terzform	Ergebnis
groß	klein	Dur-Dreiklang
klein	groß	Moll-Dreiklang
groß	groß	übermäßiger Dreiklang
klein	klein	verminderter Dreiklang

1. Quart - Umkehrung - oben
2. Quart - Umkehrung - unten

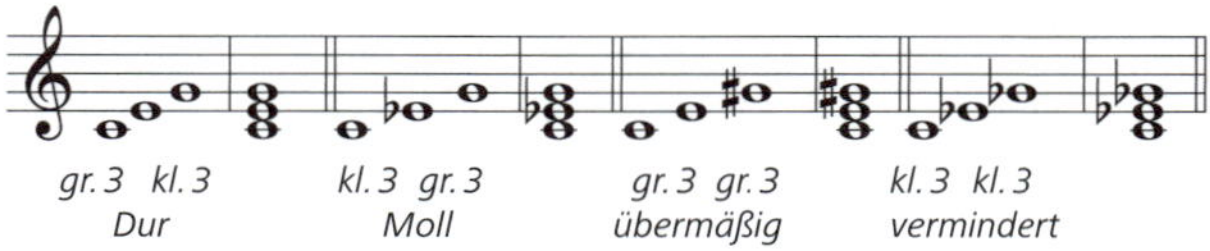

Von diesen vier Dreiklangsformen spielt der übermäßige Dreiklang erst in der zweiten Hälfte des 19. Jh.s eine größere Rolle (z. B. im Impressionismus ▶ S. 166 ff.).

Eine Tonleitercharakteristik (Dur oder Moll) in Verbindung mit dem Ausgangston einer Tonleiter wird ***Tonart*** genannt (z. B.: Ausgangston der Tonleiter = *h*, Charakteristik der Tonleiter = *Dur* ergibt die Tonart *H-Dur*).

HINWEIS Dur-Tonarten werden mit einem großen, Moll-Tonarten mit einem kleinen Buchstaben geschrieben, also A-Dur, Fis-Dur, aber h-Moll, d-Moll.

Funktionen

Die Ausgangstonart heißt ***Tonika*** (T). Sie ist damit das tonale Zentrum, auf das sich alle anderen Dreiklänge und Akkorde beziehen. Der Dreiklang, der eine Quinte über der Tonika liegt, heißt ***Dominante*** (D), derjenige, der eine Quinte unter ihr liegt, ***Subdominante*** (S). (Zur Erinnerung: Die Tonarten, die S und D zum Grundton haben, sind diejenigen, die mit der Ausgangstonart jeweils die meisten Töne gemeinsam haben ▶ S. 44). Mit den Dreiklängen T, S und D, der sog. ***Grundkadenz***, lässt sich jede Melodie begleiten, die keinen tonleiterfremden Ton enthält (also ein zusätzliches Vorzeichen aufweist).

Stufentheorie:	I	IV	V	I
Funktionstheorie:	T	S	D	T

Weitere wichtige Funktionsbezeichnungen sind u. a.:

- die Bezeichnungen der Paralleltonarten (also die Dur- und Molltonarten, die die gleichen Vorzeichen haben und im Quintenzirkel an der gleichen Stelle stehen);
- die Doppeldominante (DD), also die Dominante der Dominante;
- die eingeschobenen Dominanten, also die Dominanten, die sich nicht auf die Ausgangstonika, sondern auf den nachfolgenden Akkord beziehen. Sie werden in eckigen Klammern geschrieben.

HINWEIS ZUR SCHREIBWEISE: Für diese Funktionsharmonik gibt es zwei Schreibweisen. Die eine gibt durch Groß- und Kleinschreibung an, ob es sich um einen Dur- oder Mollakkord handelt. Die Schreibweise tP bedeutet also, dass die Tonikaparallele von einer Molltonika einen Durklang ergibt. Eine andere Schreibweise verzichtet auf diese zusätzliche Information und schreibt auch in einer Molltonika z. B. Tp, da ja klar ist, dass bei einer Molltonika die Paralleltonart ein Durakkord ist. In diesem Buch wird die zweite Schreibweise verwendet.

Steht eine Zahl unter der Funktionsbezeichnung, so ist damit der Basston gemeint (nicht zu verwechseln mit der Generalbassschrift ▶ S. 20 ff.), steht eine Zahl hochgestellt dabei, so bezieht sich diese Angabe auf eine der Oberstimmen, aber nicht auf den Bass.

Die folgende Übersicht zeigt die gebräuchlichsten und am häufigsten vorkommenden Funktionsbezeichnungen:

T = Tonika
D = Dominante
S = Subdominante
Tp = Tonikaparallele
Dp = Dominantparallele
Sp = Subdominantparallele
DD = Doppeldominante
[D] = eingeschobene Dominante, die sich auf den direkt darauf folgenden Akkord bezieht

Sowohl die Dominante als auch die Subdominante kennen sog. charakteristische Dissonanzen. Immer dann, wenn zu einem Dreiklang eine solche Dissonanz hinzugefügt wird, entsteht automatisch die entsprechende Funktion.
Für die Dominante ist es (vom Grundton des Dreiklangs aus gesehen) die kleine Septime.

A-Dur-Dreiklang + Septime As-Dur-Dreiklang + Septime

Daher haben diese beiden Akkorde wegen der hinzugefügten Septime eine Dominantfunktion (D^7).
Für die Subdominante ist die charakteristische Dissonanz die große Sexte ***(sixte ajoutée)***.

C-Dur + Sexte E-Dur + Sexte

Alle diese Akkorde haben wegen der hinzugefügten Sexte eine Subdominantfunktion (S^6_5)

Besonders beim D^7 wird oft der Grundton des Akkordes weggelassen, sodass ein verminderter Dreiklang entsteht. In diesem Fall wird das Funktionszeichen durchgestrichen ($\not{D}^7$). Der Akkord heißt ***verkürzter Dominantseptakkord***.

Tonart: A-Dur … Es-Dur …
jeweils + Septime, aber ohne Grundton
Funktionsbezeichnung: jeweils $\not{D}^7$

Wird zu diesem verminderten Dreiklang noch eine weitere (meist kleine Terz) hinzugefügt, entsteht der ***verkürzte Dominantseptnonakkord***. Der hinzugefügte Ton ist vom (nicht vorhandenen) Grundton aus die None.

Tonart: A-Dur … Es-Dur …
jeweils + Septime + None, aber ohne Grundton
Funktionsbezeichnung: jeweils $Đ^{9>}_{7}$

HINWEIS Bei einer Dur-Tonart ist die hinzugefügte kleine None ein tonleiterfremder Ton. Er muss daher eigens gekennzeichnet werden: $9^{>}$. Bei einer Moll-Tonart kann dieses Zusatzzeichen entfallen. Dieser so gebildete Vierklang (verkürzter Dominantseptnonakkord) ist ein besonderer Akkord, weil er durch die enharmonische Verwechslung eines Tones auf mehrere Tonarten bezogen werden kann. Als Klang ist nämlich der $Đ^{9>}_{7}$ von A-Dur mit dem von Es-Dur im obigen Beispiel identisch: ob auf dem Klavier *cis* oder *des*, *e* oder *fes* gespielt wird, ist seit der temperierten Stimmung (▶ S. 28) derselbe Klang. Nur die Schreibweise ist eine andere. Deshalb kann jeder der vier Töne dieses Dreiklangs enharmonisch verwechselt werden, sodass über diesen einen Akkord ($Đ^{9>}_{7}$) acht verschiedene Tonarten (vier Dur- und vier Molltonarten) erreicht werden können.

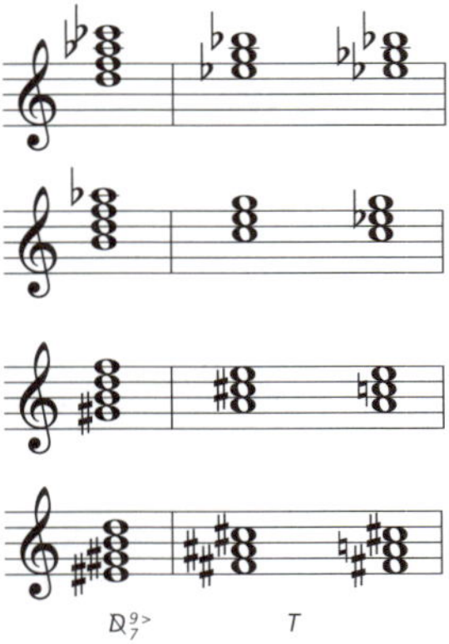

Jeder der im ersten Takt stehenden Klänge ist gleich (es sind also dieselben Tasten des Klaviers), es wird nur jeweils der obere Ton nach unten oktaviert und enharmonisch verwechselt, sodass jeweils eine andere Dominante entsteht, die sich in ihre (Dur- oder Moll-)Tonika auflöst.

Dieser Akkord kann aber insgesamt nur dreimal gebildet werden.

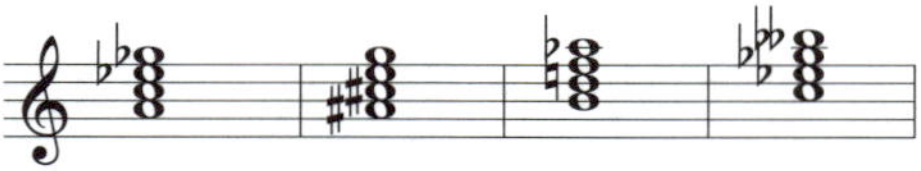

Der 4. Akkord, vom Ton c aus, ist schon eine enharmonische Veränderung des 1. Akkordes vom Ton a aus.

Quintenzirkel

Die Beziehungen zwischen den Tonarten werden im Quintenzirkel systematisiert. Er ist eine Kurzübersicht über das harmonische System, das in der abendländischen Musik fast 400 Jahre lang vorherrscht.

Wie sein Name sagt, zeigt er die Tonartenfolge im Quintabstand. Die Verwandtschaft der Tonarten und somit die Funktionen, die ja ebenfalls auf Quintverwandtschaften beruhen, sind daher leicht ablesbar. Auch die Paralleltonarten, also die Dur- bzw. Moll-Tonart, die die gleichen Vorzeichen hat, sind im Quintenzirkel sofort ersichtlich.

Außerhalb des Kreises werden (mit Großbuchstaben) die Durtonarten notiert, innerhalb des Kreises (mit Kleinbuchstaben) die Molltonarten.

Durch die Temperierung schließt sich der Quintenzirkel, d. h., dass an einer Stelle enharmonisch verwechselt wird (dort, wo jeweils 6 Vorzeichen vorkommen). Beispielsweise könnte statt Des-Dur auch Cis-Dur geschrieben werden; allerdings hätte man dann statt der 5 b nun 7 # – es würde unübersichtlicher.

Jede dieser Tonarten kann als Tonika, also als Grundtonart, bestimmt werden. Die dazugehörige Dominanttonart ist die Nachbartonart in Uhrzeigerrichtung, die dazugehörige Subdominanttonart die Nachbartonart gegen den Uhrzeiger. Die jeweiligen Paralleltonarten stehen an der entsprechenden Stelle.

BEISPIEL

T	Tp	D	DD	Dp	S	Sp
Es-Dur	c-Moll	B-Dur	F-Dur	g-Moll	As-Dur	f-Moll

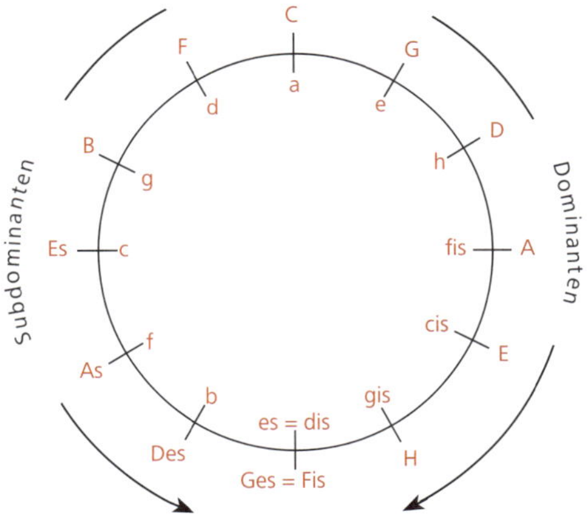

3

Vorhalt

Vorhalte sind dreiklangsfremde Töne in einem Akkord, die erst verzögert in einen dreiklangseigenen Ton aufgelöst werden. Es entstehen damit oft reizvolle Dissonanzen.

Einer der am häufigsten vorkommenden Vorhalte ist der Quartsextvorhalt; er zeigt, z. B. in der Barockmusik, immer eine formale Zäsur an.

Bei dem mit einem x bezeichneten Akkord werden die dreiklangseigenen Töne h und d zunächst durch c und e ersetzt; erst im folgenden, mit o bezeichneten Akkord, lösen sich diese dreiklangsfremden in die dreiklangseigenen Töne auf.

Trugschluss

Nach der Dominant-Funktion erwartet der Hörer die Auflösung in die Tonika. Wenn jedoch stattdessen ein anderer Akkord folgt, in der Regel ist es bei einer Dur-Tonika die Tonikaparallele (Tp), spricht man von einem ***Trugschluss.***

Modulation

Wechselt ein Komponist innerhalb einer Komposition die Tonart, spricht man von einer ***Modulation.*** Es gibt verschiedene Möglichkeiten.

BEISPIEL

In diesem Beispiel wird von D-Dur nach A-Dur moduliert. Es wird ein gemeinsam vorkommender Akkord benutzt, der in seiner Funktion umgedeutet wird.

Wird ein Ton enharmonisch umgedeutet, spricht man von einer ***enharmonischen Modulation;*** das folgende Beispiel kommt im *3. Klavierkonzert* von L. v. Beethoven vor.

Aus dem Grundton von As-Dur wird durch enharmonische Verwechslung die Terz von E-Dur (3. Satz, T. 259 ff.).

Weit entfernte Tonarten erreicht man z. B. über den $\not{D}^{9>}_{7}$:

F. Schubert: Der Neugierige
aus: Die schöne Müllerin

Vereinfacht geschrieben sieht diese Modulation folgendermaßen aus:

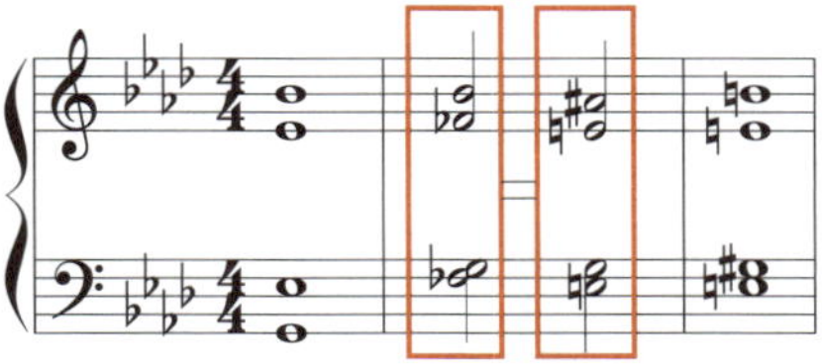

Von der Tonika As-Dur wird ein $\not{D}^{9>}$ gebildet (g – b – [des] – fes), der durch enharmonische Verwechslung zum $\not{D}^{9>}$ von Fis-Dur als Doppeldominante zu E-Dur wird (ais – [cis] – e – g).
Gleichzeitig sieht man bei diesem Beispiel die Bedeutung der Harmonik: Der Kontrast der beiden möglichen Antworten, die im Text genannt sind, wird durch einen Kontrast von zwei weit auseinanderliegenden Tonarten auf engstem Raum ausgedrückt.

Medianten

Neben der Quintverwandtschaft von Akkorden wird, besonders im 19. Jh., auch die Terzverwandtschaft wichtig. Tonartverbindungen dieser Art werden ***Medianten*** genannt. Eine solche harmonische Wendung hat – besonders in der Romantik – oft eine (textauslegende) Bedeutung: Die Mediant-Tonart ist die der Gegenwelt (z. B. Realität – Traum).

BEISPIEL

In diesem Beispiel aus einem Lied von R. Schumann („Aus alten Märchen") wird die Tonart G-Dur verlassen und mit der Medianten Es-Dur weitergearbeitet. – Der Kontrast zwischen Realität und Irrealität spielt in diesem Lied eine große Rolle.

Auch in der Klassik ist die Terzverwandtschaft von Akkorden für eine „neue" Welt ein beliebtes Ausdrucksmittel, wie es z. B. im Einleitungschor aus *Die Schöpfung* von J. Haydn deutlich wird.

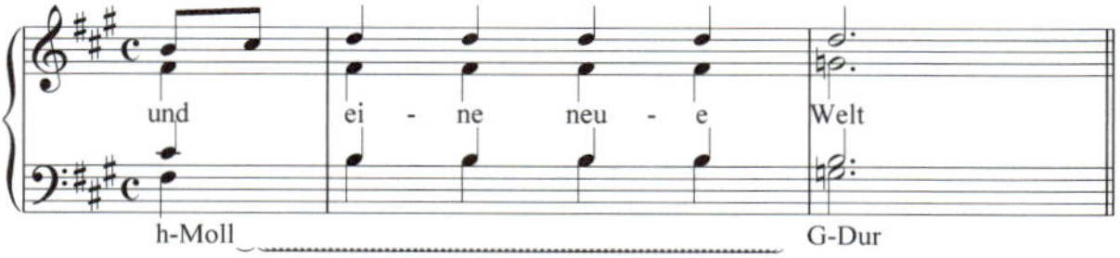

Der Tonart h-Moll wird die Mediante G-Dur gegenübergestellt. Damit wird die Textaussage mit harmonischen Mitteln verstärkt. (Der Notenausschnitt ist auf den Chorsatz beschränkt.)

Ein weiteres Beispiel stammt aus dem 4. Satz der *9. Sinfonie* von L. v. Beethoven: Die Textstelle *„und der Cherub steht vor Gott"* (T. 321–330) steht in der Tonika D-Dur. Doch deren Dominante A-Dur löst sich beim Wort *„Gott"* nach F-Dur (T. 330) auf. Medianten wirken, auch wenn sie lediglich als harmonische Wirkung, nicht aber textauslegend eingesetzt werden, immer sehr überraschend, weil hier zwei im Quintenzirkel weit entfernte Tonarten direkt zusammentreffen.

BEISPIEL

L. v. Beethoven: Klavierkonzert Nr. 4 G-Dur, Beginn

Bei diesem Beispiel setzt, nachdem das Soloinstrument das Thema in T. 1–5 in der Tonika G-Dur vorgestellt hat, das Orchester unvermittelt in der Medianten H-Dur ein (T. 6 ff.).

Stimmführungsregeln

In einem vierstimmigen Satz wird das Fortschreiten von einem zum nächsten Akkord durch Regeln gewährleistet; diese sind in den Lehrbüchern zur Harmonielehre festgelegt. Im Laufe der Zeit haben sich drei grundlegende Gesetzmäßigkeiten für den vierstimmigen homophonen Satz ausgeprägt:

- Gesetz des nächsten Weges: Ein Ton eines Akkordes sollte innerhalb einer Stimme auf dem kürzesten Weg zu dem eines anderen Akkordes gehen. Töne, die zwei benachbarte Akkorde gemeinsam haben, bleiben liegen.
- Gesetz der Gegenbewegung: Die vier Stimmen sollten sich nicht alle in die gleiche Richtung bewegen.
- Verbot von ***Quint***- und ***Oktavparallelen***, d. h., dass zwei Stimmen nicht im Abstand einer Quint oder Oktav (und einer Prim) parallel in den nächsten Akkord weitergeführt werden dürfen.

  Weil der Verschmelzungsgrad dieser beiden Intervalle sehr hoch ist, würde beim Hören sonst an den Stellen dieser Parallelen eine Stimme im vierstimmigen Satz fehlen.

3.5 Satzweise

In der europäischen Musik werden zwei Satzweisen unterschieden: ***Polyphonie*** und ***Homophonie***.

Polyphonie

In einem polyphonen Satz herrscht ein horizontales Geflecht aller beteiligten Stimmen vor, die rhythmisch und melodisch selbstständig sind. Die Regeln, wie die einzelnen Stimmen geführt, wie Konsonanzen und Dissonanzen behandelt werden und dadurch ein harmonischer Zusammenklang entsteht, sind in der ***Lehre vom Kontrapunkt*** (lat. punctus contra punctum, Note gegen Note) festgelegt. Typische kontrapunktische, also polyphone Strukturen, Formen oder Satztechniken sind:

- ***c.f.-Technik:*** Zu einer vorgegebenen Stimme (dem ***cantus firmus,*** c.f.) kommen nacheinander neue Stimmen. Der c.f. ist meist eine bekannte Melodie oder ein Ausschnitt daraus.
- ***freie Imitation:*** Ein (rhythmisch und/oder melodisch) prägnantes Motiv wird in einer Stimme vorgetragen und in einer Stimme oder mehreren anderen Stimmen nachgeahmt.
- ***Kanon:*** eine strenge Imitation, da nicht nur ein Ausschnitt oder ein Motiv nachgeahmt wird, sondern die gesamte andere Stimme. Die Melodie einer Stimme wird zeitversetzt in einer oder mehreren anderen dazu gesungen oder gespielt.

Michael Praetorius

- ***Fuge*** (▶ S. 107 ff.): eine Kompositionstechnik, bei der ein (Fugen)Thema von einer Gegenstimme, dem Kontrapunkt, beantwortet wird.
- ***Ricercar:*** Vorläufer der Fuge, bei dem abschnittsweise imitiert wird.

J. S. Bach: Sinfonia f-Moll

An diesem Beispiel aus einer dreistimmigen Invention (oder Sinfonia) von J. S. Bach wird die Eigenständigkeit aller drei Stimmen deutlich, die besonders im rhythmischen Element zu erkennen ist.

Homophonie

In einem homophonen Satz beherrscht die vertikale Dimension des Akkordes alle beteiligten Stimmen; die rhythmische Gestaltung aller Stimmen ist daher meist gleich. Oftmals handelt es sich um eine akkordische Begleitung von einer dominierenden Melodiestimme.

BEISPIEL

aus: Samuel Scheidt: Ei, du feiner Reiter

Bei diesem Beispiel wird die rhythmische Abhängigkeit der drei Begleitstimmen von der dominierenden Melodiestimme ganz deutlich.

Selbst wenn die Begleitstimmen eine etwas andere Rhythmik als die Oberstimme haben und sie diese z. B. mit kleineren Notenwerten umspielen, liegt trotzdem ein homophoner Satz vor.

BEISPIEL

aus: J. S. Bach: Erbarm dich mein, o Herre Gott BWV 305

Selbst wenn der Bass, später der Alt und auch der Tenor, andere Notenwerte als die dominierende Sopranstimme haben, ist doch deutlich zu erkennen, dass die Viertelnoten der Oberstimme alle anderen Stimmen beherrschen.

An der äußeren Erscheinung des Notenbildes kann oft schon die Satzweise abgelesen werden: Die beiden Beispiele für Homophonie zeigen eine gewisse Ordnung im Notenbild, die durch die Verwendung gleicher Notenwerte erzielt wird. Das polyphone Beispiel (▸ S. 58) zeigt eine solche Ordnung nicht.
Die Verwendung dieser beiden Satzweisen ist abhängig von der jeweiligen Epoche und von der jeweiligen Funktion.

3.6 Dynamik

Unter diesem vom griechischen Wort für Kraft abgeleiteten Begriff versteht man die Klang- und Tonstärkegrade. Lautstärkebezeichnungen werden durch Zeichen im Notensystem deutlich gemacht; die meisten von ihnen sind Abkürzungen.
Die Sichtweise, die Lautstärke als ein eigenständiges Element einer Komposition zu sehen, bildet sich erst im 18. Jh. differenziert aus. Während dynamische Wirkungen vorher oft auskomponiert sind, z. B. durch einen Wechsel in der Besetzung, schreiben die Komponisten der Mannheimer Schule (▶ S. 148 f.) um die Mitte des 18. Jh.s längere Crescendo- bzw. Decrescendo-Abschnitte in der Partitur vor („Mannheimer Rakete"). Seit dieser Zeit wird die Dynamik als eigenständiger Klangbereich für eine Komposition immer wichtiger. Daher werden die dynamischen Zeichen auch immer differenzierter (z. B. ffff oder pppp).
Zu unterscheiden sind Bezeichnungen, die einen konstanten oder einen sich verändernden Lautstärkegrad angeben. Hinzu kommen Akzentzeichen, die sich lediglich auf die Lautstärkenänderung eines Tones beziehen.

- Die wichtigsten Bezeichnungen, die sich auf eine konstante Lautstärke beziehen:

Abkürzung	Fachbegriff	Bedeutung
pp	pianissimo	sehr leise
p	piano	leise
mp	mezzopiano	mittel leise
mf	mezzoforte	mittel laut
f	forte	laut
ff	fortissimo	sehr laut

Wenn ein Komponist eine solche dynamische Angabe hinschreibt, dann soll so lange in diesem Lautstärkegrad gespielt werden, bis eine andere Dynamik angegeben ist.

- Die wichtigsten Bezeichnungen, die sich auf eine kontinuierliche Lautstärkeveränderung beziehen:

Abkürzung	Fachbegriff	Bedeutung
cresc. oder <	crescendo	lauter werden
decresc. oder >	decrescendo	leiser werden
dim.	diminuendo	leiser werden

Wenn ein Komponist eine solche dynamische Angabe macht, dann soll sich die Lautstärke in der angegebenen Art kontinuierlich bis zur nächsten Angabe verändern.

- Akzentzeichen (Auswahl)

Abkürzung	Fachbegriff	Bedeutung
<, >, ^	allgem. Akzentzeichen	Betonung des Tons
fz	forzato	Betonung des Tons
ffz	forzatissimo	starke Betonung des Tons
fp	fortepiano	betont, dann sofort wieder in der Lautstärke der Umgebung
sfz	sforzato, subito forzato	plötzlich verstärkt

Akzentzeichen beziehen sich nur auf einen Ton bzw. einen Akkord und sind stets relativ zur allgemeinen Lautstärke der Umgebung zu sehen.

3.7 Klangfarbe, Instrumentation

Musikinstrumente haben durch ihre unterschiedliche Spielweise, ihre Bauart, ihre spezifische Art der Tonerzeugung und ihr unterschiedliches Baumaterial eine eigene, meist unverwechselbare Klangcharakteristik, die Klangfarbe genannt wird.

Aus der Fülle der existierenden Musikinstrumente können nur die wichtigsten aufgeführt werden; auf die Auflistung von außereuropäischen Instrumenten muss ganz verzichtet werden.

Instrumenteneinteilung

Eine Einteilung der Instrumente in Familien kann nach dem Medium, das für einen Ton verantwortlich ist, vorgenommen werden:

Bezeichnung	Übersetzung	Beispiele
Idiophone	Selbstklinger	Becken, Rasseln
Membranophone	Fellklinger	Trommel, Pauke
Chordophone	Saitenklinger	Geige, Klavier
Aerophone	Luftklinger	Orgel, Trompete
Elektrophone	„Stromklinger“	Synthesizer

Gebräuchlicher ist aber eine Einteilung nach der Art der Tonerzeugung; diese Ordnung liegt auch dem Aufbau einer Partitur (▶ S. 71 ff.) zugrunde.

Instrumentenfamilie	Art der Tonerzeugung	Tonhöhenveränderung
Holzblasinstrumente	Spaltung der Luft an einer Kante, wodurch die Luftsäule in Schwingung gerät. (Hinweis: Nicht das Material des Instrumentes entscheidet, sondern die Art der Tonerzeugung. Deswegen gehören das Saxofon und die Querflöte, an der überhaupt kein Holzteil mehr ist, zu den Holzblasinstrumenten!)	Veränderung der Luftsäule, die durch Öffnen oder Schließen von Löchern auf der Schallröhre entsteht.
Blechblasinstrumente	Durch Schwingungen der Lippen und Komprimierung der Luft im Mundstück	Veränderung der Luftsäule, die durch Verkürzung oder Verlängerung der Schallröhre entsteht.

Instrumentenfamilie	Art der Tonerzeugung	Tonhöhenveränderung
Schlaginstrumente	Schlagen gegen Fell, gegen Holz, gegen Metall	Aus der großen Gruppe der Schlaginstrumente haben nur einige eine bestimmbare Tonhöhe.
Zupfinstrumente	Eine gespannte Saite wird mit den Fingern angezupft und so in Schwingung versetzt.	Länge der Saite bzw. Verkürzung der Saite durch das Aufsetzen eines Fingers
Tasteninstrumente	Der Druck auf eine Taste bewirkt je nach Instrument Unterschiedliches: Beim Cembalo wird eine Saite angerissen, beim Klavier mit einem Filzhämmerchen angeschlagen. Bei der Celesta wird eine Metallplatte angeschlagen. Bei der Orgel öffnet der Druck auf eine Taste den Zugang einer Pfeife, sodass Luft in diese strömen kann.	Länge und Dicke der Saite; Größe des Metallplättchens; Länge, Material und Art der Pfeife
Streichinstrumente	Eine gespannte Saite wird mit einem Bogen in Schwingung versetzt.	Verkürzung der Saite durch das Aufsetzen eines Fingers

Auch die menschliche Stimme ist ein Instrument. Die Stimmlagen werden nach dem Umfang der Singstimme eingeteilt.

Stimmlage		Ambitus
Frauenstimme	Männerstimme	
Sopran		c' – c'''
Mezzosopran		a – a''
Alt		f – f''
	Tenor	H – h'
	Bariton	G – g'
	Bass	E – e'

Die Klangfarbe vieler Instrumente (vor allem Streich- und Blechblasinstr.) kann durch *Dämpfer* (sordino) verändert werden. Bei den Streichinstr. sind es kammartige Klammern, die auf den Steg aufgesetzt werden und so dessen Schwingungen dämpfen; bei den Blechblasinstr. werden die Dämpfer in den Schalltrichter eingeführt. Einige Instrumente *transponieren*, d. h. das Notenbild weicht vom Klang ab. Einfach ist es bei Instrumenten, die nur eine Oktave tiefer oder höher notiert werden, um zu viele Hilfslinien zu vermeiden.
Anders ist es bei vielen Holz- oder Blechblasinstrumenten, die in einer anderen Tonart notiert werden. Dies hängt mit ihrer Entwicklung zusammen. So ist z. B. bei einer B-Klar. ein *c* notiert, es erklingt aber ein *b*! Die Noten in der Partitur müssen daher einen Ganzton höher gesetzt werden, damit man den klingenden Ton erhält. Daraus folgt für eine Partitur, dass zwar verschiedene Tonarten gleichzeitig notiert sind, der Gesamtklang aber jeweils nur eine Tonart ergibt (▶ S. 73).

HINWEIS Bei einer Analyse muss die jeweilige Transposition immer mitbedacht werden.

Die wichtigsten Instrumente und ihre Entwicklung

Holzblasinstrumente		
Name	Verwandte Instrumente	Besonderheiten
Blockflöte	Sopranino, Sopran-, Alt-, Tenor-, Bassflöte	Luftstrom wird automatisch gegen eine Kante (Labium) geführt und dort gespalten.
Querflöte	Piccoloflöte	Spieler bläst die Luft gegen eine Kante (Labium).
Oboe	Englischhorn	Doppelrohrblatt
Klarinette	Bassklarinette	einfaches Rohrblatt
Fagott	Kontrafagott	Doppelrohrblatt
Saxofon	Sopran-, Alt-, Tenor-, Baritonsaxofon	einfaches Rohrblatt

Hatten die Holzblasinstrumente zunächst nur eine Lochbohrung auf der Schallröhre (wie bei der Blockflöte), wird im 19. Jh. für fast alle Instrumente ein oft kompliziertes Klappensystem entwickelt, das auch eine Vielzahl von kombinierten Verschluss- oder Öffnungsmöglichkeiten bietet. So muss z. B. beim Fagott ein Daumen des Spielers allein 11 Klappen bedienen.
Das Saxofon ist eine Neuentwicklung des 19. Jh.s (nach seinem Erfinder Adolphe Sax benannt).

Blechblasinstrumente

Name	Verwandte Instrumente	Besonderheiten
Trompete	Flügelhorn, Kornett	Tonhöhenveränderung über Ventile, die die Schallröhre verlängern.
Horn	Naturhorn, Inventionshorn	Tonhöhenveränderung über Ventile, die die Schallröhre verlängern.
Posaune	Ventilposaune	Tonhöhenveränderung durch das Ausziehen eines Zuges, sodass die Gesamtschallröhre verlängert wird.
Tuba	Euphonium, Sousaphon	Tonhöhenveränderung über Ventile, die die Schallröhre verlängern.

Ursprünglich waren fast alle Blechblasinstrumente Naturtoninstrumente. Durch unterschiedliche Anblastechniken konnten die Töne der Natur- oder Obertonreihe (▶ S. 25) gespielt werden. Somit stand nur ein begrenzter Tonbereich zur Verfügung. Um diesen zu erweitern und auch in anderen Tonarten spielen zu können, werden in die Instrumente zusätzliche Rohrstücke eingefügt (Inventionszüge), sodass die Gesamtröhre des Instrumentes länger wird. Dadurch ändern sich der Grundton und alle von ihm abhängigen Obertöne. Erst durch die Entwicklung der Ventiltechnik im 19. Jh. können zusätzliche Rohrstücke am Instrument bleiben und werden durch das Drücken des jeweiligen Ventils der Gesamtschallröhre zugeschaltet.

Von den vielen Schlaginstrumenten, die es gibt, hier nur die gebräuchlichsten.

Schlaginstrumente				
Art	Name	Besonderheiten	Tonhöhe	
			bestimmbar	unbestimmt
Stabspiele	Xylophon, Marimbaphon	Plättchen aus Holz	x	
	Glockenspiel	Plättchen aus Metall	x	
	Metallophon	Plättchen aus Metall	x	
	Vibraphon	Plättchen aus Metall, mit zusätzlicher Möglichkeit, dem Ton ein Vibrato zu geben	x	
Fellinstrumente	Pauke	meist paarweise eingesetzt für Tonika und Dominante	x	
	Handtrommel	Fell über Holzrahmen		x
	Tamburin	Handtrommel mit einem Schellenkranz		x
	Bongo	meist paarweise verwendet		x
	Konga	meist paarweise verwendet		x
Metallinstrumente	Becken	versch. Größen		x
	Triangel	versch. Größen		x
	Crotales	Kleine, runde Metallteller, sehr hoch und lang klingend	x	
	Kuhglocke	versch. Größen		x
	Gong/Tam-Tam	versch. Größen		x
	Röhrenglocken	Metallröhren, die in einem Gestell hängen	x	

Schlaginstrumente				
Art	Name	Besonderheiten	Tonhöhe	
			bestimmbar	unbestimmt
Holzinstrumente	Holzblock	versch. Größen		x
	Guiro	Einkerbungen, über die man mit einem Holzstab streicht		x
	Kastagnetten	Zwei löffelartige Schalen werden gegeneinandergeschlagen.		x
	Claves/ Klangstäbe	Zwei hölzerne Stäbe werden gegeneinandergeschlagen; die eine Hand bildet dabei für den liegenden Stab einen Resonanzraum.		x
	Peitsche	Zwei Holzlatten werden gegeneinandergeschlagen.		x

Zupfinstrumente	
Name	Besonderheiten
Laute	bauchiger Korpus, abgeknickter Wirbelkasten
Gitarre	flacher, an beiden Seiten eingebuchteter Korpus
Banjo	Als Korpus dient ein mit einem Fell bespannter, runder Metallrahmen.
Mandoline	bauchiger Korpus mit doppeltem Saitenbezug
Harfe	Umfang von 6 1/2 Oktaven; Tonhöhenveränderung der einzelnen Saiten durch 7 Pedale

Die *Laute* wird im 13./14. Jh. in Spanien entwickelt und ist in der Spätrenaissance eines der Hauptinstrumente. Auch die *Gitarre* ist ein sehr altes Instrument. Das *Banjo* kommt mit den Sklaven nach Amerika; es ist ein typisches Instrument in der Country

Music und im Jazz. Die *Mandoline* ist eine italienische Entwicklung und hatte besonders im 18. Jh. ihre Blütezeit. Die *Harfe* ist eines der ältesten Musikinstrumente überhaupt.

Tasteninstrumente		
Name	Verwandte Instrumente	Besonderheiten
Orgel	Positiv, Portativ, Regal	pro Ton ist eine Pfeife nötig; in Registern gruppiert
Cembalo	Spinett, Virginal	Saite wird über Tasten angezupft
Klavier	Hammerklavier, Flügel	Saite wird über Tasten angeschlagen
Celesta	–	ein über Tasten gespieltes großes Glockenspiel
Synthesizer	E-Piano	elektronische Klangerzeugung

Die *Orgel* ist ein sehr altes Tasteninstrument; sie kommt aus dem vorderen Orient schon im 8./9. Jh. nach Mitteleuropa. Das *Cembalo* und seine Verwandten sind das bevorzugte Tasteninstrument des 16.–18. Jh.s. Es lässt aufgrund seiner Tonerzeugung keine dynamische Spielweise (außer laut oder leise) zu; eine solche wird erst durch die Entwicklung des Klaviers *(Pianoforte)* ab dem Ende des 18. Jh.s möglich, da dabei der Tastendruck des Spielers zur Anschlagstärke des Hämmerchens führt, mit der es auf die Saite trifft.
Der *Synthesizer* ist eine Entwicklung aus der 2. Hälfte des 20. Jh.s.

Streichinstrumente		
Name	Deutsche Bezeichnung	leere Saiten
Violine	Geige	e'', a', d', g
Viola	Bratsche	a', d', g, c
Violoncello	–	a, d, G, C
Violone	Kontrabass	G, D, A', E' (C')

Die Technik, eine Saite mit einem Bogen anzureißen, kommt im 10. Jh. aus dem Orient nach Mitteleuropa. Zunächst war der Steg der Instrumente flach, sodass die Saiten gleichzeitig angestrichen wurden und gleichzeitig erklangen, was der mittelalterlichen Bordunpraxis bzw. der organalen Parallelstimmigkeit (▶ S. 126) entsprach. Dann wird die Oberkante des Steges gewölbt, sodass die Saiten einzeln gespielt werden können. Die Entwicklung der heutigen Streichinstrumente findet zwischen dem 13. bis 15. Jh. statt. Berühmte Geigenbauer waren N. Amati, A. Stradivari, M. Klotz und G. Guarnieri.

Instrumentengruppen

Instrumente können in verschiedenen Gruppierungen zusammengefasst werden.
Unter einem (Sinfonie-)***Orchester*** versteht man eine Kombination von Blas-, Schlag-, Zupf-, Tasten- und Streichinstrumenten. In ihm spielen bei den Streichern immer mehrere Spieler dieselbe Stimme (z. B. sind die 1. Violinen oft 16-mal vertreten). Alle anderen Instrumente (die durchaus auch mehrfach vorkommen können) spielen solistisch, jeder hat also eine eigene Stimme.
Wenn nur Instrumente einer einzigen Instrumentenfamilie beteiligt sind, spricht man von einem ***Streich***- oder ***Blasorchester.***
Im Jazz nennt man eine größere Besetzung ***Big Band,*** eine kleinere ***Combo*** (bis etwa 10 Spieler).
Im Gegensatz zu den Orchestern gibt es Kammerbesetzungen, bei denen jeder beteiligte Spieler eine eigene Stimme spielt. Die Anzahl der Spieler ergibt die jeweilige Bezeichnung ***(Trio, Quartett, Quintett, Sextett, Septett, Oktett).***

Entwicklung der Gruppierungen in der Musikgeschichte

Bis zum 16. Jh. liegt der Schwerpunkt in der Vokalmusik. Instrumente können die Stimmen zwar mitspielen, sind aber oft nicht vorgeschrieben. Erst danach beginnt eine eigenständige Entwicklung der Instrumentalmusik.

Prägend für das Barockorchester ist die Basso-continuo-Gruppe (▶ S. 142) als (harmonisches) Fundament. Hauptträger der musikalischen Entwicklung sind die Streichinstrumente, vereinzelt auch Holzblasinstrumente. Der Kapellmeister leitet das Orchester meistens vom Cembalo aus.
Im Orchester der Klassik gibt es die Basso-continuo-Gruppe nicht mehr; Hauptträger der musikalischen Entwicklung sind nach wie vor die Streichinstrumente. Die Holzblasinstrumente werden allerdings aufgewertet.
Das Orchester der Romantik weitet die Besetzung und damit auch die Anzahl der Spieler sehr stark aus. Eine starke Aufwertung erfahren die Blechblasinstrumente und auch das Schlagzeug (▶ S. 66 f.).
Im 20. Jh. reduziert sich das Orchester oft wieder auf eine kleine Gruppe, vielfach mit starkem Anteil der Schlaginstrumente. Einbezogen werden auch elektrisch verstärkte und elektronische Instrumente. Auch Zuspielungen über ein Tonband sowie die unmittelbare Klangverarbeitung im Computer sind möglich.

Instrumentation

Die ***Instrumentation*** ist das Verteilen der verwendeten Instrumente auf Melodie- und Begleitstimmen durch den Komponisten. Dadurch entsteht eine ***Mixtur*** (Mischung) von Klangfarben. Ein berühmtes Beispiel, an dem das Prinzip der Instrumentation verdeutlicht werden kann, ist der *Bolero* von Maurice Ravel. In dieser Komposition werden zwei Themen (A und B), ein ostinater Rhythmus und eine (mit Ausnahme der Coda) ständig gleichbleibende harmonische Begleitung (C-Dur und G-Dur, also T und D) aneinandergereiht, ohne dass sich außer den Klangfarben und der Dynamik irgendetwas ändert. Dadurch, dass Ravel sowohl die Melodie- als auch die Begleitgruppe mit immer mehr Instrumenten versieht, ändert sich durch diese Mixtur die Klangfarbe; gleichzeitig nimmt durch die zunehmende Dichte die Lautstärke zu.

Instrumentation des *Bolero* von M. Ravel	
Thema	beteiligte Instrumente (nur in der Melodie)
A	Fl. (Flöte)
A	Klar. (Klarinette)
B	Fg. (Fagott)
B	kl. Klar.
A	Ob. d'am (Oboe d'amore)
A	Fl.; Trp. (Trompete mit Dämpfer)
B	T.-Sax. (Tenor-Saxofon)
B	S.nino-Sax. (Sopranino-Saxofon)
A	2 Picc. (Piccoloflöte); Hrn (Horn); Cel. (Celesta)
A	Ob; Ob. d'am; Engl. H. (Englischhorn); 2 Klar.
B	Pos. (Posaune)
B	Picc.; 2 Fl.; 2 Ob.; Engl. H.; 2 Klar.; T.-Sax.
A	Picc.; 2 Fl.; 2 Ob.; 2 Klar.; 1.Vl. (1. Violine)
A	Picc.; 2 Fl.; 2 Ob.; Engl. H.; 2 Klar.; T.-Sax.; 1.Vl.; 2. Vl.
B	Picc.; 2 Fl.; 2 Ob.; Engl. H.; Trp.; 1.Vl.; 2. Vl.
B	Picc.; 2 Fl.; 2 Ob.; Engl. H.; 2 Klar.; Pos.; S.-Sax.; 1.Vl.; 2. Vl.; Va (Viola); Vcl. (Violoncello)
A	Picc.; 2 Fl.; 4 Trp.; S.-Sax.; T.-Sax.; 1.Vl.
B	Picc.; 2 Fl.; 4 Trp.; Pos.; S.-Sax.; T.-Sax.; 1.Vl.
Coda	mit überraschender harmonischer Wendung nach E-Dur (Mediante)

Aufbau einer Partiturseite

Eine Partiturseite, in der alle beteiligten Instrumente verzeichnet sind, ist immer nach der gleichen Ordnung aufgebaut, sodass die Orientierung nicht schwerfällt. Die Instrumentengruppen sind mit den sog. *Akkoladen* zusammengefasst.

BEISPIEL Aufbau einer Partiturseite

Das Notenbeispiel zeigt die Partiturseite des Beginns des 4. Satzes der 6. *Sinfonie* von Gustav Mahler. Das Orchester, das Mahler hier verwendet, ist (in der Tradition der Spätromantik) sehr groß und verwendet viele Instrumente mehrfach:

- Alle Holzblasinstrumente sind (in verschiedenen Bauweisen) fünffach vertreten.
- Bei den Blechblasinstrumenten sind die Hörner achtfach, die Trompeten sechsfach und die Posaunen vierfach vertreten, nur die Tuba ist lediglich einfach besetzt.
- Bei den Schlaginstrumenten werden neben den üblichen (z. B. Pauken, Glockenspiel, Trommeln) auch sehr selten eingesetzte gefordert (z. B. Herdenglocken, Holzklapper, Rute). Mahler fordert auch den Satz eines Hammers, dessen Klang er folgendermaßen beschreibt: „*Kurzer, mächtiger, aber dumpf hallender Schlag von nicht metallischem Charakter (wie ein Axthieb).*"
- An Zupfinstrumenten sind zwei Harfen gefordert, die beide doppelt besetzt werden sollen. Insgesamt sind es also vier Harfen, von denen jeweils zwei dieselbe Stimme spielen.
- Die Celesta (die zwei- oder mehrfach besetzt sein soll) vertritt die Tasteninstrumente.
- An Streichinstrumenten werden wie üblich mehrfach besetzte Violinen, Bratschen, Violoncelli und Kontrabässe gefordert, wobei jede der Instrumentengruppen in sich nochmals geteilt werden kann.

Ein solches Orchester benötigt zwischen 100 und 120 Musiker.

Durch den Einsatz von transponierender Instrumente (▶ S. 64) werden innerhalb der Partitur ganz unterschiedliche Vorzeichen verwendet, obwohl insgesamt nur eine Tonart erklingt. Diejenigen Schlaginstrumente, die nur eine unbestimmbare Tonhöhe haben, werden nur auf einer einzigen Linie notiert. Wenn ein Chor mitwirkt, steht er über den Streichinstrumenten.

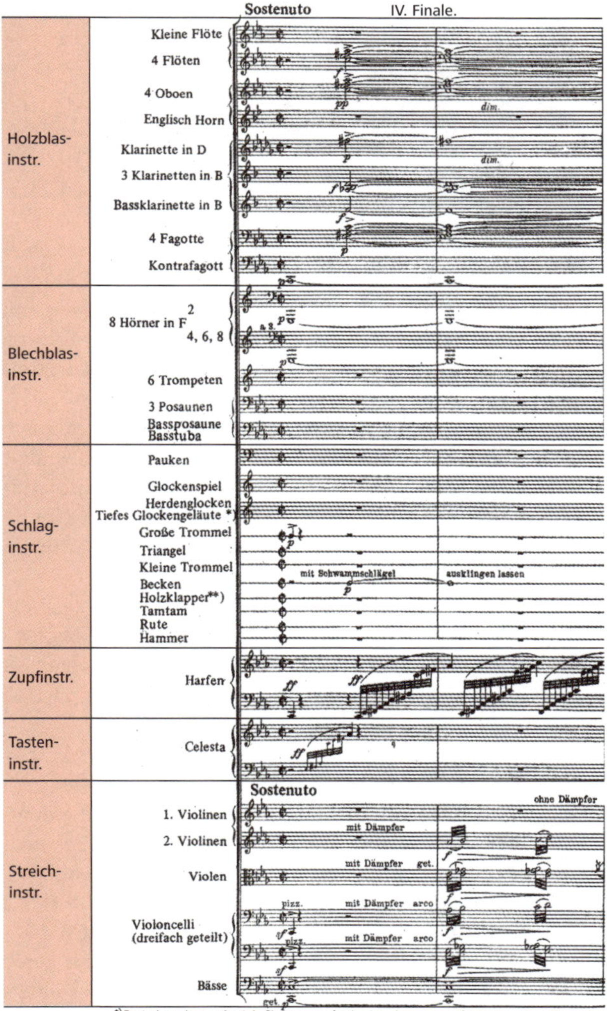

*) Zwei oder mehrere sehr tiefe Glocken von unbestimmtem aber von einander verschiedenen Klang, in d… mässig geschlagen.

4 Musikalische Analyse

4.1 Grundsätze der musikalischen Analyse

Eine musikalische Analyse hat zum Ziel, das Besondere einer Komposition herauszuarbeiten. So sollte herausgestellt werden, welche Funktionen bestimmte Details im Zusammenhang mit dem Ganzen haben, worin sich das zu analysierende Werk von anderen unterscheidet, was das Besondere in Bezug auf die Gattung ist usw.

Die Gefahr einer formalen Einteilung (auf die in den seltensten Fällen verzichtet werden kann) besteht darin, dass der lebendige Organismus „Kunstwerk" in leblose Teile zerstückelt wird. Aufzuzeigen wäre dagegen, welche Funktion die Einzelteile innerhalb des Ganzen haben und wie die Einzelteile sich zu einem (musikalisch logischen) Ganzen fügen.

Auszugehen ist bei einer Analyse immer von der Komposition selbst, nicht von einem abstrakten Formschema. Eine Komposition sollte nicht gewaltsam in dieses gepresst werden; denn oft liegt die besondere Leistung des Komponisten gerade darin, dass er eine formale Normung durchbricht oder verändert.

Der Sprache sollte besondere Aufmerksamkeit geschenkt werden: Da die Analyse etwas Objektives ist, sollte sich dies auch in den gewählten Formulierungen widerspiegeln. Allerdings kommt keine Analyse ohne Vermutungen aus; hier sollte durch die Art der Formulierung deutlich werden, dass nun eine subjektive Meinung formuliert wird. – Eine Interpretation ist im Gegensatz zur Analyse immer eine individuell-subjektive Meinungsäußerung! Sie ist umso überzeugender, je stärker sie durch Erkenntnisse, die durch die Analyse gewonnen werden, untermauert ist.

Jede Aussage sollte am Notentext belegt werden. Dazu zitiert man entweder die entsprechenden Taktzahlen oder – wenn es sich z. B. um die rhythmische Struktur eines Themas handelt – reduziert eine melodische Linie auf ihre Notenwerte.
Oft kompensiert ein musikalisches Element ein anderes. Harmonische Gleichförmigkeit kann z. B. durch eine melodische und/oder rhythmische Aktivität (oder umgekehrt) überspielt werden. Der Beginn von Wagners Oper *Das Rheingold* beginnt z. B. mit einer langen Einleitung in einer einzigen Tonart (136 Takte nur Es-Dur)! Doch die zunehmende rhythmische Bewegung, der sich ständig vergrößernde Ambitus, die sich ändernden Klangfarben und die sich aus Motiven allmählich entwickelnde Thematik kompensieren diesen harmonischen Stillstand. – Im Gegensatz gleicht Frédéric Chopin im *Prélude e-Moll op. 28,4* die melodische Beschränkung (Pendeln zwischen *h′* und *c″* bzw. *a′* und *h′*) und die rhythmische Gleichförmigkeit (𝅗𝅥. 𝅘𝅥) durch eine komplizierte Harmonik aus (siehe auch das Beethoven-Beispiel S. 38/39).

Taktgruppengliederungen und die Länge formaler Abschnitte sind wichtig. Unserem Proportionsempfinden kommen gradzahlige Abschnittsbildungen entgegen. Oft setzt ein Komponist jedoch bewusst dagegen. So wird in der sog. Champagner-Arie aus *Don Giovanni* von Mozart durch eine Gliederung, bei der neben 8-taktige Teile auch 13-, 11- und 15-taktige gestellt werden, u. a. gezeigt, dass sich der Protagonist durch sein Handeln und Denken außerhalb der gewohnten Ordnung stellt.
Vor Allgemeinplätzen sollte man sich hüten. „Die Melodie geht erst hinauf, dann hinunter“ ist eine ziemlich sinnlose Bemerkung, da die Tonhöhenveränderung ja gerade wesentlich für das Element Melodik ist. Allerdings sind Tonhöhenveränderungen innerhalb eines Umfeldes von Tonrepetitionen wichtig (z. B. im Anfangsthema des 2. Satzes der *7. Sinfonie* von Beethoven, das fast nur aus einer Tonrepetition besteht ▸ S. 34). Interessant können aber besondere Intervalle innerhalb der Melodiebildung sein (z. B. große Septime, verminderte Oktave, Tritonus).

Eine reine Notentextbeschreibung interessiert nicht. Die Feststellung „In Takt 10 setzt die Flöte ein" besitzt keinen Aussagewert.
Liegt eine Textvertonung vor, muss auch der Text (mit seinen sprachlichen Eigenheiten und Gesetzmäßigkeiten) mit untersucht werden. Die Analyse sollte dann deutlich machen, inwiefern der Komponist den Text ausdeutet (Wort-Ton-Verhältnis) und wie er z. B. die formalen Strukturen des Textes musikalisch behandelt.
In den seltensten Fällen muss im schulischen Bereich eine Komposition vollständig harmonisch analysiert werden – abgesehen davon, dass meistens die Zeit dafür auch nicht ausreichen würde. Man sollte sich daher auf harmonisch interessante Stellen, die auch beim Hören auffallen, konzentrieren. – So unterstreicht z. B. Beethoven im 1. Satz seines *4. Klavierkonzerts in G-Dur* den ungewöhnlichen Beginn mit dem unbegleiteten Soloklavier auch dadurch, dass er das Orchester in T. 6 in der Mediant-Tonart H-Dur einsetzen lässt, um sofort wieder zur Ausgangstonart G-Dur zurückzumodulieren (T. 14) – ein für die damaligen Zeitgenossen äußerst ungewöhnlicher, „unerhörter" Anfang (▸ S. 56).

4.2 Analysebeispiel

Die Gesamtschau und das Zusammenwirken der bisher getrennt betrachteten musikalischen Einzelelemente soll im Folgenden an einem übersichtlichen Beispiel vorgenommen und aufgezeigt werden. Bei dem Beispiel handelt es sich um das Lied *Der Tod und das Mädchen* von Franz Schubert; das der Vertonung zugrunde liegende Gedicht stammt von Matthias Claudius.
Das Gedicht besteht aus zwei Strophen, die eine ist mit „Das Mädchen", die andere mit „Der Tod" überschrieben. Die Komposition für Singstimme und Klavier stammt aus dem Jahr 1817; Schubert hat sie später für Variationen im langsamen Satz seines *Streichquartetts d-Moll* wieder aufgegriffen. Interessant ist, dass

Schubert einen Monat nach dieser Komposition ein Gegenstück zu diesem Text schafft. In dem Lied *Der Jüngling und der Tod* nach einem Gedicht seines Freundes Joseph von Spaun, wird der Tod herbeigesehnt, um *endlich in schön're Welten* (zu) *zieh'n!*

Allgemeines

Das Gedicht von Matthias Claudius (1740–1815) steht in der Tradition des mittelalterlichen Totentanzes, in dem der Tod zu Vertretern aller Stände (Papst, Kaiser, König usw.) und (typisierten) Einzelpersonen kommt, um sie zu sich zu holen. In diesem Fall ist es ein junges Mädchen, das den Tod aber unter Hinweis auf seine Jugend abweisen möchte (1. Strophe). Doch der Tod beruhigt das Mädchen – er komme nicht als Strafender, sondern als Freund, in dessen Armen es schlafen könne (2. Strophe).

Der Komponist Franz Schubert (1797–1828) ist der romantischen Ästhetik verpflichtet, die u. a. durch die Todessehnsucht charakterisiert ist, sodass schon von daher die Wahl zur Vertonung dieses Textes verständlich wird.

Form

Zunächst fällt auf, dass Schubert aus den vorgegebenen zwei Gedichtstrophen ein vierteiliges Lied macht: Er leitet mit einem Vorspiel (T. 1–8) ein und endet mit einem Nachspiel, welches das Vorspiel leicht verändert wieder aufgreift. Diese der Vertonung der beiden Strophen einen Rahmen gebenden Teile sind von der Vertonung der 2. Strophe („Der Tod") abgeleitet. Schon damit dominiert die Todesassoziation über den kurzen Teil, in dem das „Leben" im Mittelpunkt steht.

Durch die veränderte Tempobezeichnung *(etwas geschwinder)* hebt sich die „Mädchen"-Strophe deutlich von den anderen Teilen ab. Mit dem schnelleren Tempo ist diese Strophe auch lebendiger, was mit allen anderen musikalischen Gestaltungsweisen korrespondiert.

Rhythmik

Das Lied wird vorwiegend von einem prägnanten, daktylischen Rhythmus (𝅗𝅥 ♩ ♩) bestimmt. Nur einige Takte der 1. Strophe (T. 9–15) stechen durch eine andere rhythmische Struktur (vor allem in der Klavierstimme) hervor. Für den Hörer ergeben sich in diesen Takten durchlaufende Achtel, da auf jedem Achtelmetrum in dem 4/4-Takt eine Note zu hören ist. Der Rhythmus ist an dieser Stelle, an der das Mädchen den Tod bittet, sie unversehrt zu lassen, also viel lebendiger als an allen anderen Stellen. Die rhythmische Gestaltung korrespondiert damit mit der harmonischen, melodischen und dynamischen Gestaltung.

Ein daktylischer Rhythmus ist bei Schubert in vielen Werken fast immer ein Hinweis auf den Tod! Interessant wird dies bei der Textstelle „und rühre mich nicht an", die von Schubert wiederholt wird (T. 16–19). Dadurch, dass der Komponist bei dieser Textstelle im Klavier den Todesrhythmus bringt, zeigt er deutlich, dass der Wunsch des Mädchens nicht in Erfüllung gehen wird.

Melodik

Während die melodische Gestaltung der 2. Strophe, in der der Tod spricht, durch die Tonwiederholungen äußerst monoton ist, sodass man von einer Melodie im eigentlichen Sinn gar nicht sprechen kann (es kommen als Melodietöne vor allem die Töne *d'* und *f'* vor), ist die melodische Gestaltung der 1. Strophe völlig anders. Der Wunsch des Mädchens, vom Tod verschont zu werden, äußert sich zunächst in einer aufsteigenden Linie, die vom Ausgangston *a'* bis zum Spitzenton *es''* aufsteigt *(a' – b' – cis'' – d'' – es'')*. Unterbrochen wird diese Linie nur durch die beiden Seufzermotive in T. 9 und 10. Nach dem Erreichen des Spitzentons geht die Melodie abwärts und endet in T. 19 auf dem *e'*. Zunächst gibt es zwei Intervallsprünge (T. 13: Tritonus *es'' – a'*, T. 15: Quinte *d'' – g'*). Mit dem Quartsprung nach oben (T. 15/16) und dem (dann geringeren) Terzsprung nach oben (T.17) erfolgt das letzte Aufbäumen; die Melodie führt beide Male konsequent nach unten, bis der überhaupt tiefste Ton in der melodischen Gestaltung der Mädchen-Strophe erreicht ist.

Mit dieser melodischen Gestaltung macht Schubert die Ausweglosigkeit des Wunsches deutlich: Der Ambitus vom Anfangston bis zum höchsten Ton *(a'– es'')* ist ein Tritonus, seit jeher ein melodisch-harmonisches Zeichen für den Tod bzw. den Teufel. (Der Tritonus wird als „Teufel in der Musik", als „diabolus in musica" bezeichnet.) Der Gesamtambitus der Mädchen-Strophe *(es'' – e')* ist eine verminderte Oktave, ein sehr selten gebrauchtes, da ganz „unvollkommenes Intervall".

Obwohl die Melodik lebendiger ist, wird durch ihre Gestaltung einem aufmerksamen Hörer schon verdeutlicht, dass der Tod dem Mädchen keine Chance geben wird.

Harmonik

Die harmonische Gestaltung des Vorspiels ist sehr einfach, es besteht nur aus d-Moll (T) und A-Dur (D), allerdings mit einigen Ausweichungen und Dissonanzen.

Die 1. Strophe (Das Mädchen) ist dagegen harmonisch sehr „lebendig“ und geht auch in entferntere Tonarten. Damit korrespondiert die harmonische Gestaltung mit der melodischen, rhythmischen und dynamischen.

Takt	9	10	11	12	13	14	15	16
Funktion	T	$\underset{3}{S}p$	$\underset{5}{\not D}{}^{9>}_{7}$	$\underset{3}{T}$	$[\not D^{9>}_{7}]$	S	$[\underset{3}{D}{}^{7}]$	$\underset{3}{T}p$
Tonart	d	B	A	d	D	g	C	F

Die Zuordnung des verkürzten Dominantseptnonakkordes in T. 13 zum Wort „bin“ zeigt in seinem Dissonanzreichtum und seiner harmonischen Instabilität, die ja auf einen anderen Akkord hinzielt, deutlich, dass das Mädchen nicht mehr „sein“ kann. – Es ist daher nur konsequent, dass Schubert in T. 15, in dem der Tod mit „Lieber“ angesprochen wird, nur noch den Dominantseptakkord einsetzt, da ihm die dissonante Schärfe der None fehlt.

Weiterhin überrascht, dass am Anfang dieser Entwicklung (T. 9) eine Molltonart steht und am Ende eine Durtonart (T.16); Dur herrscht dann auch in den T. 16–21 vor, in dem der Todesrhythmus aufgegriffen wird.

Eine ähnliche harmonische Entwicklung ist bei der 2. Strophe zu erkennen: Sie beginnt in Moll (T. 22) und endet bei der Textstelle „strafen“ (T. 28/29) in Dur. Auch im 2. Teil dieser Strophe herrscht Dur vor; man kann fast von einer Modulation sprechen, da man als neue Tonika nun F-Dur (also die Tp zu d-Moll) ansehen kann. Doch Schubert leitet wieder zu *d* zurück – doch nun als Dur-Tonika (D-Dur statt d-Moll in T. 37)! Auch das Nachspiel steht in Dur!

Eine solche harmonische Gestaltung überrascht, wird doch landläufig mit Dur das Positive, das Freudige, das Starke assoziiert, während Moll als das Gegenteil angesehen wird.

Dynamik

Lautstärkezeichen verwendet Schubert sehr sparsam:
Vorspiel: pp
1. Str.: p, dann cresc. (T. 12), pp mit dim. (T. 20)
2. Str. : pp
Nachspiel: pp

Nur dort also, wo das Mädchen spricht, wird die Dynamik etwas angehoben, endet allerdings mit der leisesten Stelle der gesamten Komposition in T. 20/21: Durch das *dim.* in T. 20, das von einem pp ausgeht, erscheint das pp ab T. 22 (relativ) lauter.
Auch die dynamische Gestaltung unterstützt somit die anderen schon aufgezeigten Elemente.

Gesamtinterpretation

Auf der einen Seite ist über die Betrachtung der einzelnen musikalischen Elemente deutlich geworden, dass Schubert den Bereich „Leben" durch melodische, rhythmische und harmonische Mittel lebendig, den Bereich „Tod" hingegen durch entsprechende harmonische, rhythmische und melodische Mittel sehr monoton gestaltet; der Komponist macht jedoch schon mit musikalischen Mitteln deutlich, dass der Tod über das Leben siegen wird – während dies im Text offenbleibt.
Auf der anderen Seite überrascht die harmonische Gestaltung: Dur kann als Ziel der harmonischen Entwicklung angesehen werden (Vorspiel: Moll; Nachspiel: Dur; ebenfalls die o. a. binnenharmonischen Entwicklungen).
Dies entspricht dem ästhetischen Denken und der Sichtweise der romantischen Komponisten (▶ S. 158 ff.): Das Diesseitige, das reale Leben, wird als unvollkommen und schlecht angesehen, das überwunden werden muss. Die Traumwelt, die Irrealität oder, wie hier, der Tod werden dagegen positiv gesehen: Der vertraute und trostbringende Tod ermöglicht uns, die andere Welt zu erreichen. Diese Sichtweise wird in dem anfangs zitierten Lied *Der Jüngling und der Tod* ebenfalls (schon vom Text her) deutlich.
Der Ansicht des bedeutenden Liedinterpreten Dietrich Fischer-

Dieskau ist daher zuzustimmen, dass die Hörer durch solche und ähnliche Lieder von Schubert nicht traurig gestimmt werden, sondern sich als zentrales Erlebnis „erhebende Zuversicht und Tröstung“ einstellt.
Mit diesem Lied liegt also eine Komposition vor, an der die romantische Weltsicht sehr deutlich gemacht werden kann und die gleichzeitig aufzeigt, wie ein Komponist mit seinen Mitteln wesentlich über die Aussage eines Textes hinausgehen kann.

Zusammenfassung

Oft herrscht, besonders bei Schülern, die Ansicht vor, eine solche Analyse sei überflüssig, da der Komponist all dies, was die Analyse als Ergebnis hervorbringt, gar nicht bewusst gemacht habe, sondern intuitiv.
Doch zeigen z. B. viele Briefstellen, viele Umarbeitungen, viele Notizen, wie bewusst die Komponisten arbeiten. Bei Bach z. B. stehen in einigen Manuskripten die Zahlen am Rand, die er (im Sinne der Zahlensymbolik, ▸ S. 143) berücksichtigen möchte. Mozart gibt oft in seinen Briefen Auskunft über den recht rationalen Bewusstseinsprozess in seinem Schaffen. In den Manuskripten von Beethoven ist der meist schwierige Arbeitsprozess an Radierspuren, Übermalungen, Streichungen usw. abzulesen. Und von Strawinsky ist das Bonmot überliefert, Komponieren sei zu 99 % Transpiration, nur zu 1 % Inspiration!
Eine Analyse hat daher das Ziel, das, was der Komponist in seinem Schaffensprozess erarbeitet hat, bewusst nachvollziehen zu können. Oder, wie der Komponist und Pädagoge Diether de la Motte einmal eine beispielhafte Analyse überschrieben hat: „Um eine Komposition nachher um so mehr zu lieben“. Man kann nur hören, was man weiß!

5 Gattungen, Formen und Kompositionsprinzipien

Die musikalische ***Gattung*** ist die komplexeste Gestaltungsweise; sie ist meistens mehrteilig. Eine Gattung ist z. B. die Oper, die Sonate oder die Sinfonie. Eine ***Form*** ist ein schematisches Modell, z. B. ein Rondo oder die Sonatenhauptsatzform, ein ***Kompositionsprinzip*** z. B. Homophonie oder Polyphonie. In Kompositionen können diese drei Begriffe allerdings gleichzeitig auftauchen: In einer viersätzigen Sinfonie (= Gattung) kann z. B. ein Satz ein Rondo (= Form) sein, das einen polyphonen Abschnitt (= Kompositionsprinzip) enthält.

Der Begriff Form wird in der Musik sehr unterschiedlich gebraucht. Es gibt feste Formen wie z. B. verschiedene Liedformen oder das Rondo; sie können mit ihren jeweiligen Formteilen schematisch gut dargestellt werden. Ein anderer Formbegriff liegt vor, wenn es sich um allgemeine Formprinzipien handelt, z. B. das Prinzip der ***Reihung*** (Variationsreihe, Suite) oder das der ***Entwicklung*** (Sonatensatz).

Manche Formen werden von Komponisten angewendet, um damit eine bestimmte Bedeutungsebene zu erreichen

- z. B. die Passacaglia oder Chaconne (▶ S. 113 ff.), als formale Gestaltung der Unausweichlichkeit eines Ereignisses (J. S. Bach: *Messe in h-Moll, Crucifixus;* H. Purcell: *Dido und Aeneas, Abschiedsarie der Dido* ▶ S. 222 f.)
- das Menuett als dem Adel zuzuordnender Tanz (▶ S. 216)

HINWEIS Bei Formanalysen werden Großteile immer mit Großbuchstaben, Binnenunterteilungen dagegen mit Kleinbuchstaben bezeichnet. Variierte Wiederholungen eines Formteils bekommen einen hochgestellten Strich (z. B. A', a', ▶ S. 98 f.).

5.1 Gattungen

Sonate, Sinfonie

Die *Sonate* ist eine Komposition für ein Soloinstrument (z. B. Violine oder Klavier), mehrere Instrumente (z. B. Violine und Klavier), für Solist(en) und Orchester (Solokonzert) oder ein Orchester. Im letzteren Fall heißt die Gattung dann Sinfonie. – Gegen Ende des 16. Jh.s wird eine Instrumentalkomposition *Sonata* (lat. *sonare,* klingen) genannt; sie kennt noch kein festes Formschema. 100 Jahre später entwickelt Arcangelo Corelli (1653–1713) den Typ der Barocksonate; seit der 2. Hälfte des 18. Jh.s ist die Sonate für ca. 200 Jahre die Hauptform der Instrumentalmusik.
Der Normalfall einer Sonate ist die Dreisätzigkeit, nur in der Sinfonie ist durch den Einbezug des Menuetts (später Scherzo) die Viersätzigkeit die Regel. Jeder Einzelsatz hat ein bestimmtes Formschema, das sich je nach Epoche anders darstellt.

Barocke Triosonate

Corelli entwickelt am Ende des 17. Jh.s Sonaten in zwei Haupttypen: *Sonata da camera* (Kammersonate), bei der der Einfluss der Suite noch deutlich zu erkennen ist, und *Sonata da chiesa* (Kirchensonate). Beides sind Triosonaten, d. h., sie werden von zwei Oberstimmen und einem b. c. (▶ S. 142) ausgeführt.

Schema einer Sonata da camera				
Satzbezeichnung	Preludio	Corrente	Adagio	Allemande
Tempo	langsam	schnell	langsam	schnell

Sonate der Klassik und der späteren Zeit

Je nach Besetzung spricht man von einer Klaviersonate (Sonate für Klavier), einer Violinsonate (Sonate für Violine und Klavier), einer Flötensonate (Sonate für Flöte und Klavier) usw.
Eine Sonate ist normalerweise folgendermaßen aufgebaut:

1. Satz	2. Satz	3. Satz
schnell	langsam	schnell
Sonatenhauptsatzform	Liedform	Rondo, später Sonatenhauptsatzform

Konzertante Gattungen

Gemeinsam ist ihnen das Prinzip des Konzertierens. Es musizieren also ein Soloinstrument oder mehrere Soloinstrumente mit einem begleitenden Orchester, wobei der Solopart im Laufe der Entwicklung technisch immer anspruchsvoller wird. Der Begriff leitet sich vom lat. *concertare* = wettstreiten ab.

Concerto grosso

Das ***Concerto grosso*** entsteht am Ende des 17. Jh.s aus der venezianischen Mehrchörigkeit (▶ S. 145). Musizierten dort gleich große Gruppen, so steht beim Concerto grosso eine kleine Gruppe ***(Concertino, Soli)*** einer größeren ***(Ripieno, Tutti)*** gegenüber. Die Solisten sind in der frühen Zeit der Entwicklung meist die Stimmführer der einzelnen Tuttigruppen. Während diese Solisten in den Concertino-Teilen weiterspielen, pausiert das Tutti. Zusammengehalten werden beide Gruppen durch den ***Basso continuo*** (b. c., ▶ S. 142), der, wie der Name sagt, ständig spielt. Von den drei Sätzen, aus denen ein Concerto grosso normalerweise besteht *(schnell – langsam – schnell)*, weisen die beiden Ecksätze meist folgendes Schema auf, wobei wichtig ist, dass der erste und letzte Teil jeweils ein Tuttiteil ist:

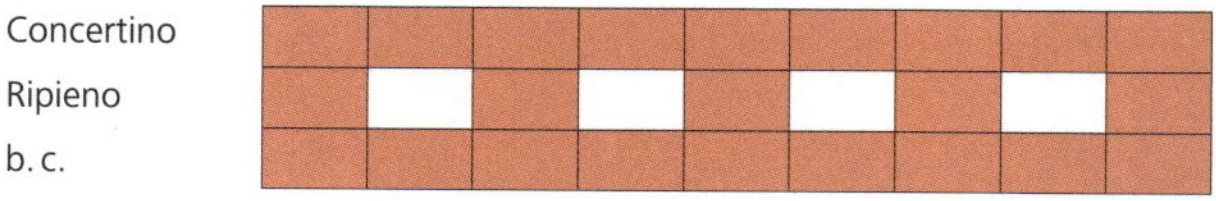

Auswahl wichtiger Kompositionen

Arcangelo Corelli
12 Concerti grossi op. 6 (um 1700)

Johann Sebastian Bach
6 Brandenburgische Konzerte (1721)
Georg Friedrich Händel
12 Concerti grossi op. 6 (1739)
Igor Strawinsky
Dumbarton Oaks (1937/38)
Alfred Schnittke
Concerto grosso I–VI (1977–1994)

Das barocke Solokonzert

Aus dem Concerto grosso entwickelt sich durch die Reduzierung auf einen einzigen Solisten das ***Solokonzert***. Diese Entwicklung beginnt gegen Ende des 17. Jh.s; rasch prägt sich der Typus der dreisätzigen Komposition mit der Tempofolge *schnell – langsam – schnell* aus. Der 1. Satz eines barocken Solokonzerts hat fast die gleiche formale Anlage wie ein Concerto grosso, nur ändern sich die Bezeichnungen der Formteile (Solo und Tutti). Der Solist spielt bei den Tutti-Teilen jetzt auch nicht mehr mit. Die Funktion des b. c. bleibt gleich, wird aber freier gehandhabt. Beliebte Soloinstrumente sind Oboe, Trompete, Violine, Cembalo und Orgel. Oft spielen die Komponisten selbst den Solopart. Von Vivaldi sind fast 500 solcher Konzerte bekannt.

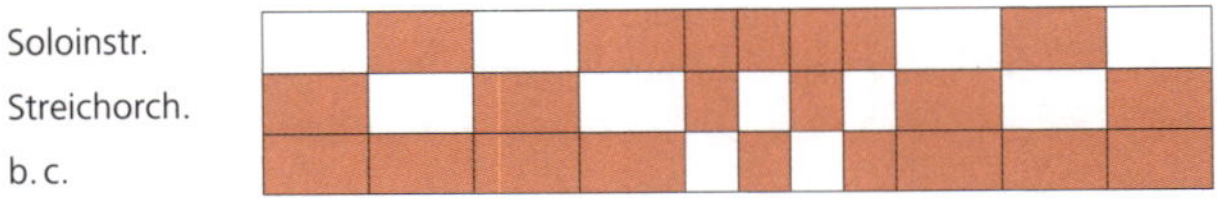

Auswahl wichtiger Kompositionen

Johann Sebastian Bach
Violinkonzert in a-Moll BWV 1041 (um 1720)
Violinkonzert in E-Dur BWV 1042 (um 1720)
Antonio Vivaldi
Violinkonzerte op. 8, 1–4 („Vier Jahreszeiten“, 1725)
Georg Friedrich Händel
6 Orgelkonzerte op. 4, HWV 289–294 (1738)

Das Solokonzert der Klassik

Auch in der Klassik ist das Solokonzert eine beliebte Gattung, allerdings ändert sich die Gestaltungs- und Auffassungsweise. Die b.c.-Gruppe fällt weg. Bestehen bleibt die Dreisätzigkeit *(schnell – langsam – schnell)*, wobei sich allerdings die formale Gestaltung ändert: Der 1. Satz steht meist in einer modifizierten Sonatenhauptsatzform (▶ S. 102 ff.), der 2. Satz ist liedhaft, der Schlusssatz oft ein Rondo (▶ S. 98 f.).

Formschema eines 1. Satzes:

	Exposition	Wdh. der Exposition	Durchführung	Reprise	Kadenz	Coda
Soloinstr.						
Orchester						

Im Regelfall exponiert das Orchester das thematische Material, normalerweise gestaltet in einem Hauptsatz (1. Thema) und Seitensatz (2. Thema). Dieser Teil wird ***Orchesterexposition*** genannt. Erst bei der Wiederholung der Exposition wird das Soloinstrument mit einbezogen, ***Soloexposition*** genannt. Die ***Durchführung*** wird im Wechselspiel zwischen Soloinstrument und Orchester gestaltet. Am Ende der ***Reprise*** hat der Solist in der ***Kadenz*** die Möglichkeit, seine virtuosen Fähigkeiten zu zeigen, indem er über das thematische Material improvisiert.
Bis zur Zeit Beethovens (in der der Komponist meist auch der Solist ist) liegt die Kadenz nicht schriftlich vor, sondern wird aus dem Augenblick heraus gestaltet. Erst Mozart und später Beethoven fixieren die Kadenzen schriftlich.

Von dieser Anlage gibt es aber schon bei Beethoven Abweichungen, z. B. im *4. Klavierkonzert G-Dur,* in dem der Solist beginnt (▶ S. 56).

Auswahl wichtiger Kompositionen

Wolfgang Amadeus Mozart

Klavierkonzerte (ab 1773)
Violinkonzerte (ab 1773)
4 Hornkonzerte (1783–1791)
Klarinettenkonzert A-Dur KV 622 (1791)

Ludwig van Beethoven

5 Klavierkonzerte (ab 1800)
Violinkonzert D-Dur op. 61 (1806)

Das Solokonzert im 19. und 20. Jh.

Grundsätzlich bleibt die konzertante Auffassung und die Satzanlage gleich, wobei aber auch experimentiert wird. Es gibt fließende Übergänge zu einem anderen Satz (*attacca*), viersätzige Anlagen (Brahms: *2. Klavierkonzert B-Dur op. 83*) und einsätzige Konzertstücke. Der Solopart wird technisch immer anspruchsvoller, sodass auch vom Virtuosenkonzert gesprochen wird.

Auswahl wichtiger Kompositionen

Frédéric Chopin
2 Klavierkonzerte (1829–1830)
Felix Mendelssohn Bartholdy
Violinkonzert e-Moll op. 64 (1838–44)
Robert Schumann
Klavierkonzert a-Moll op. 54 (1841–45)
Violoncellokonzert a-Moll op. 129 (1850)
Johannes Brahms
2 Klavierkonzerte (1860; 1882)
Violinkonzert D-Dur op. 77 (1878)
Sergej Rachmaninow
4 Klavierkonzerte, darunter das berühmte 2. in c-Moll (zwischen 1890 und 1926)
Alban Berg
Violinkonzert „Dem Andenken eines Engels" (1935)
György Ligeti
Violoncellokonzert (1966)

Sonderformen

Doppelkonzert mit zwei Soloinstrumenten, z. B.:

Johann Sebastian Bach
Konzert für 2 Violinen, Streicher und b. c. d-Moll (um 1720)
Johannes Brahms
Konzert für Vl., Vcl. und Orchester a-Moll op. 102 (1887)
Arvo Pärt
Tabula rasa für 2 Violinen (alternativ: Violine und Viola), Streichorchester und präpariertes Klavier (1977)

Tripelkonzert mit drei Soloinstrumenten, z. B.:
Ludwig van Beethoven
Konzert für Vl., Vcl., Klavier und Orchester C-Dur op. 56 (1804)
Konzertante Sinfonie, z. B.:
Joseph Haydn
Symphonia concertante für Ob., Fg., Vl., Vcl. und Orchester B-Dur Hob. I: 105 (1792)
Konzert für die Instrumente bzw. Gruppen eines Orchesters, z. B.:
Béla Bartók
Konzert für Orchester (1943)
Witold Lutoslawski
Konzert für Orchester (1951–54)
Elliot Carter
Concerto for Orchestra (1968–69)

Oper

Unter einer Oper versteht man ein Musikwerk, das für eine szenische Aufführung geschaffen wurde, bei der vorwiegend gesungen statt gesprochen wird; diese Gattung ist seit ihrer Entstehung in der Übergangszeit von Spätrenaissance und Frühbarock zahlreichen Wandlungen unterworfen. Bestandteile einer Oper sind Sologesang, Ensembleszenen, reine Instrumentalteile, Chöre und Tanzeinlagen. Es gibt aber in Opern auch gesprochene Dialogszenen (z. B. C. M. v. Weber, *Der Freischütz*).
Grundsätzlich können – von der ***Monodie*** der frühen Entwicklung bei C. Monteverdi (▸ S. 144) abgesehen – beim Singen zwei grundlegende Arten unterschieden werden: ***Rezitativ*** und ***Arie*** (▸ S. 200).
Zunächst heißt diese Form des Musiktheaters ***dramma per musica,*** bis sich um 1650 die Bezeichnung ***Oper*** durchsetzt.

Barockoper

Die Oper entsteht am Ende der Spätrenaissance an den Fürstenhöfen in Florenz aus dem Bestreben, das antike Drama wieder

zu beleben. In der Barockoper dominieren dementsprechend Stoffe aus der griechischen und römischen Antike. In der Annahme, dass die antike Musik einstimmig war, herrscht der Sologesang vor, der vorwiegend deklamatorisch verläuft und lediglich von einigen Akkorden gestützt wird.
Die Oper wird schnell zu einer der beliebtesten Gattungen im Barock, da sie durch ihre Verbindung von Dichtung, Musik, Schauspiel, Bühnenbild und Kostümen dem Streben nach Repräsentation der absoluten Herrscher entgegenkommt. So entstehen selbst an kleinen Fürstenhöfen Opernhäuser. Doch auch öffentlich zugängliche Opernhäuser werden schon bald gebaut, sodass sich diese Gattung nicht mehr nur auf aristokratische Kreise beschränkt (Venedig 1637).
Hohe Stimmlagen, die normalerweise von Frauen ausgeführt werden müssten, werden von ***Kastraten*** übernommen.
Im 17. und 18. Jh. unterscheidet man:

- die ***opera seria*** (ernste, tragische Oper), in der vor allem die Emotionen typisiert werden. Der Ablauf wird mit Rezitativ (meist „secco“ ▸ S. 198 f.) und nachfolgender Arie (fast immer in der *da-capo-Form* ▸ S. 97) normiert. Der dramatische Zusammenhang der so entstehenden ***Nummernoper*** ist nebensächlich, vielmehr steht das (meist virtuose) Singen im Vordergrund. Der Kult, der um die Sänger gemacht wird, ist mit dem um heutige Popstars zu vergleichen.
- Die ***opera buffa*** (komische Oper) ist durch die Wahl aktueller Stoffe und die Verwendung volkstümlicher Melodien gekennzeichnet.

Wichtige Werke

Claudio Monteverdi
L' Orfeo (1607)
Henry Purcell
Dido und Aeneas (1689)
Georg Friedrich Händel
Rinaldo (1711)
Julius Cäsar (1724)

5

John Christopher Pepusch
The Beggar's Opera (1728) (dient als Vorlage zur Dreigroschenoper von B. Brecht/K. Weill, 1928)

Die Oper der Vorklassik und der Klassik

Die Wandlung der Oper von der typisierten Darstellung antiker Helden in der ***opera seria*** hin zu einer Menschendarstellung im Sinne der aufkommenden Aufklärung geht von Christoph Willibald Gluck (1714–1787) aus. Die Musik soll der Dichtung dienen und von einer edlen Einfachheit sein. Auch bei ihm stehen Stoffe der Antike im Mittelpunkt.
Mozart stellt in seinen Opern die Dramatik des menschlichen Lebens allgemeingültig und überzeitlich dar. Bei ihm laufen die verschiedenen Traditionsstränge zusammen, sodass sie Vollendung und Neubeginn zugleich sind. Mozart ist – im Gegensatz zu Gluck – der Meinung, dass „die Poesie der Musik allzeit gehorsame Tochter sein" solle: Er stellt also die Musik über den Text. – Übernimmt in diesen Opern eine Frauenstimme eine männliche Rolle, so spricht man von einer ***Hosenrolle*** (z. B. Cherubino in Mozarts *Die Hochzeit des Figaro*).
Die einzige Oper von Beethoven *(Fidelio)* stellt am Beispiel der Gattenliebe das Humanitätsideal der Klassik vor dem Hintergrund von absolutistischer Willkür dar. Ihr Thema ist die Verherrlichung der Freiheit. Die Musik verzichtet auf jedes äußerliche Dekor und wird zum Träger ungeheurer Leidenschaften.

Wichtige Werke

Christoph Willibald Gluck
Orpheus und Eurydike (1762)
Wolfgang Amadeus Mozart
Die Entführung aus dem Serail (1782)
Die Hochzeit des Figaro (1786)
Don Giovanni (1787)
Die Zauberflöte (1791)
Ludwig van Beethoven
Fidelio (1805/1814)

Die Oper des 19. Jh.s

Die Entwicklung im 19. Jh., in der in vielen europäischen Ländern Opern mit nationalen Stoffen entstehen (Böhmen: B. Smetana, A. Dvořák; Russland: M. Glinka, M. Mussorgsky), lässt sich grob in folgende Stränge gliedern:

Deutschland

- Die romantische Oper

In den Opernstoffen der Hochromantik wendet man sich mit Vorliebe dem Unwirklichen, dem Übernatürlichen, den Zauberwelten zu. Mit der Oper *Der Freischütz* von Carl Maria von Weber *(1821)* ist sowohl von der Handlung als auch von der Musik her der neue Ton der dunklen, unheimlich wirkenden Zaubergewalten angeschlagen. Motive und Stoffe aus Sagen und Märchen, der Minne-, Ritter- und Burgenwelt beherrschen die Opern.

5

- Die deutsche Spieloper

Darunter versteht man die deutschsprachige Weiterentwicklung der opera buffa; es ist eine heitere Oper ohne Problemhintergrund. Hauptvertreter ist Albert Lortzing mit seinen Opern *Zar und Zimmermann (1837), Der Wildschütz (1842)* und *Der Waffenschmied (1846).*

- Das Musikdrama von Richard Wagner

Richard Wagner (1813–1883) führt mit der Einheit von Handlung, Wort und Musik das dramatische Geschehen in einem Gesamtkunstwerk zusammen. In seinen revolutionären Ideen und Gestaltungsmitteln ist die romantische Gedankenwelt künstlerisch vollendet verwirklicht. Er hebt die Trennung von Rezitativ und Arie auf zugunsten eines unablässig fließenden Stroms einer unendlichen Melodie: aus der Nummernoper ist das ***Musikdrama*** geworden.

Dramaturgisch und musikalisch zusammengehalten wird die Oper Wagners durch die ***Leitmotivtechnik:*** Eine Person, ein Affekt, ein Gegenstand usw. bekommt ein charakteristisches Motiv, das im Laufe der Handlung durch seine musikalischen Veränderungen die feinsten Vorgänge in der Psyche der handelnden Personen wiederzugeben vermag.

Hauptwerke sind:

Der fliegende Holländer (1840/41), Tannhäuser (1842/45), Lohengrin (1845/48); diese Opern stehen noch in der Tradition der romantischen Oper.

Die Trilogie mit einem Vorabend *Der Ring des Nibelungen* mit den Teilen *Das Rheingold, Die Walküre, Siegfried* und *Götterdämmerung (1853 – 1874),* in der zum ersten Mal die in sich geschlossenen Nummern aufgegeben werden und die Leitmotivtechnik systematisch angewendet wird.

Tristan und Isolde (1857/59); diese Oper, von Wagner *Handlung in drei Aufzügen* genannt, gilt wegen ihrer harmonischen Kühnheiten als ein Ausgangspunkt der Musik des 20. Jh.s.

Die Meistersinger von Nürnberg (1861/67), in der Wagner mit der Person des Hans Sachs die Welt der Meistersinger des 15./16. Jh.s aufgreift (▸ S. 132 f.).

Parsifal (1877/82)

Frankreich

In Frankreich entsteht zum einen die ***Grand Opéra***, die ernste große Oper, in der nicht nur der gesamte Text durchkomponiert wird, sondern die auch mit einer neuartigen Monumentalität auf die Bühne gebracht wird. Hauptvertreter ist Giacomo Meyerbeer (1791–1864), u. a. mit *Die Hugenotten (1836).*

Zum anderen parodiert Jacques Offenbach (1819–1880) antike Opernstoffe und entwickelt so die ***Operette*** *(Orpheus in der Unterwelt, 1858; Die schöne Helena, 1864).*

Italien

Hier erhält die ***opera buffa*** neue Impulse durch Gioacchino Rossini (1792–1868), der mit dem *Barbier von Sevilla (1816)* eine der meistgespielten Opern des 19. Jh.s schreibt. (Die Vorlage stammt übrigens wie *Die Hochzeit des Figaro* von Mozart aus der Dramentrilogie von Beaumarchais).

In den Opern von Giuseppe Verdi (1813–1901), für die man – im Gegensatz zu Wagners Musikdrama – auch die Bezeichnung ***Gesangsoper*** verwendet, steht die menschliche Leidenschaft, der Affekt, im Mittelpunkt. Die Handlung hat oft nur die Aufgabe, zu einem extremen Emotionsausdruck hinzuführen, der dann musikalisch entsprechend gestaltet wird. Diese Absicht, bei der die Logik der Handlung oft nebensächlich geworden ist, zeigt sich schon in der Wahl seiner Vorlagen: Es sind oft Dramen der Weltliteratur, die Verdi auf die Opernbühne bringt.

Hauptwerke sind:

Macbeth (*1847*, nach dem Drama von William Shakespeare)
Rigoletto (*1851*, nach einem Drama von Victor Hugo)
La Traviata (*1853*, nach einem Drama von Alexandre Dumas)
Don Carlos (*1867*, nach einem Drama von Friedrich Schiller)
Aida (*1871*, geschrieben als Repräsentationswerk für die Oper in Kairo im Zuge der Eröffnung des Suezkanals)
Otello (*1887*, nach dem Drama von William Shakespeare)
Falstaff (*1893*, nach dem Drama *Die glücklichen Weiber von Windsor* von William Shakespeare)

In den Opern des ***Verismo*** steht eine realistische Darstellung der Welt mit ihren sozialen Problemen im Mittelpunkt der Handlung und es wird auf jegliche Idealisierung verzichtet. Hauptvertreter sind Pietro Mascagni *(Cavalleria rusticana, 1890)*, Ruggero Leoncavallo *(Der Bajazzo, 1892)* und Giacomo Puccini *(La Bohème, 1896; Tosca, 1900).*

5

Die Oper des 20. Jh.s

Die Opernentwicklung führt zu singulären Werken, in denen sich oft die unterschiedlichen musikalischen Entwicklungen dieser Zeit widerspiegeln. Viele Opern werden nach literarischen Vorlagen oder in enger Zusammenarbeit mit dem Librettisten geschaffen.

Hauptvertreter und -werke:

Alban Berg
Wozzeck (1917/22) nach *Woyzeck* von Georg Büchner

Lulu (1937) unvollendet, nach den Dramen *Erdgeist* und *Die Büchse der Pandora* von Frank Wedekind

Richard Strauss

Salome (1905) nach Oscar Wilde

Elektra (1909) nach Sophokles. Text von H. v. Hofmannsthal

Der Rosenkavalier (1911) Libretto von Hugo von Hofmannsthal

Bernd Alois Zimmermann

Die Soldaten (1958/64) nach dem gleichnamigen Drama von Jakob Michael Reinhold Lenz

Hans Werner Henze

Boulevard Solitude (1952) nach dem Manon Lescault-Stoff von Prosper Merimée

Der junge Lord (1965) nach Wilhelm Hauff. Text von Ingeborg Bachmann

We come to the river (1976) Libretto von Edward Bond

Peter Eötvös

Drei Schwestern (1998) nach dem Drama von Anton Tschechow

Allmählich kommt es zu Grenzüberschreitungen und Mischformen. So werden z. B. neue musikalische Entwicklungen eingebaut (Ernst Krenek mit seiner Jazz-Oper *Jonny spielt auf, 1927;* die Rock-Oper *Tommy*) oder neue Bezeichnungen für das Musiktheater gefunden (z. B. Komödie für Musik, Szenische Kantate, Schauspiel mit Musik, Schuloper).

5.2 Musikalische Formen

Musikalische Formen sind vom Kunstwerk abstrahierte Schemata. Sie zeigen gewissermaßen die größtmögliche Gemeinsamkeit vieler Kompositionen derselben Bauweise. Formschemata versuchen also lediglich, die strukturellen Gesetzmäßigkeiten unter ganz verschiedenen Gesichtspunkten zu erfassen und (oft in einer Tabelle) wiederzugeben.

Liedformen

Unter den Formbildungen, die in der Musik zu finden sind, sind die Liedformen die einfachsten. Man versteht unter einer Liedform die kleinste in sich abgeschlossene Musikform mit einem Thema. Liedformen sind von der formalen Gestaltungsweise von Liedern oder Tanzsätzen abgeleitet, beziehen sich aber in der Formanalyse – trotz des Namens – auch auf Instrumentalmusik.

- Die ***zweiteilige Liedform*** besteht aus einer variierten Wiederholung (A – A') oder aus zwei gegensätzlichen Teilen (A – B).
- Die ***dreiteilige Liedform*** kann verschiedene Ausprägungen haben: Entweder sind alle drei Teile ungleich (A – B – C) oder ein Teil wird wiederholt. Wenn der A-Teil am Anfang wiederholt wird (A – A – B) spricht man von der ***Barform*** (Stollen – Stollen – Abgesang), die im Mittelalter bei den Minnesängern (▶ S. 131 f.) beliebt war und die man in vielen Liedern des 15. und 16. Jh.s findet.

Am wichtigsten ist die dreiteilige Liedform in der Ausprägung (A – B – A oder A – B – A'), die wegen ihrer Wiederholung des Anfangsteils auch ***da-capo-Form*** genannt wird (ital. *da capo*, von vorn). Durch den Kontrast im B-Teil wird Spannung in den Ablauf gebracht, die durch die völlig gleiche oder veränderte Wiederholung des Anfangsteils wieder abgebaut wird. Wenn der zweite A-Teil unverändert wiederholt wird, steht am Ende des B-Teils in den Noten nur *da capo al Fine*. Daher leitet sich der Name ab.

J. S. Bach: Johannes-Passion, Eingangschor

Formteil	A	B	A (da capo)
Text	Herr, unser Herrscher	Zeig uns durch deine Passion	Herr, unser Herrscher
Länge in Takten	58	37	58
Haupttonart	g-Moll	Es (am Ende D-Dur als D zu g-Moll)	g-Moll

BEISPIEL

G. Bizet: L' Arlésienne-Suite Nr. 1, „Carillon"

Formteil	A	B	A'
Instrumentation	vorw. Streicher	vorw. Bläser	vorw. Streicher
Tongeschlecht	Dur	Moll	Dur
Tempo	Allegro moderato	Andantino	Allegro moderato
Taktart	3/4	6/8	3/4
Länge in Takten	60	45	43

In dieser relativ einfachen da-capo-Form ist der B-Teil in fast allen musikalischen Elementen als Kontrast zum A-Teil angelegt.

Wenn die Großteile in sich mehrteilig sind, spricht man von der ***erweiterten dreiteiligen Liedform.***

Auch das Menuett ist eine erweiterte dreiteilige Liedform. Hier heißt der Mittelteil jedoch Trio, da er in der Frühzeit von lediglich drei Instrumenten (2 Oboen und Fagott) gespielt worden ist.

BEISPIEL

W. A. Mozart: Eine kleine Nachtmusik KV 525, 3. Satz: Menuett

Formteil	A	B	A
Formbezeichnung	Menuett	Trio	Menuett
Binnenteile	a a' b a'	c d c	a a' b a'
Länge in Takten	4 4 4 4	8 4 8	4 4 4 4
Dynamik	f f p f	p f p	f f p f

Rondo

Das Rondo (ital. = Rundgesang) übernimmt die Gestaltungsweise vom volkstümlichen Rundgesang, in dem sich Vorsängervers und Chorrefrain abwechseln. Es ist eine formale Gestaltung, bei der zwischen einen immer gleich bleibenden Teil *(Refrain)* ein neuer Teil *(Couplet)* eingeschoben wird. Während

somit der wiederkehrende A-Teil festgefügt und immer gleich ist, herrscht in den Couplet-Teilen größere Freiheit.
Es gibt zwei Grundformen:
Das ***zyklische Rondo*** ist rückläufig und weist folgende Grundstruktur auf:

A	B	A	C	A	B	A

Das ***Kettenrondo*** fügt jeweils neue Couplet-Teile in den gleich bleibenden Refrain ein, sodass es neben dem schon bekannten Teil einen immer neuen Teil gibt.

A	B	A	C	A	D	A	E	A	F	A

Das Rondo ist eine sehr alte Form (die Vorform *Rondeau* ist schon im 13. Jh. entstanden); es wird, besonders in der Barockzeit, gerne (oft in Schlusssätzen) angewendet.

BEISPIEL

J. S. Bach: Violinkonzert E-Dur BWV 1042, 3. Satz

Formteil	A	B	A	C	A	D	A	E	A
Taktanzahl	16	16	16	16	16	16	16	32	16
Besetzung	Tutti	Solo	Tutti	Solo	Tutti	Solo	Tutti	Solo	Tutti
Tonart	E	H	E	cis	E	A	E	gis	E
Funktion	T	D	T	Tp	T	S	T	Dp	T

Auch in der Klassik sind die Schlusssätze von Sonaten, Sinfonien und Konzerten oft als Rondo gestaltet, wobei die Starrheit dieser Reihungsform zunehmend als Problem gesehen wird, sodass allmählich Neuerungen in diese Reihungsform eingebaut werden. Wenn das in der Sonatenhauptsatzform (▶ S. 102 f.) vorhandene Prinzip der Entwicklung mit der Reihung der Einzelteile des zyklischen Rondos vermischt wird, spricht man von einem ***Sonatenrondo***.

Rondo	A B A	C	A B A
Sonate	Exposition	Durchführung	Reprise

Im 19. und 20. Jh. wird das Rondo zwar gelegentlich noch eingesetzt (z. B. am Ende des 19. Jh.s durch Richard Strauss in seiner Komposition *Till Eulenspiegels lustige Streiche – nach alter Schelmenweise in Rondeauform op. 28*), doch kann es die frühere Bedeutung nicht mehr erreichen.

BEISPIELE

Ludwig von Beethoven
Violinkonzert D-Dur op. 61, 3. Satz: Rondo
1.–5. Klavierkonzert, jeweils die Schlusssätze

Suite

Unter einer ***Suite*** (andere, frühe Bezeichnungen sind: *Partita, Ouvertüre*) versteht man eine Folge von Tänzen; anfangs wird zur Musik noch getanzt, später verselbstständigt sich die Musik und bewahrt nur noch den jeweiligen Tanzcharakter. Sie ist eine seit dem 16. Jh. beliebte Gattung, die von den Komponisten in unterschiedlicher Gewichtung bis ins 20. Jh. gepflegt wird. Die Komponisten können, da die Suite keine starren Vorgaben kennt, die jeweiligen Modetänze ihrer Zeit verwenden. Zudem ist sie nicht an eine bestimmte Besetzung gebunden: Suiten gibt es z. B. als sonata di camera für Vl. und b. c. (A. Corelli, ▸ S. 85), aber auch für eine Orchesterbesetzung (z. B. Händels *Wassermusik*). Die historische Entwicklung beginnt in der Mitte des 16. Jh.s mit einer Paarbildung:

Bezeichnung	Tanz	Nachtanz
Tempo/Schrittart	langsam, geschritten	schnell, gesprungen
Taktart	gerade	ungerade
Höfischer Name	Pavane	Gagliarde oder Gaillarde
Volkstüml. Name	Dantz	Hupfauf

Durch Erweiterung prägt sich im Barock das folgende (Standard-)Modell einer Suite aus:

Name	Allemande	Courante	Sarabande	Gigue
Herkunft	Deutschland	Frankreich	Spanien	Schottland
Tempo	langsam	schnell	langsam	sehr schnell
Taktart	4/4	3/4 oder 3/8	3/2	6/8 oder 12/8

In der Barockzeit ist die Suite eine sehr wichtige Form; sie dominiert z. B. in der Klaviermusik (J. S. Bach *Englische Suiten, Französische Suiten*, G. F. Händel *Klaviersuiten*).
Das Standardmodell kann auch aufgegeben und zugunsten einer bunten und abwechslungsreichen Mischung von (auch nationaltypischen) Tänzen erweitert werden.

J. S. Bach: Orchestersuite Nr. 2 h-Moll BWV 1067

Name	Ouvertüre	Rondeau	Sarabande	Bourée I u. II
Tempo	langs. schnell langs.	schnell	langsam	schnell
	Polonaise	Menuett	Badinerie	
	langsam	langsam	schnell	

5

Während der Klassik war die Suite unmodern; andere Reihungsformen (Divertimento, Cassation, Serenade) treten an ihre Stelle. Auch im 19. Jh. wird die Suite selten verwendet. Die Modetänze der damaligen Zeit dominieren als Einzelkompositionen: zunächst der Deutsche Tanz, dann vor allem der Walzer (Joseph Lanner, Johann Strauß). Nur wenige Komponisten bedienen sich noch der Reihungsform ***Suite*** (P. Tschaikowsky *Nussknacker-Suite*, A. Dvořák *Orchestersuite op. 55*). Auch Schauspielmusiken werden zu Suiten zusammengestellt (G. Bizet *Arlésienne-Suiten*, E. Grieg *Peer-Gynt-Suiten op. 46 und op. 55*).
Im 20. Jh. werden wieder vermehrt Suiten komponiert (Reger *Suite im alten Stil*, Schönberg *Klaviersuite op. 25*, Strawinsky *Suite für kleines Orchester Nr. 1 und Nr. 2*, Hindemith *Suite 1922*).

Sonaten(haupt)satzform

Die Sonatensatzform wird auch Sonatenhauptsatzform genannt, weil sie ab der Mitte des 18. Jh.s im Hauptsatz (= 1. Satz) einer Sonate die Regel ist. Die formale Gestaltungsweise Sonatensatzform darf nicht mit der oben dargestellten Gattung Sonate verwechselt werden.

Das Formschema einer Sonatensatzform ist, stärker noch als bei den anderen musikalischen Formen, immer nur als ein schematisches Gerüst zu sehen; in den jeweiligen Kompositionen ist es vielfach abgewandelt, was aber das eigentlich Interessante beim Hören einer solchen Komposition ausmacht. Die Sonatensatzform ist eine Entwicklungsform, in der es zur Auseinandersetzung mit dem musikalischen Material kommt. Dieses Material können Themen oder aus ihnen gewonnene Motive sein.

Die großen Formteile sind:

- *Exposition*

In der Exposition wird das thematische Material vorgestellt. Es beginnt mit dem 1. Thema (Hauptsatz), das in der Grundtonart der Komposition (Tonika) steht. Eine Überleitung schließt sich an und moduliert zum kontrastierenden 2. Thema (Seitensatz, Seitenthema), das normalerweise in der Dominante (bei einer Dur-Tonika) oder in der Tonikaparallele (bei einer Moll-Tonika) steht. Es ist in vielen musikalischen Elementen (Melodik, Rhythmik, Artikulation, Dynamik, Harmonik …) als Gegensatz zum 1. Thema angelegt. Beendet wird die Exposition mit einer Schlussgruppe, in der oft das 1. Thema (oder ein Teil daraus) wieder anklingt. Die Exposition wird normalerweise wiederholt, damit sich die Hörer das vom Komponisten vorgestellte musikalische Material gut einprägen können.

- *Durchführung*

In der Durchführung wird das in den verschiedenen Teilen der Exposition vorgestellte Material verarbeitet. Man spricht von motivisch-thematischer Arbeit. Sie ist als dramatische Auseinandersetzung vor allem der beiden kontrastierenden Themen angelegt und geht oft auch in harmonisch weit entfernte Bereiche.

◆ ***Reprise***

Die Reprise ist die leicht veränderte Wiederholung der Exposition. Da das Seitenthema nun nicht mehr in (harmonischer) Spannung zum Hauptthema stehen muss, muss in der Überleitung auch nicht mehr moduliert werden, sodass sie entweder ganz wegfällt oder sehr kurz ausfällt. Insofern schafft die Reprise einen Ausgleich im Spannungsablauf einer Sonatensatzform.

◆ ***Coda***

Als Coda wird der Schlussteil bezeichnet, in dem – meist mit thematischem Material aus dem Hauptthema oder einem anderen zentralen Motiv – der Satz gesteigert und zu Ende gebracht wird.

Die Sonatensatzform wird in vielen Gattungen angewendet, z. B. in der Sonate, der Sinfonie, vielen kammermusikalischen Besetzungen, in Konzerten und in Ouvertüren.

Es gibt im Verlauf der Musikgeschichte in allen Bereichen einer Sonatenhauptsatzform (z. B. Themenanzahl, harmonische Gestaltungsweise) so viele Abweichungen, dass erst eine Analyse der jeweiligen Komposition die Besonderheiten deutlich machen kann. Wie unterschiedlich die Auffassung der Sonatensatzform sein kann, zeigen die beiden folgenden Beispiele.

BEISPIELE

L. v. Beethoven, Klaviersonate op. 2 Nr. 1 f-Moll, 1. Satz

Exposition					Durchführung					Reprise					Coda
1. Thema	Überleitung	2. Thema	Fortführung	Schlussgruppe	1. Thema	2. Thema	Synkopen	Motiv aus 2. Th.	Motiv aus 1. Th.	1. Thema	Überleitung	2. Thema	Fortführung	Schlussgruppe	Synkopen, Akkorde
f	f-Es	As	As	As	As, C	b, c…	As …	f	C	f	f-C	f	f	f	f

In der ersten Klaviersonate von Beethoven steht das 1. Thema in der Haupttonart f-Moll. Es ist als musikalischer Satz (▶ S. 40) gestaltet. Charakterisiert ist es durch eine im Staccato gespielte Dreiklangstonfolge (T) mit angehängter Verzierung, die unmittelbar (nun als D^7) wiederholt wird. Dann wird die Verzierung abgespalten und nach einer zweimaligen Wiederholung zu einem ***Arpeggio*** verkürzt und zu einem offenen, auf der Dominante stehenden Schluss geführt. Die Struktur dieses Themenaufbaus beruht somit auf dem fortschreitenden Kleinerwerden der musikalischen Einheiten.

Die Überleitung führt Motive des Themas weiter und wirkt nach diesem sehr charakteristischen Beginn merkwürdig unentschieden. Mit dem Auftakt zu T. 21 setzt das 2. Thema ein. Es ist eine Art Umkehrung der Bewegungsrichtung des 1. Themas und hat eine völlig andere Artikulation: statt des Staccato wird nun Legato gespielt.

Die Fortführung des Seitensatzes bringt Synkopen in der linken Hand, während die rechte Hand die Achtelfigurationen weiterspielt. In der Schlussgruppe (ab T. 41) erklingt in der Oberstimme dreimal dasselbe Motiv, das aus T. 2 abgeleitet ist, während die Unterstimme als Synkopen wirkende Viertelakkorde auf 2 und 4 spielt.

Die Durchführung beginnt mit einem um jeweils eine Verzierung erweiterten Dreiklangsarpeggio des 1. Themas, um dann sofort zum Material des 2. Themas zu kommen, das modulierend angelegt ist und ständig neue Tonarten bringt. Der dritte Abschnitt der Durchführung beharrt harmonisch auf der Dominant-Tonart und verarbeitet nochmals Material aus dem 2. Thema. Die nahende Reprise wird erreicht mit dem Verzierungsmotiv aus dem 1. Thema.

Die Reprise bringt, außer den veränderten Tonartenverhältnissen, keine Überraschungen.

Die Coda ist in diesem Fall kein eigenständiger Formteil, sondern tritt nur als Anhang von 6 Takten des Schlussteils auf.

Der junge Beethoven formuliert mit dieser ersten seiner insgesamt 32 Klaviersonaten ein neues Verständnis der Durchführung: Sie ist mit 52 Takten den beiden Eckteilen der Sonatensatzform ebenbürtig!

F. Schubert, Streichquartettsatz c-Moll, D 703

Das Gebilde zu Beginn kann nicht als Thema bezeichnet werden: Ein absteigendes Viertonmotiv (jeweils die Zählzeiten 1 und 4 im Takt, also die Töne c', b, as und g) wird chromatisch umspielt und durch ein Tremolo in starke Bewegung gebracht. Alle Stimmen beginnen, zeitlich versetzt, mit diesem Tremolo-Motiv. Auffallend ist auch noch die starke dynamische Entwicklung: Vom pp ausgehend entwickelt sich sowohl eine zunehmende Dichte als auch ein starkes Crescendo, das auf engstem Raum stattfindet und auf T. 9 hinzielt; dieser Zielpunkt wird zusätzlich noch mit einem Akzent verdeutlicht. Die Harmonik ist durch die Chromatik nicht eindeutig, zumal die Entwicklung zwar mit c-Moll beginnt, in T. 9 jedoch Des-Dur erreicht wird. – Hier liegt somit kein klar umrissenes Thema vor, sondern eher ein emotionaler Gestus.
Der Seitensatz, der ohne Überleitungsgruppe völlig unvermittelt beginnt, ist dagegen ein Thema, das als starker Kontrast gestaltet ist: Eine von der Vl. 1 gespielte, klar gegliederte Melodie wird durch die drei anderen Instrumente begleitet. Der Seitensatz steht nicht, wie es in Moll-Sätzen eigentlich normal wäre, in der Tp (Es-Dur), sondern in der unteren Mediante (As-Dur).

Ein dritter thematischer Abschnitt bildet sich, bestehend aus einem neuen Thema der 1.Violine in G-Dur, das von der Viola mit einer aus dem Tremolo-Motiv des Anfangs abgeleiteten Figur begleitet wird.

Die Schlussgruppe arbeitet wieder mit einem abgewandelten Drei-Ton-Motiv aus dem Anfangsmotiv, das vom Violoncello unter einer rhythmisch gleichen Akkordkette der drei oberen Instrumente gespielt wird.
Die Durchführung (T.141–194) ist relativ kurz und arbeitet mit dem vorgestellten Material, wobei fast immer das Drei-Ton-Motiv vorhanden ist.
Die Reprise (T. 195–315) beginnt mit dem Thema des Seitensatzes, nun in B-Dur, und bringt das Material der Exposition verändert und verkürzt. Das Anfangsmotiv (Hauptsatz) taucht erst ganz zum Schluss (T. 305) wieder auf. Durch diese Konstruktion ist ein Bogen entstanden: die Komposition endet so, wie sie begonnen hat. Klammer dieser Architektur ist ein aus dem Hauptmotiv abgeleitetes Drei-Ton-Motiv, das den gesamten Satz durchzieht. Zudem hat sich die Dramatik nun in die Exposition und die Reprise verlagert, die Durchführung ist dagegen nur eine flächenhafte Reihung.

5.3 Kompositionsprinzipien

Fuge

Die Fuge (lat. *fuga* = Flucht) ist keine Form, sondern ein Kompositionsprinzip für mehrere Stimmen (vokal, instrumental oder gemischt), das vielfältig angewendet werden kann. Jeder Satztyp (Konzertsatz, Suitensatz, Choralbearbeitung, Arie, Chorsatz usw.) kann – ganz oder teilweise – als Fuge gestaltet werden. Sie gehört zu den polyphonen Satztechniken (▶ S. 57 f.), d. h., dass alle beteiligten Stimmen melodisch und rhythmisch völlig unabhängig und weitgehend gleichberechtigt sind. Sie entwickelt sich aus freien Kanonformen im 14. Jh.

Eine Fuge ist – von Sonderformen (s. u.) abgesehen – monothematisch. Es gibt also nur ein (Fugen-)Thema ***(Subjekt)***, das meist von einem charakteristischen Themenkopf eingeleitet wird. Ist das Thema zu Ende, setzt es in einer anderen Stimme in der Oberquint (oder im Komplementärintervall der Unterquart) neu ein, während in der Stimme, die bisher das Thema hatte, ein Kontrapunkt (auch ***Kontrasubjekt*** genannt) dagegengesetzt wird. Der Kontrapunkt (vom lat. punctus contra punctum, Note gegen Note) ist die sich zum Thema ergänzende, aber eigenständige Gegenstimme. Entweder wird er innerhalb einer Fuge immer neu erfunden oder beibehalten ***(beibehaltener Kontrapunkt)***.

5

BEISPIEL

Eine Fuge könnte also zum Beispiel folgenden Aufbau haben:

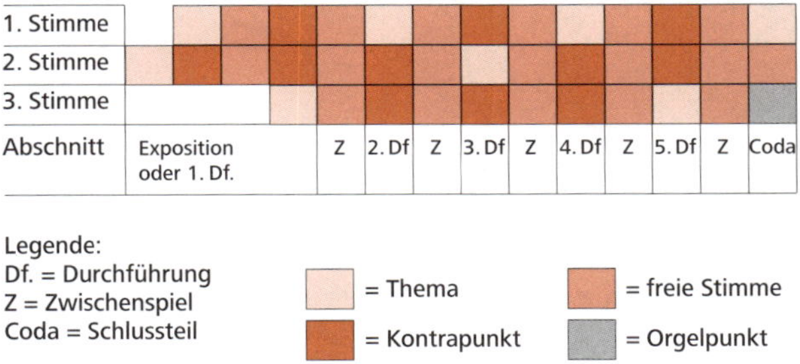

Eine Fuge hat im Normalfall 3 oder 4 Stimmen; die Anzahl der Stimmen bleibt im Verlauf einer Fuge gleich.

Formal geprägt wird die Fuge durch die Abschnittsbildung von Durchführungen (nicht mit der Durchführung einer Sonatenhauptsatzform zu verwechseln!) und Zwischenspielen. Grundsätzlich werden die Teile, die thematisch gebunden sind, als Durchführungen (Df.) bezeichnet, die themenfreien Teile dagegen als Zwischenspiele. Die Durchführungen sind also von einer strengen Kontrapunktik geprägt, während die Zwischenspiele oft lockere Episoden (vielfach mit Sequenzbildungen) sind, die lediglich modulierenden Charakter haben, also von einer Tonart in eine andere überleiten.

Lediglich die 1. Df. (auch Exposition genannt, wiederum nicht mit der Exposition einer Sonatenhauptsatzform zu verwechseln!) hat besondere Regeln; alle weiteren Df. können dagegen frei gestaltet werden. Am Beginn der Fuge (also in der 1. Df.) muss das Fugenthema einmal in jeder Stimme erklungen sein nach dem Prinzip der Quintbeantwortung: Eine Stimme fängt in der Tonika an ***(Dux)***; nach dem Ende des Fugenthemas übernimmt die nächste Stimme das Thema in der Dominanten ***(Comes)***, also eine Quint höher (oder – als Komplementärintervall – eine Quarte tiefer), während die erste Stimme zur neuen Form des Themas den Kontrapunkt spielt.

BEISPIEL einer 4-stimmigen Fuge (Anfang):

Beim Comes gibt es zwei Möglichkeiten: die ***reale*** oder die ***tonale Beantwortung.***

Reale Beantwortung bedeutet, dass jeder Ton des Fugenthemas intervallgetreu eine Quinte höher gesetzt ist.

Die (häufigere) tonale Beantwortung ersetzt den im Thema vorkommende Quintton der dem Thema zugrunde liegenden Tonleiter durch die Quart, um in der Dominant-Tonart zu bleiben.

BEISPIEL

Im weiteren Verlauf wendet der Komponist meist einige kontrapunktische Steigerungsmöglichkeiten an.

Melodische Veränderungen:

- ***Umkehrung:*** Alle Intervallschritte des Themas erfolgen in der Gegenrichtung (z. B. fallende Terz als steigende).
- ***Krebs***: Das Thema wird rückwärts gespielt.
- ***Krebsumkehrung:*** Kombination von Umkehrung und Krebs

Rhythmische Veränderungen:

- ***Augmentation:*** Vergrößerung der ursprünglichen Notenwerte des Themas, es wird also langsamer gespielt (Kanon in der Vergrößerung ▶ S. 58)
- ***Diminution:*** Verkleinerung der ursprünglichen Notenwerte des Themas, es wird also schneller gespielt.

Eine weitere Möglichkeit für den Komponisten besteht in der ***Engführung*** des Themas, bei der eine Stimme mit dem Thema einsetzt, obwohl eine andere Stimme es noch nicht beendet hat.

Am Schluss liegt meist der Grundton der Dominanten über längere Zeit im Bass ***(Orgelpunkt)***.

Kombinationen von melodischen und rhythmischen Veränderungen und Engführung sind möglich.

BEISPIEL Im folgenden Beispiel wird das Thema mit seiner Augmentation und Diminution enggeführt. Auch die Umkehrung wird angewendet.

J. S. Bach: Die Kunst der Fuge, Contrapunctus VII

Mit seiner unvollendet gebliebenen Sammlung *Die Kunst der Fuge* (1749/50) fasst Johann Sebastian Bach alle polyphonen Künste zusammen und zeigt die Vielzahl der Fugenkompositionen auf. Jede einzelne der Contrapunctus genannten Fugen zeigt ein anderes kontrapunktisches Problem; manchmal – wie im obigen Beispiel – werden auch mehrere kontrapunktische Techniken miteinander verbunden. Als Steigerung gibt es Fugen mit mehreren Themen (Doppel-, Tripel- und Quadrupelfuge s. u.); eines dieser neuen Themen besteht aus den Noten B – A – C – H (▶ S. 142).

Sonderformen

Hat eine Fuge mehrere Themen, so handelt es sich um eine ***Doppelfuge*** (mit zwei Themen), ***Tripelfuge*** (mit drei Themen) oder ***Quadrupelfuge*** (mit vier Themen).
Bei einer Doppelfuge (entsprechend bei den anderen Fugen mit mehreren Themen) gibt es zwei grundlegende Möglichkeiten: Entweder ist das zweite Thema Kontrapunkt zum ersten, sodass immer beide Themen gleichzeitig erklingen (z. B. die „Kyrie"-Fuge aus dem *Requiem d-Moll* von W. A. Mozart), oder es wird erst ein Thema durchgeführt, dann das andere. Eine Kombination beider Themen erfolgt dann als Steigerung zum Schluss.
In einer ***Gegenfuge*** ist der Comes die Umkehrung des Dux.

Bedeutung der Fuge

In dieses Kompositionsprinzip fließen alle Errungenschaften der polyphonen Entwicklung des Mittelalters und der Renaissance ein; einen Höhepunkt findet die Fugen-Entwicklung in den Kompositionen J. S. Bachs. Auch wenn in der Folgezeit die Bedeutung der Fuge als eigenständige Komposition abnimmt, setzen sich fast alle Komponisten mit diesem Kompositionsprinzip auseinander.
Auch hat es sich in der musikgeschichtlichen Entwicklung durchgesetzt, dass bestimmte Teile innerhalb eines komplexeren Werkes als Fuge vertont werden (z. B. der Schlussteil im Gloria und Credo bei der Vertonung des Mess-Textes ▶ S. 204 ff.).

Verwandte Formen

◆ *Kanon*

Bei einem Kanon fehlt das Prinzip der Quintbeantwortung, sodass alle Stimmen in derselben Tonhöhe geführt werden und lediglich zeitlich versetzt einsetzen.

In der Niederländischen Schule (▶ S. 135) und bei ihren Nachfolgern gibt es aber Sonderformen (Kanons in der Sekunde, Kanons, in der jeder Stimmeinsatz mit einem anderen Intervall erfolgt).

◆ ***Fugato***
Meist ein Abschnitt eines größeren Ganzen, der im fugierten Stil geschrieben ist, ohne sich an die Gesetze der strengen Fuge zu binden. – Fugato-Abschnitte kommen oft vor.

◆ ***Ricercar***
Das Ricercar ist die Vorform der Fuge.

◆ ***Invention***
Eine Invention ist eine kürzere Komposition in kontrapunktischer Satzweise. Es gibt Inventionen in kanonischer und fugierter Form.

Auswahl wichtiger Werke

◆ ***Fugenzyklen***

Johann Sebastian Bach
Das wohltemperierte Klavier Bd. I (1722), Bd. II (1744)
Die Kunst der Fuge (unvollendet, 1750)

Paul Hindemith
Ludus tonalis (1942)

Dimitri Schostakowitsch
24 Präludien und Fugen op. 87 (1951)

◆ ***Einzelsätze***

Wolfgang Amadeus Mozart
„Kyrie“ aus dem Requiem d-Moll KV 626 (Doppelfuge)

Ludwig van Beethoven
Klaviersonate B-Dur op.106 („Hammerklaviersonate“), 4. Satz (1817/18)
Große Fuge B-Dur für Streichquartett op. 133 (um 1825)

Igor Strawinsky
Psalmensinfonie, 2. Satz (Doppelfuge, 1930)

Variation

Die ***Variation*** (lat. *variatio* = Veränderung) ist ein grundsätz-

liches Element musikalischen Gestaltens. Sie ist eine Veränderung in melodischer, harmonischer, rhythmischer oder satztechnischer Hinsicht; oft werden verschiedene Elemente auch gleichzeitig variiert.
Neben eigenständigen Variationsreihen ist die Variation aber auch ein Prinzip innerhalb größerer Formen, so z. B. um Wiederholungen interessanter zu gestalten (z. B. ▶ dreiteilige Liedform A – B – A' ▶ S. 97).
Eine besondere Form der Variation ist die ***Improvisation***, bei der aus dem Augenblick heraus ein Thema verändert wird. So ist im Jazz (▶ S. 174 ff.) oft nur das Harmonieschema festgelegt, über das die einzelnen Solisten improvisieren.
Es gibt die zwei folgenden Grundformen der Variation:

Ostinatovariationen (Passacaglia, Chaconne)

Diese Variationsform ist besonders in der Barockzeit, aber auch noch später beliebt. Ein harmonisches Gerüst bleibt (fast immer) unverändert, in den anderen Stimmen werden Variationen gespielt. Normalerweise liegen das Passacaglia-Thema bzw. die harmonischen Akkordfolgen zunächst im Bass.

BEISPIEL

Das Harmonieschema dieses Satzes aus einer Klaviersuite von G. F. Händel ist folgendes:

Takt	1		2		3		4	
Tonart	g	c	F	B	Es	F^7	D	g
Funktion	T	S	[D]	Tp	Sp	$[D^7]_{Tp}$	D	T

G. F. Händel: Passacaglia, 6. Satz aus der Klaviersuite VII g-Moll HWV 432
Thema (Harmonieschema) in der Unterstimme

(Von den folgenden Variationen werden im Notenbeispiel meist nur die ersten beiden Takte wiedergegeben.)

1. Variation:

Das rhythmisch veränderte Thema liegt in der Oberstimme, in der Unterstimme gleich bleibende Achtel.

2. Variation:

Akkordtöne des Themas liegen in der Unterstimme, in der Oberstimme gleich bleibende Achtel

3. Variation:

Akkordtöne des Themas liegen in der Oberstimme; in der Unterstimme gleich bleibende Achtel

4. Variation:

Die Unterstimme hat – bis auf den letzten Takt – ein gleichbleibendes Schema: Der jeweilige Grundton des Akkords wird oktaviert und mit einer Durchgangsnote zur jeweiligen Terz geführt; die Oberstimme hat gleichbleibende Achtel.

5. Variation:

Das Harmonieschema ist rhythmisch fast wie am Anfang; die Oberstimme beschleunigt mit durchlaufenden Achtel-Triolen.

6. Variation:
Das Prinzip der 5. Variation wird zwischen Ober- und Unterstimme vertauscht.

7.–10. Variation: Die Beschleunigung nimmt zu, zunächst durch Punktierungen, dann durch Sechzehntel.

11. Variation:

Das Harmonieschema wird erweitert, sodass im Bass teilweise eine chromatisch absteigende Linie entsteht; in der Oberstimme bleibt die Sechzehntel-Bewegung der vorigen Variationen.

12. Variation: Diese Variation ist ähnlich der 11. Variation.

13. Variation:

Das Harmonieschema (nun in der Oberstimme) kehrt – mit wenigen Ausnahmen – wieder zum Ausgang zurück; die Unterstimme hat den jeweiligen Dreiklang in arpeggierten Sechzehnteln.

14. Variation:

Das Harmonieschema (Unterstimme) ist nun wieder mit dem Anfang identisch; die Oberstimme hat die entsprechenden Dreiklangsbrechungen in Sechzehnteln.

15. Variation:

In der letzten Variation werden die jeweiligen Akkorde in beiden Stimmen in Sechzehnteln arpeggiert.

Das bei diesem Beispiel zu erkennende Steigerungsprinzip zeichnet viele Passacaglien aus.

Auswahl wichtiger Kompositionen

Johann Pachelbel

Kanon D-Dur

Über ein immer gleichbleibendes, zwei Takte langes Harmonieschema im Bass, das aus den Grundtönen des jeweiligen Dreiklangs gebildet wird, erfolgt eine steigernd angelegte Variationskette in den Oberstimmen, die gleichzeitig als dreistimmiger Kanon angelegt sind.

Johann Sebastian Bach

Passacaglia c-Moll für Orgel BWV 582

Chaconne d-Moll für Violine solo (aus der 2. Partita BWV 1004)

Johannes Brahms

Sinfonie Nr. 4 e-Moll op. 98, 4. Satz

Paul Hindemith

Sinfonische Metamorphosen Carl Maria von Weber'scher Themen: 3. Satz „Turandot"

Einer der Metamorphosen-Gedanken besteht darin, dass Hindemith verschiedene Ostinatoformen (u. a. eine Passacaglia) nacheinander anwendet.

Anton von Webern

Passacaglia op. 1 für Orchester (1908)

Melodievariation

Diese Variationsform ist seit der Renaissance beliebt. Eine (bekannte) Melodie wird durch Verzierungen und Änderungen in Bezug auf Rhythmus, Takt, Tonart, Tongeschlecht und Satzweise verändert, ohne jedoch die Ursprungsmelodie unkenntlich zu machen.

BEISPIEL

W. A. Mozart: Ah! Vous dirai-je, Maman KV 265
(es sind nur einige Variationen ausgewählt)

Thema (Anfang)

Variation 1 (figurierte Umspielung in kleineren Notenwerten)

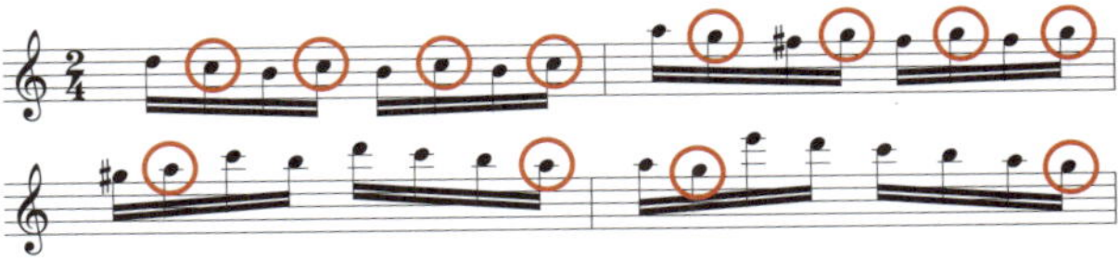

Variation 3 (die Harmonik des jeweiligen Taktes bleibt gleich, die Rhythmik wird geändert)

Variation 5 (Rhythmusänderung)

Variation 7 (Rhythmusänderung)

Variation 8 (Änderung des Tongeschlechts und der Satzweise)

Variation 11 (Tempo- und Rhythmusveränderung)

Variation 12 (Taktwechsel)

Auswahl wichtiger Variationszyklen

Johann Sebastian Bach

Aria mit verschiedenen Veränderungen (Goldberg-Variationen) BWV 988 (1741/42)

Ludwig van Beethoven

33 Variationen über einen Walzer von Diabelli op. 120 (1819–1823)

Johannes Brahms

Variationen über ein Thema von J. Haydn op. 56a (1874)

Max Reger

Variationen über ein Thema von Mozart op. 132 (1914)

Arnold Schönberg

Variationen für Orchester op. 31 (1926–28)

Benjamin Britten

The Young Person's Guide to the Orchestra op. 34 (1946)

Boris Blacher

Orchestervariation über ein Thema von N. Paganini op. 26 (1947)

Mauricio Kagel

Variationen ohne Fuge für großes Orchester über die „Variationen und Fuge über ein Thema von Händel" für Klavier op. 24 von Johannes Brahms (1971/72)

Musikgeschichtliche Entwicklung 6

Es ist üblich, die geschichtliche Entwicklung der Musik wie die der Literatur, Kunst oder Architektur zu periodisieren und in Epochen einzuteilen. Es muss aber bedacht werden, dass eine solche Epocheneinteilung lediglich ein Hilfsmittel ist, um die zeitliche Abfolge von Kompositionen und Komponisten überhaupt strukturieren zu können. Natürlich sind alle Epochenübergänge fließend, sodass auch alle angegebenen Jahreszahlen für die Epochen nur grobe Anhaltspunkte sein können.
Die Gemeinsamkeit einer musikalischen Epoche ist das in ihr angewendete Normensystem, in das sehr viel vom Denken, Fühlen und den Ansichten der Menschen der jeweiligen Zeit eingeflossen ist; auch die entsprechende gesellschaftliche Ordnung spielt eine große Rolle. Insofern kann ein musikalisches Kunstwerk nur dann verstanden werden, wenn dieses Normensystem bekannt ist. Dieses aber ist selbst etwas Geschichtliches und damit einer Entwicklung unterworfen. Dies bedeutet, dass der heutige Hörer die Musik vergangener Epochen mit den Ohren der entsprechenden Zeit hören muss.
Ein gut nachvollziehbares Modell einer solch ständigen Veränderung stammt von dem Musikwissenschaftler Hans Heinrich Eggebrecht. Er spricht bei dieser geschichtlichen Entwicklung von einem ständigen Kreislauf von Tradition – Individuation – Innovation.

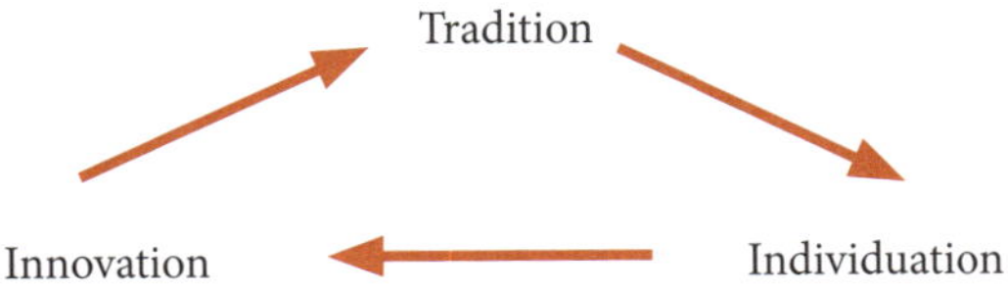

Ein Komponist wächst in einem bestimmten musikalischen Normensystem auf, er lernt es in seinem Unterricht und aus Lehrbüchern, studiert es anhand überlieferter Werke. Er eignet sich also eine bestimmte Tradition, das Normensystem der Vergangenheit und seiner Zeit, an. In seinen eigenen Kompositionen wendet er dieses System an und kommt dabei meist zu einer persönlichen, unverwechselbaren Tonsprache (Individuation). In diesem Prozess wird er bestimmte Normen weiterentwickeln oder gar nicht mehr beachten (Innovation). „Regelverstöße" werden dann, wenn die künstlerische Kraft des Komponisten groß ist, selbst wieder zur Norm, sodass eine neue Tradition entsteht. Eine solche Entwicklung lässt sich z. B. gut an J. S. Bachs Söhnen ablesen: Obwohl sie von ihrem Vater unterrichtet wurden, kommen sie alle zu einem eigenen, unverwechselbaren Stil.

6.1 Gregorianik (ca. 7.–11. Jh.)

Historische Bedingungen

Durch die Völkerwanderung verändert sich die Landkarte in Europa grundlegend: Die Wanderung germanischer Stämme trägt zum Untergang des Weströmischen Reiches bei. Es entstehen zwischen 350 bis 600 n. Chr. im ehemaligen weströmischen Reich neue Königreiche und regionale Identitäten, die durch die Verschmelzung von römischen, christlichen und germanischen Elementen eine eigene Kultur ausprägen (Ethnogenese). Während viele davon sehr rasch wieder zerfallen, entsteht als neues Zentrum das Fränkische Reich.

Das Christentum setzt sich allmählich als Religion durch:

- Im Toleranzedikt von Mailand (311 n. Chr.) wird den Christen Religionsfreiheit gewährt und das Christentum neben den nichtchristlichen Religionen anerkannt.
- Die Taufe Konstantins I. schafft die Voraussetzung dafür, dass das Christentum Staatsreligion wird (Religionsedikt des Kaisers Theodosius 391 n. Chr.).

Dadurch breitet sich das Christentum in (West-)Europa stark aus. Diese Entwicklung geschieht allerdings noch relativ unabhängig vom Papst in Rom, d.h., in den entstehenden Klöstern und Bistümern prägen sich unterschiedliche Formen und Riten aus. Deswegen führt Papst Gregor I. gegen Ende des 6. Jh.s eine Liturgiereform durch und vereinheitlicht dabei auch die Gesänge, die in den Kirchen und Klöstern des westlichen Europas gepflegt werden.

Musikalische Entwicklungslinien

Unter einem gregorianischen Choral versteht man den einstimmigen, unbegleiteten Gesang, der in der Messfeier (Liturgie) der katholischen Kirche verwendet wird; er ist nach Papst Gregor I. (gest. 604) benannt und wird in der römisch-katholischen Kirche noch heute gesungen.

In die gregorianischen Choräle ist die Musik der Frühkirche (1.–6. Jh.) eingeflossen. Diese ist stark von jüdischer Tempelmusik und der von der griechischen Antike geprägten Musik des (östlichen) Mittelmeerraums beeinflusst.

Die Gesänge sind in der Liturgie des Christentums von Anfang an ohne Instrumentalbegleitung, da Instrumente als Luxus galten und von der Verkündigung des Wortes ablenkten. Außerdem waren Instrumente mit heidnischem Kult verbunden. Instrumente sind deshalb zu dieser Zeit im Gottesdienst verboten.

Der gregorianische Choral geht vom Text aus und überhöht ihn durch das Singen. Grundlage für das Singen ist also die Textbetonung, die Textgliederung und die Textaussage: Die Textbetonung ergibt den Rhythmus, die Zäsuren im Text lassen die Einschnitte in der Melodie entstehen, der Sinn des Textes und seine zentralen Begriffe haben Einfluss auf den Melodieverlauf. Es gibt somit noch nicht das, was wir in späterer Zeit als Takt kennen.

Die Sprache des gregorianischen Chorals ist das Lateinische, da Latein über mehrere Jahrhunderte hinweg die Amtssprache der römisch-katholischen Kirche war. Erst das 2. Vatikanische Konzil (1962–1965) erlaubt auch die jeweilige Landessprache.

Im gregorianischen Choral haben sich zwei Grundformen ausgeprägt: der ***accentus*** („Lesestil“) und der ***concentus*** („Gesangstil“). Neben diesen beiden Grundtypen haben sich viele Mischformen ausgeprägt.
Der „Lesestil“ soll durch die ***Psalmodie*** verdeutlicht werden, bei der diese Form des „feierlichen Sprechens“ gut nachvollzogen werden kann. Die Psalmodie weist ein festes melodisches Schema auf (die Zahlen beziehen sich auf das im folgenden Beispiel abgedruckte Modell): Nach einer (meist aufsteigenden) Eingangsfloskel (Initium, 1) folgt der Rezitationston (Tenor, 2), auf den die unterschiedlichen Silbenzahlen der Psalmstrophen gesungen werden. Die kleingedruckten Noten im folgenden Notenbeispiel beziehen sich auf Silben weiterer Psalmzeilen. Ein Texteinschnitt oder eine größere syntaktische Zäsur wird durch die Mediatio (3) verdeutlicht. Den Abschluss bildet dann die Terminatio (4), die wieder zum Schlusston zurückführt.

BEISPIEL Modell einer Psalmodie

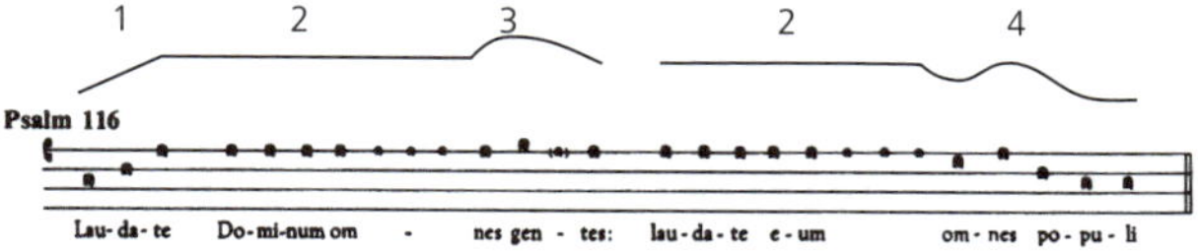

Da bei dieser Singweise jede Silbe des Textes meist nur eine einzige Note zugewiesen bekommt, spricht man von einer ***syllabischen Vertonung*** (eine Note pro Silbe). Das Textverständnis ist daher sehr hoch.

Der „Gesangstil“ soll durch den ***Jubilus*** verdeutlicht werden. Da hier mehrere, zum Teil sehr viele Noten auf eine Silbe gesungen werden ***(melismatische Vertonung)***, ist das Textverständnis stark eingeschränkt. Am Ende eines langen Melismas hat der Zuhörer oft den Beginn des Wortes vergessen. Das melismatische Singen wird also vorwiegend bei Texten eingesetzt, die floskelhaft und bekannt sind (Amen, Halleluja); es wirkt sehr feierlich.

BEISPIEL

Alleluja

Aufführungspraxis

Bei der Feier der Messe (▶ S. 204 ff.) sind mehrere Personen oder Gruppierungen beteiligt: der Priester (an hohen Festtagen auch mehrere) und die Gemeinde (im Kloster: die Gemeinschaft der Mönche/Nonnen). Oft ist auch ein Chor beteiligt (in der Frühzeit ist dies die von Papst Gregor institutionalisierte ***Schola cantorum,*** die aus sieben speziell geschulten Sängern bestand). Aus diesen verschiedenen Gruppierungen ergeben sich (neben dem Sologesang) unterschiedliche Aufführungsmöglichkeiten:

- ***Responsorium***: Diese Aufführungsform ist „antwortend", dem Sologesang steht eine (gesungene) Antwort der Gruppe gegenüber. In dieser Form werden oft Texte gesungen, die einen gleichbleibenden oder nur unwesentlich veränderten Text als Refrain haben: Der Vorsänger (oft der Priester) trägt den immer neuen Text vor, die Gemeinde antwortet mit dem Refrain-Text.
- ***Antiphon***: Dieser „Gegengesang" benötigt gleichberechtigte Partner, bezieht sich daher auf zwei ebenbürtige Chöre, die sich abwechseln.

6

Kirchentonarten

Die in der Musik des gregorianischen Chorals verwendeten Tonleitern gehen auf diejenigen der griechischen Antike zurück, die nach Landschaften und Volksstämmen benannt waren. Diese Tonleitern sind eine Mischung aus Halb- und Ganztonschritten, also ***diatonisch.*** Den Charakter einer solchen Tonleiter bestimmt die Lage der jeweiligen Halbtonschritte. Innerhalb einer jeden Tonleiter gibt es Töne mit bestimmten Funktionen. Wichtig sind vor allem der Anfangs- und Schlusston (Finalis), eine Art Grundton, und der Rezitationston (Tenor, s. o.).

Zunächst werden acht Tonleitern verwendet: vier authentische Haupt- und vier plagale Nebentonleitern. Der Grundton (Finalis) ist bei den plagalen Tonleitern der der dazugehörigen Haupttonleiter, doch verschiebt sich der Anfang um eine Quarte nach unten. Sie erhalten die Vorsilbe „hypo" (griech.: unter). Die Tonleitern werden als (Psalm-)Töne bezeichnet. Wenn eine Melodie „im 3. Ton" gesungen werden soll, so handelt es sich also um eine phrygische Tonleiter.

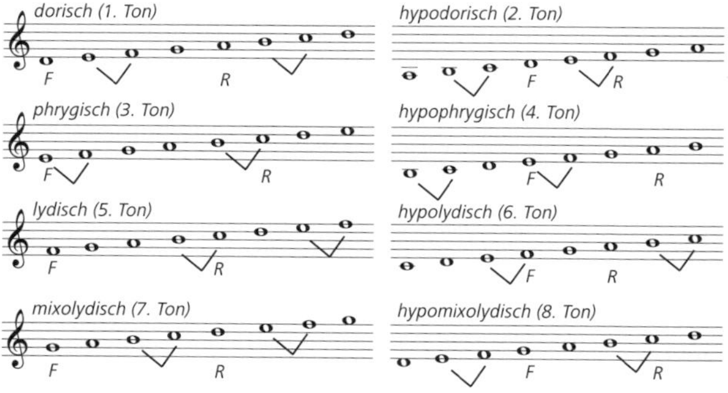

Die Klammer bezeichnet die Lage des Halbtonschritts.
F = Finalis (Grundton = Anfangs- und Schlusston)
R = Rezitationston

Im 16. Jh. kommen zu diesen acht mittelalterlichen Kirchentonleitern noch je zwei weitere hinzu, nämlich von den Anfangstönen *a* (cantus mollis) und *c* (cantus durus); aus diesen beiden Tonleitern entwickelt sich das heutige Moll und Dur.

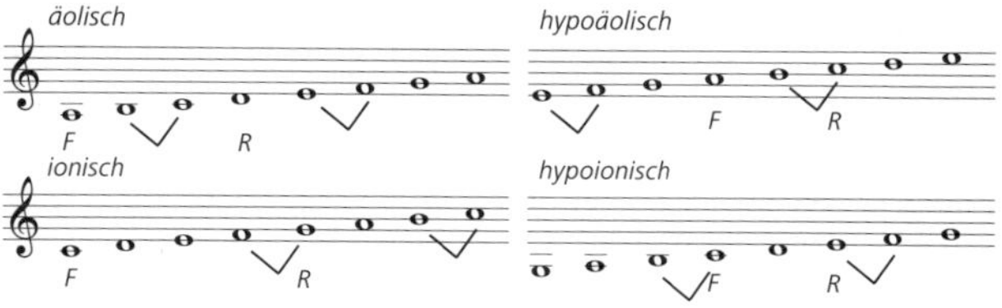

Alle diese Tonleitern können von jedem Ton aus gebildet werden, allerdings muss die jeweilige Lage der Halbtonschritte beachtet werden.

BEISPIELE

(in der heutigen Notation und immer von c' aus):

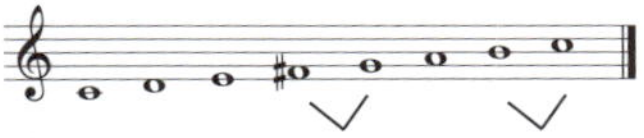

Halbtonschritt zwischen dem 4./5. und 7./8. Ton = lydisch

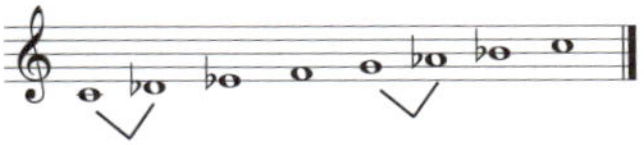

Halbtonschritt zwischen dem 1./2. und 5./6. Ton = phrygisch

Bedeutung des gregorianischen Chorals

Der gregorianische Choral kann aufgrund der Verschriftlichung noch heute so gesungen werden wie zur Zeit seiner Entstehung bzw. Vereinheitlichung.

Bestimmte Melodien des gregorianischen Chorals tauchen in der Musikgeschichte immer wieder auf, z. B. die Sequenz *Dies irae, dies illa* (▶ S. 207 f.), die z. B. von H. Berlioz in der *Symphonie fantastique*, von C. Saint-Saëns im *Danse macabre*, von F. Liszt in dem *Totentanz* oder von B. A. Zimmermann in seinem *Violinkonzert* verwendet bzw. zitiert wird. Besonders S. Rachmaninow verwendet sie sehr oft in seinen Kompositionen (z. B. 1. Sinfonie d-Moll op. 13, Sinfonische Tänze op. 45).

In der Werbung wird der gregorianische Choral (oder Anklänge daran) verwendet, um den Eindruck des Alten, Zeitlosen, Allgemeingültigen zu erwecken. Auch in der Popmusik (z. B. Enigma) und im Jazz (z. B. Jan Garbarek) finden sich Auseinandersetzungen mit dem gregorianischen Choral.

▶LITERATUR

Umberto Eco, *Der Name der Rose (1980)*

▶FILM

Jean-Jacques Annaud, *Der Name der Rose (1986)*

6.2 Beginn der Mehrstimmigkeit (ab 9. Jh.)

Historische Bedingungen

Die Gregorianik ist, da sie einstimmig und unbegleitet ist, lediglich eine horizontal ablaufende Musik. Die besondere Leistung ab dem 9. Jh. ist jetzt die Eroberung der Vertikalen. Es erklingen nun zwei oder mehr Stimmen gleichzeitig. Damit wird der Grundstein für eine immer differenzierter werdende Musikpraxis in der europäischen Musik gelegt, die sich allmählich zu Gesetzmäßigkeiten des Zusammenklangs (Harmonik) entwickelt. Die Eroberung des Raums lässt sich auch an der Baukunst ablesen: Waren die romanischen Kathedralen noch gedrungene, massive Baukörper, die wegen der statischen Probleme z. B. nur kleine Fenster haben konnten, so beginnt im 12. Jh. mit dem Bau der Abteikirche Saint-Denis bei Paris (seit 1137) und Notre-Dame in Paris das Zeitalter der gotischen Kathedralen, in denen alles Senkrechte betont wird und die zusammenhängenden Wandflächen weitgehend in Fenster aufgelöst werden.

Musikalische Entwicklungslinien

Die Entwicklung lässt sich in mehrere Abschnitte einteilen:

Organum (9. Jh. – 12. Jh.)

Das Singen in parallelen Oktaven, Quinten oder Quarten wird erstmals in der anonymen Schrift *Musica enchiriadis* (um 870) beschrieben. Die Musik wird zunächst improvisiert, dann ab ca. 1150 aufgezeichnet. Zu einer Melodie (vox principalis) wird eine Begleitstimme (vox organalis) hinzugefügt ***(Parallelorganum)***.

Zu einem c. f. (normale Notenköpfe) wird in streng parallel geführten Quinten eine zweite Stimme (eckige Notenköpfe) hinzugefügt. Wenn von Knaben und Männern gleichzeitig gesungen wird, erklingt gleichzeitig auch noch die Oktave (in heutiger Notenschrift).

Discantus (11.–13. Jh.)

Eine entwickeltere Form des Organums (11.–13. Jh.) wird als ***Discantus (melismatisches Organum)*** bezeichnet. Der Name leitet sich vom lat. *dis* = auseinander und *cantus* = Gesang ab und bedeutet damit im eigentlichen Sinn „Auseinanderklang". Diese Musik verwendet zwar noch eine gregorianische Melodie, doch verliert sie ihr melodisches Eigenleben; sie erstarrt in sehr langen Notenwerten, während die neue Stimme (der Discantus) eine große rhythmische Selbstständigkeit aufweist. Die Musik unterscheidet ***Konsonanzen*** (Prim, Quart, Quint, Oktave), die bei Schwerpunkten (Silbenwechsel) zusammenklingen müssen, und ***Dissonanzen*** (Sekunde, Terz, Sexte, Septime), die dazwischen stehen können.

Das Beispiel ist in die heutige Notenschrift übertragen worden.

Notre-Dame-Epoche (ca. 1160–1250)

Diese Epoche wird benannt nach der Sängerschule an der gleichnamigen Kathedrale in Paris, die etwa zeitgleich erbaut wird (Beginn 1160, Fertigstellung um 1250).

Die mehrstimmigen Kompositionen der beiden namentlich bekannten Komponisten, die an der Kathedrale Notre-Dame in Paris wirken, bilden einen ersten Höhepunkt in der europäischen Musikgeschichte:

- Leoninus (um 1163 und bis 1200 tätig): Er fügt zu einer untenliegenden Choralmelodiestimme (Cantus oder Tenor) eine Oberstimme (Discantus oder Duplum) hinzu.
- Perotinus (um 1165–1220), Nachfolger von Leoninus: Er weitet die Kompositionen bis zur Vierstimmigkeit aus: (Tenor, Duplum, Triplum und Quadruplum). Seine mehrstimmigen Organa *Viderunt omnes* und *Sederunt principes* gelten als die ersten Meisterwerke in der Geschichte der europäischen Musik.

Die Nicht-Cantus-Stimmen (also die hinzugefügten Stimmen) singen keinen Text, sondern eine Vokalise (meist auf den Vokal *o*). Durch die immer komplizierter werdenden Kompositionen entsteht die Notwendigkeit, eine Notation zu finden, die die rhythmischen Beziehungen der Stimmen untereinander festhalten kann. (Modalnotation ▶ S. 14)

Ars antiqua (1240–1320)

Das Zentrum ist immer noch Paris. Die Musik richtet sich an Gelehrte und Adlige.

Die Mehrstimmigkeit der selbstständig geführten Stimmen in den polyphonen Kompositionen macht es nötig, ein Bezugssystem zwischen den einzelnen Stimmen zu schaffen. Es entsteht ab 1280 die ***Mensuralnotation*** (▶ S. 14).

In dieser Zeit gibt es zwei wichtige musikalischen Gattungen:

- ***Conductus:*** Er übernimmt keine vorhandene gregorianische Melodie, also keinen cantus firmus (c. f.), sondern ist eine neu komponierte Melodie.
- ***Motette:*** Wird bei den zu einem gregorianischen c. f. hinzugefügten neuen Stimmen auch ein neuer Text verwendet, so heißt jede dieser Stimmen Motetus (franz. *le mot* = das Wort). Damit entstehen nun Kompositionen, bei denen jede Stimme einen anderen Text singt, was den Weg ebnet für das Einbeziehen auch von weltlichen Texten. Zahlreiche Handschriftensammlungen bezeugen, dass die Motette in der zweiten Hälfte des 13. Jh.s zur Hauptgattung der mehrstimmigen, polyphonen Kunstmusik (▶ S. 57 f.) in Europa geworden ist. Das Themenspektrum reicht vom Religiösen bis hin zum Erotischen.

Ars nova (1320–1380)

Der Begriff geht auf eine gleichnamige, 1322 erschienene Schrift von Philippe de Vitry (gest. 1361) zurück. Die vorige Epoche erhielt somit rückwirkend die Bezeichnung *ars antiqua.*

Zentrum ist Frankreich mit einer vorwiegend weltlichen Kunst, später auch Italien mit geistlichen Formen.

Die Mensuralnotation wird genauer, sodass es nun möglich ist, hochkomplizierte Werke zu komponieren und aufzuschreiben. Die Zweiteilung tritt nun gleichberechtigt neben die Dreiteilung; um die binäre oder ternäre Teilung der Notenwerte anzugeben, werden rote Noten eingeführt, die den Wechsel angeben.
Durch das kanonische Prinzip werden alle Stimmen einheitlicher. Diese Kompositionstechnik wird durch die nachfolgende Niederländische oder franko-flämische Schule (▶ S. 135) zum Höhepunkt geführt.
Eine Besonderheit dieser Zeit ist die ***Isorhythmik,*** besonders bei Guillaume de Machaut (um 1300–1377): rhythmische Modelle werden beibehalten, während sich die Melodie aber ändert. Es entsteht eine hochkonstruktive Musik. Diese Technik ist vorwiegend im Notenbild sichtbar, beim Hören aber nur schwer nachvollziehbar. Die vierstimmige *Messe de Nostre-Dame* von Guillaume de Machaut, die wahrscheinlich anlässlich der Krönung Kaiser Karls V. in Reims aufgeführt wurde, ist die früheste bekannte, vollkommen polyphone Messe (▶ S. 204) eines einzelnen Komponisten.

(Spätere) Kompositionen

Erik Satie *Ogives (1886)*
Carl Orff *Carmina burana (1934–36)*
Arvo Pärt *Passio Domini Nostri Jesu Christi Secundum Joannem (Johannes-Passion, 1982)*

6.3 Weltliche Musik des Mittelalters (11.–16. Jh.)

Unter der weltlichen Musik versteht man – im Gegensatz zur geistlichen Musik in lateinischer Sprache – diejenige, die in der jeweiligen Volkssprache gedichtet und gesungen wird. Unterschieden werden muss zwischen

- den (meist) adligen Musikern, die an den Höfen und Machtzentren der damaligen Zeit musizieren ***(Troubadours, Trouvères, Minnesänger)***;

- den Musikern des entstehenden Bürgertums im 15./16. Jh., die die Tradition der Minnesänger zu wahren versuchen ***(Meistersinger)***;
- den Musikern des „einfachen Volkes“, die als fahrende Sänger von Fest zu Fest ziehen, um für Unterhaltung zu sorgen ***(Spielleute)***.

Troubadours und Trouvères

Die Troubadours (auch Trobadors) dichten und singen zunächst in Aquitanien (Südwestfrankreich, von der Loire bis zu den Pyrenäen) in ihrer Sprache, der langue d'oc (1080–ca. 1300). Der erste bekannte Troubadour ist Wilhelm IX. (1087–1127), der über den Südwesten von Frankreich herrscht. Durch die Heirat seiner Enkelin Eleonore mit dem späteren König Ludwig VII. im Jahre 1137 kommt diese weltliche Liedkunst nach Norden: Die Dichter und Sänger, die Eleonore nach Paris folgen, machen ihre Kunst in Nordfrankreich bekannt. Die dortigen Dichtersänger heißen nun Trouvères; ihre Sprache ist das langue d'oil, was nördlich und östlich der Loire gesprochen wird.

Fast alle Troubadours und Trouvères sind Angehörige des Adels; ihre Kunst, einen Text zu erfinden, diesen zu vertonen und ihn vorzutragen, gehört zur höfischen Erziehung.

Die Liedermelodien sind denen der geistlichen Musik vergleichbar; auch sie verwenden die Kirchentonarten (▸ S. 123 ff.). Die Texte behandeln Topoi, also feststehende und jedem bekannte Vorgänge, keine persönlichen Erlebnisse. Je nach Textinhalt bilden sich verschiedene Liedtypen heraus, z. B.:

- *Chanson,* meist über unerfüllte Liebessehnsucht;
- *Pastorela,* in der meist die niedere Minne besungen wird;
- *Chanson de Croisade* (Kreuzfahrerlied), in dem z. B. zu einem Kreuzzug aufgerufen oder von einem solchen berichtet wird;
- *Lamentation* (Trauerlied), in dem der Tod (z. B. eines Dienstherrn) beklagt wird;
- *Ballades* (Tanzlieder).

Einer der berühmtesten Troubadours ist Bernart de Ventadorn (1130–1195). Zu den bekanntesten Trouvères zählt Chrétien de Troyes (1120–1180). Bekannt ist auch Blondel de Nesle (*1155), der die Befreiung von Richard Löwenherz (einem Sohn Eleonores von Aquitanien) aus der Burg Trifels besingt.
Von den Troubadours sind heute etwa 450 Namen mit über 2000 Gedichten bekannt, von den Melodien aber nur ca. 300. Von den Trouvères sind über 4000 Gedichte und 2000 Melodien erhalten; die älteste dieser Melodien lässt sich um das Jahr 1300 datieren. Diese Kompositionen der Troubadours und Trouvères können als die ersten Kunstlieder Europas bezeichnet werden.

Minnesänger

Mit Beginn der mittelhochdeutschen Lyrik entwickelt sich im (süd)deutschen Raum die Tradition der Minnesänger (1150–1450).
Auch die Minnesänger sind zunächst meist Adlige, die ihre Lieder den Bewohnern und Gästen einer Burg (Adligen, Rittern, Damen usw.) vortragen. Die Thematik dieser Lieder ist – wie bei den französischen Vorbildern – zunächst geprägt von der „hohen Minne“, also einer vergeistigten, entpersonalisierten Liebe. Später (u. a. durch Walther von der Vogelweide) geht es zunehmend auch um die „niedere Minne“, in der nicht mehr eine unerreichbare (auch meist verheiratete) Frau besungen wird, sondern die Frau als auch geschlechtliche Partnerin.
Die Quellenlage der Texte ist gut, sie sind in der Großen Heidelberger Liederhandschrift, dem sog. Codex Manesse überliefert, die zwischen 1315 und 1350 entstanden ist. Melodien werden dagegen erst im 14.–16. Jh. aufgezeichnet.
Von Walther von der Vogelweide ist nur eine einzige originale Melodie, das sog. Palästinalied, erhalten. Walther schrieb es für den Kreuzzug von 1228, ohne diesen allerdings selbst mitgemacht zu haben.
Dieses Palästinalied weist eine formale Gestaltung auf, die nach dem Bauprinzip von Wiederholung und Gegensatz gebildet ist.

Dieses Bauprinzip ist eine der Grundformen der abendländischen Musik.

Melodiegliederung	a	b	a	b	c	d	b
Reimschema	a	b	a	b	c	c	c
Formbezeichnung	Stollen		Gegenstollen		Abgesang		
Formteil	A		A'		B		

Bekannte Minnesänger sind:
Hartmann von Aue (gest. nach 1210)
Neidhart von Reuental (gest. um 1245)
Wolfram von Eschenbach (um 1170–um 1220)
Walther von der Vogelweide (um 1170–um 1230)
Oswald von Wolkenstein (1377–1445)

Meistersinger

Nach dem Ende des höfischen Rittertums wird ihre musikalische Tradition von Bürgern in festen lokalen Gemeinschaften, vor allem von den in Zünften zusammengeschlossenen Handwerkern fortgesetzt. Diejenigen, die Texte und Melodien neu erfinden, heißen nun Meistersinger (15./16. Jh.). Die Texte beziehen sich meist auf biblische Themen, es gibt aber auch solche mit politisch-satirischem Inhalt; ebenso sind derbe Tanzlieder bekannt. Bei den Melodien setzt sich allmählich die Dur/Moll-Tonalität durch.

Bei den Zusammenkünften der Meistersinger wird von dem Singer auf einem Singstuhl vorgesungen, während die Merker (hinter einem Vorhang) das neue Lied nach dem Regelwerk (der sog. Tabulatur) beurteilen und die Fehler anmerken. Ähnlich der Hierarchie des Handwerks (Lehrling, Geselle, Meister) unterscheidet man in Schüler, die noch viele Regelfehler machen, Dichter, die einen neuen Text auf vorhandene Melodien gedichtet haben, und Meister, die sowohl einen neuen Text als auch eine neue Melodie erfunden haben.

Bekannte Meistersinger sind:
Hans Folz (gest. 1513)
Hans Sachs (1494–1576)

Spielleute

Unter Spielleuten sind fahrende Sänger zu verstehen, die Musik für das „einfache“ Volk machen. Dies geschieht vor allem auf Jahrmärkten, Kirchweih- und anderen Festen; dort hatten sie für Unterhaltung zu sorgen. Deswegen sind die Spielleute oft nicht nur Musiker, sondern auch Jongleure, Gaukler, Spaßmacher usw. Für die Bevölkerung sind sie wichtig, weil sie als Fahrende der sesshaften Bevölkerung Nachrichten und Neuigkeiten übermitteln. Die Spielleute mussten sich auffällig kleiden, oft sehr bunt, damit sie sofort als Fahrende erkannt werden konnten. Dies ist in einer der frühesten deutschen Reichspolizeiordnungen festgelegt und wurde damit begründet, dass *die ehrlichen Leute sich desto leichter vor Schaden hüten können*. Bereits im 12. Jh. sind in Deutschland – oftmals jüdische – Spielleute unterwegs, die epische Dichtungen und höfische Romanzen aufführen.

(Spätere) Kompositionen

Carl Orff, *Carmina burana (1934–36)*
Richard Wagner, *Tannhäuser und der Sängerkrieg auf Wartburg (1842–1845), Die Meistersinger von Nürnberg (1861–1867)*

▶LITERATUR

Tanja Kinkel, *Das Spiel der Nachtigall (2011)*
Dieter Kühn, *Ich Wolkenstein (1977)*
Neidhart aus dem Reuental (1988)
Der Parzival des Wolfram von Eschenbach (1986)
Robert Löhr, *Krieg der Sänger (2012)*
Paul Löwinger, *Das Lied des Troubadours (2000)*
Novalis, *Heinrich von Ofterdingen (1802)*
Peter Rühmkorf, *Walther von der Vogelweide, Klopstock und ich (1975)*

6.4 Renaissance (15. und 16. Jh.)

Historische Bedingungen

Die Zeit des 15. und 16. Jh.s ist von tiefgreifenden politischen, sozialen, wirtschaftlichen und kulturellen Veränderungen geprägt. Der bestimmende Einfluss der Kirche schwindet allmählich, die Bindungen der hierarchisch gegliederten Feudalgesellschaft lockern sich. An dieser Entwicklung haben Intellektuelle und Künstler einen entscheidenden Anteil, die sich einem humanistischen, am Vorbild der Antike ausgerichteten Denken zuwenden (Renaissance = Wiedergeburt). Während der Einfluss von Kirche und Kaisertum abnimmt, werden die aufblühenden Städte nun die neuen Zentren der geistigen Entwicklung.

Die Renaissance ist das Zeitalter der Entdeckungen, Forschungen, Erfindungen, Veränderungen. Einige Beispiele sind:

- Papierverwendung statt des sehr teuren Pergaments: Der Gebrauch des Papiers wird durch die Mauren in Europa eingeführt, sodass um 1150 in Spanien die erste Papiermühle entsteht. Später wird auch in Italien Papier hergestellt. Die erste Papiermühle in Deutschland nimmt 1360 ihre Arbeit auf.
- J. Gutenberg entwickelt um 1440 den Buchdruck mit beweglichen Lettern (Gutenberg-Bibel ca. 1456); dadurch entsteht eine große Nachfrage nach Papier.
- Der Notendruck beginnt um 1476 in Italien, wodurch der Austausch von Kompositionen erleichtert wird.
- Einsatz des Schießpulvers (ab der Mitte des 15. Jh.s)
- C. Columbus entdeckt Amerika (1492).
- Konstruktion der ersten Taschenuhr („Nürnberger Ei", 1509).
- F. Magellan umsegelt die Welt (1519–21).
- Ablösung des geozentrischen Weltbildes (ptolemäisches System) durch das heliozentrische Weltbild (kopernikanisches System).
- Beginn der Reformation durch den Thesenanschlag M. Luthers (1517).

- Es entsteht ein neuer Künstlertypus: Der Künstler begreift sich als Genie, das in einer übergreifenden göttlichen Ordnung eingebettet ist.
- Der Baustil ändert sich, in der Malerei wird die Zentralperspektive entwickelt.

Musikalische Entwicklungslinien

Die Epoche der Renaissance lässt sich in zwei Perioden einteilen: Früh- und Spätrenaissance. Hauptgewicht hat immer noch die Vokalmusik, Instrumente können zunehmend nach freiem Ermessen der Ausführenden hinzugefügt werden. Erst gegen Ende des 16. Jh.s werden von den Komponisten genauere Anweisungen für die Instrumente gegeben, sodass von nun an der spezifische Klang einer Komposition wichtig wird. Nun lässt sich auch ein Streben nach Deutlichkeit in der Deklamation des Textes feststellen, die schließlich durch die Übernahme des Textmetrums in allen Stimmen erreicht wird.

Frührenaissance

Diese Entwicklung, die als Höhepunkt der ***Vokalpolyphonie*** bezeichnet wird, schafft die Voraussetzung für die Vorbereitung der funktionalen Dreiklangsharmonik durch:

- die Gleichzeitigkeit mehrerer Stimmen, sodass nun der Akkord wichtig wird;
- die allmähliche Einbeziehung der Terzen und Sexten, sodass sich allmählich das Dur-/Moll-tonale System gegen das modale System des Mittelalters durchsetzt.

Die Komponisten, die dies leisten, kommen fast alle aus dem franko-flämischen Raum, sodass diese Zeit auch ***franko-flämische*** oder ***Niederländische Schule*** genannt wird. Sie lassen sich grob in 3 Gruppen einteilen:

- Die Komponistengeneration, die in der 1. Hälfte des 15. Jh.s geboren wird und verantwortlich ist für die Klärung des Konsonanz- bzw. Dissonanzbegriffs im heutigen Sinn; sie sorgt für eine Stärkung des harmonischen Empfindens. Es sind dies in

England John Dunstable (um 1390–1453), im franko-flämischen Raum Guillaume Dufay (auch Du Fay, um 1400–1474), Johannes Ockeghem (um 1415–1497) und Gilles Binchois (1419–1460).

- Eine zweite Komponistengeneration, die zu einer thematischen Einheit in einer Komposition aus dem verwendeten c. f. kommt, indem sie ihn bzw. Teile daraus imitiert ***(Imitation)***. Dadurch entstehen hochkomplizierte Kanonformen (z. B. Augmentations-, Diminutions- und Spiegelkanons). Zu dieser Generation gehören Josquin Desprez (um 1440–1521) und Jacob Obrecht (1450–1505).

BEISPIEL

J. Desprez: Zweistimmiger Kanon in der Vergrößerung

Die 2. Stimme ist mit der 1. Stimme identisch, lediglich die Notenwerte werden augmentiert (vergrößert).

- Die letzte Komponistengeneration überwindet allmählich die Kirchentonarten und verhilft dem Dur-Moll-System zum Durchbruch. Ihre Vertreter sind Adrian Willaert (um 1490–1562), der als der Begründer der Venezianischen Schule gilt, und Clemens non Papa (um 1512–1556). Zu der Weiterentwicklung der polyphonen Satzkunst ihrer Vorgänger kommt noch eine elaborierte Ausdruckskunst hinzu, d. h., dass der vertonte Text von der Musik ausgedeutet wird. Damit ist der Grundstein gelegt für die Affektenlehre, die Figurenlehre und die Zahlensymbolik des Barock (▶ S. 142 f.).

Spätrenaissance

Neben der bisher fast ausschließlich herrschenden Polyphonie wird die Homophonie zunehmend wichtig. In den Kompositionen setzt sich allmählich die Oberstimme als führende Stimme durch, während dem Bass als harmoniestützende Stimme meist die Grundtöne der Dreiklänge zugewiesen werden. Der Textausdruck wird nun durch die Musik verstärkt, sie dient somit der Darstellung des Affektgehaltes. Die Dur-/Moll-Tonalität setzt sich endgültig durch.

Die Musik wird meist ***a cappella*** (ohne Instrumentalbegleitung) ausgeführt, bisweilen spielen Instrumente aber auch die Chorstimmen mit.

Wichtige Komponisten

Hauptvertreter der Spätrenaissance sind Giovanni Pierluigi da Palestrina (um 1525–1594) und Orlando di Lasso (1532–1594), die zum einen den Höhepunkt der Spätrenaissance repräsentieren, zum anderen auch die Musik des 15. und 16. Jh.s abschließen.

Palestrina, fast ausschließlich in Rom und Umgebung wirkend, gilt als der führende Komponist der ***Römischen Schule,*** einer Gruppe von Komponisten, die an der päpstlichen Kapelle in Rom arbeiten. Von Palestrina sind daher vor allem geistliche Kompositionen überliefert, darunter über 100 Messen.

An seiner *Missa Papae Marcelli* kann sehr schön abgelesen werden, dass die inhaltlich wichtigen und bedeutungsreichen Teile der Messe (Gloria, Credo ▶ S. 204 ff.) sehr textverständlich (also homophon) vertont werden, während die Teile mit eher floskelhaften Texten (Kyrie, Sanctus, Agnus Dei) höchst komplizierte polyphone Gebilde im franko-flämischen Stil sind.

Palestrina soll mit dieser Art der Vertonung des Messtextes Einfluss auf das damals sich mit kirchenmusikalischen Reformbestrebungen befassende Konzil von Trient (Tridentiner Konzil, 1545–1563) genommen haben. Es wollte polyphon vertonte Texte der Liturgie wegen des Mangels an Textverständlichkeit untersagen. Palestrina wird daher oft als „Retter der Kirchenmusik“ bezeichnet. Dies ist lediglich eine Legende, doch mit seinen Kompositionen ist in der Musik ein Gleichgewicht geschaffen zwischen der polyphonen Horizontalität und der homophonen Vertikalität.

BEISPIEL

Palestrina: Missa Papae Marcelli, Beginn des Gloria

Alle Stimmen haben fast immer den gleichen Rhythmus, sodass ein homophoner Satz entsteht, bei dem alle Stimmen zur gleichen Zeit dieselbe Textsilbe singen.

BEISPIEL

Palestrina: Missa Papae Marcelli, Beginn des „Agnus Dei II"

Es handelt sich bei dem Anfang um zwei miteinander verwobene Kanons Quintabstand; sie sind an der Notenkopfform zu erkennen. Zwei zusätzliche freie Stimmen (Sopr. 1 und Tenor) sind weggelassen. Insgesamt sind es damit sieben Stimmen (heilige Zahl, ▶ S. 143).

- Orlando di Lasso ist im Gegensatz zu Palestrina weit herumgekommen. Er ist zunächst Kapellmeister in Rom und leitet ab 1564 die Hofkapelle in München. Sein Werk umfasst eine Vielzahl von geistlichen und weltlichen Kompositionen.

BEISPIEL

O. di Lasso: Audite nova

Der Anfang ist – mit lateinischem Text – polyphon, die Stimmen imitieren am Anfang einander. Der Komponist zitiert somit den Stil der franko-flämischen Schule.
Unmittelbar nach diesem Beginn wird der lateinische Text („Hört etwas Neues!") wörtlich genommen: Es wird in die Landessprache gewechselt, die Thematik kommt aus dem Alltagsleben, der Satz ist homophon.

Wichtige Formen und Gattungen sind das Madrigal (▶ S. 146), die Motette (▶ S. 146) und die Messe (▶ S. 204).

▶LITERATUR

Helmut Krausser, *Melodien (1993)*
Wolfgang Schlüter, *Dufays Requiem (2001)*
Theun de Vries, *Die Kardinalsmotette (2000)*

6.5 Barock (ca. 1600–1750)

Das Wort Barock geht auf das portugiesische *barocca* zurück, womit eine schiefe, unregelmäßige Perle bezeichnet wird. Die Bezeichnung entsteht um 1800. Mit ihr soll die Musik der Zeit abgewertet werden, die als absonderlich, schwülstig und überladen angesehen wird. Erst im 20. Jh. wird der oder das Barock zum Epochenbegriff für die Architektur, Literatur und Musik zwischen 1600 und 1750.
Die Epoche lässt sich in drei Abschnitte einteilen:

- Frühbarock ca. 1580–1620 (u. a. C. Monteverdi)
- Hochbarock ca. 1620–1680 (u. a. J. -B. Lully, S. Scheidt, H. Schütz)
- Spätbarock ca. 1680–1750 (u. a. A. Vivaldi, G. Ph. Telemann, J. S. Bach, G. F. Händel)

Historische Bedingungen

Der Barock ist die Kunst der Gegenreformation und des Absolutismus. Kirche und Aristokratie sind auch die bedeutendsten Förderer der barocken Künstler. Wichtig wird aber auch das städtische Bürgertum. Sowohl für die Kirche als auch für den Adel ist Repräsentation ein zentrales Element des Selbstverständnisses und des Lebensgefühls. Die katholische Kirche setzt die barocke Prachtentfaltung als Propagandamittel bei der Gegenreformation ein: Die reiche Ausschmückung der Kirchen soll für die Gläubigen ein Abbild des Paradieses sein. Angestrebt wird ein Gesamtkunstwerk, in dem Architektur, Malerei, Dichtung, Musik (bei Schlossbauten gehört auch die Gartengestaltung dazu) in einer alle Sinne betörenden und ansprechenden Weise zusammenwirken.
Prägendes politisches Ereignis der Zeit ist der Dreißigjährige Krieg (1618–1648). Zunächst ein Konflikt zwischen Katholiken und Protestanten, dann wird um die Vorherrschaft in Europa gekämpft. Dieses Ereignis, aber auch Epidemien wie Pest und Cholera, macht die Todeserfahrung zu einer prägenden Erfahrung der Zeit, was z. B. noch in den Texten von Bach-Kantaten

deutlich wird (Aria „Ach, schlage doch bald, selge Stunde, den allerletzten Glockenschlag“, Kantate BWV 95). Daraus entsteht ein antithetisches Lebensgefühl: Das Wissen um die Vergänglichkeit alles Irdischen führt aber auch zur Einstellung, das irdische Dasein mit allen Sinnen zu genießen („Carpe diem“).
Das Lebensgefühl hat sich im Vergleich zum vorherigen Jh. gewandelt: Der Mensch wird nicht mehr als Ebenbild Gottes gesehen, es gilt nicht mehr das Schönheits- und Proportionsideal der Renaissance, jetzt dominieren der Affekt, die Fantasie, die Illusion. Schönheit bedeutet nun nicht mehr Harmonie, sondern Kraft. Der Barock betreibt Aufwand und liebt Extreme, er inszeniert ein Welttheater und schwelgt im Sinnlichen. Die Ansicht, dass die Leidenschaften des Menschen sich nur durch rationale Ordnungen steuern und beherrschen lassen, führt zu starken Stilisierungen. Der Mensch grenzt sich in seinem Schaffen bewusst von der Natur ab, sodass viele Dinge nun künstlich und unnatürlich erscheinen.

Musikalische Entwicklungslinien

Spielten in der Musik bisher nationale Zentren nur eine untergeordnete Rolle, so prägen sich im Barock allmählich nationale Eigenheiten und regionale Schwerpunkte aus. Wichtigstes Zentrum ist zunächst Italien (Venedig und Rom) mit den Komponisten Giovanni Gabrieli (um 1554–1612), Claudio Monteverdi (1567–1643), Arcangelo Corelli (1653–1713) und Antonio Vivaldi (1678–1741).
Mit dem Aufstieg von Ludwig XIV. (1643–1715), dem Inbegriff des absolutistischen Fürsten, bildet sich an dessen Hof (Paris und Versailles) durch den Komponisten Jean-Baptiste Lully (1632–1687) ein neues wichtiges Zentrum.
In Deutschland wirkt Heinrich Schütz (1585–1672), ein Schüler Gabrielis, am sächsischen Hof in Dresden. Im 17. Jh. prägen in Thüringen und Sachsen vor allem Johann Sebastian Bach (1685–1750) und in London Georg Friedrich Händel (1685–1759) die musikalische Entwicklung.

Folgende Struktur- und Formelemente setzen sich durch:

- Das ***Dur-/Moll-System*** wird gefestigt und bildet sich zu einem funktionalen System aus.
- Die Instrumentalmusik wird genauso wichtig wie die bislang vorherrschende Vokalmusik.
- Der ***Generalbass*** (ital. *basso continuo*, abgekürzt b.c.) wird zum harmonischen Fundament einer jeden Komposition; er wird durch die Generalbassgruppe gespielt (s.u.).
- Die ***Generalbassschrift*** (▶ S. 20) wird zum bestimmenden Notationssystem, welches in einzelnen Fällen noch bis zum Ende des 18. Jh.s verwendet wird. Der Komponist notiert lediglich einen Basston und darunterstehende Zahlen. Die Generalbassgruppe ist zweigeteilt: Ein tiefes Streich- oder Blasinstrument (z.B. Vcl., Pos., Fg.) spielt den notierten Basston, ein Tasten- oder Zupfinstrument (z.B. Cemb., Orgel, Laute, Harfe) improvisiert den Akkord, der sich aus den hinzugefügten Zahlen ergibt.
- Das heute gebräuchliche ***Taktsystem*** setzt sich durch. Der Taktstrich, der bislang nur ein Ordnungsstrich war (und daher in der Musik der Renaissance oft zwischen den Notensystemen steht), bekommt nun seine rhythmisch-metrische Bedeutung und wird durch die nachfolgende Betonung hörbar.
- Es entsteht eine Kompositionslehre, die musikalische Figuren verschiedener Art auf unterschiedlichen Ebenen systematisiert.

  Tonsymbolik: Buchstaben (meist eines Namens) werden in Tonhöhen umgesetzt. Das berühmteste Beispiel ist

  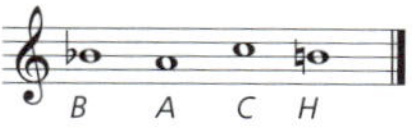

  Figurenlehre: Dies sind melodische, harmonische, instrumentale, formale, manchmal auch nur im Notenbild abzulesende Festlegungen, die sich zu einer musikalischen Figur verfestigen, z.B.

  - Vorzeichen # als Symbol für das Kreuz Christi

- Kanon oder Fuge als Ausdruck der Verfolgung; Passacaglia als Form für die Ausweglosigkeit
- Melodieverlauf nach oben: Himmel, Melodieverlauf nach unten: Hölle
- die Trompete als Instrument des Königs oder Gottes
- Tritonus (übermäßige Quarte) als Abbild des Teufels („diabolus in musica"), des Todes und alles Schlechten

Affektenlehre:

- Freude = Dur, konsonant, hohe Lage, schnell
- Trauer = Moll, dissonant, tiefe Lage, langsam

Zahlensymbolik:

- 3 = Dreieinigkeit Gottes, Vollkommenheit
- 4 = alle Himmelsrichtungen, die ganze Welt
- 7 = heilige Zahl
- 12 = Kirche, Apostel
- 13 = Unglück, Verrat

Die Zahlen beziehen sich auf melodische, metrisch-rhythmische oder formale Festlegungen; von Bedeutung sind auch Addition, Vielfache oder Kombinationen der jeweiligen Zahlen.

BEISPIELE Im „Credo" der *Messe in h-Moll* von J. S. Bach erklingt das Wort Credo („Ich glaube") insgesamt 49 Mal (7 × 7). Die Fuge *Patrem omnipotentem* besteht aus 84 Takten (7 × 12). Der Passacaglia-Bass (= Ausweglosigkeit) des *Crucifixus* enthält 24 (12 + 12) Noten; die erste Zäsur (Halbschluss) erfolgt nach 36 Takten (3 × 12). Der Passacaglia-Bass wird insgesamt 12 Mal wiederholt, beim 13. Mal verstummen die übrigen Orchesterinstrumente. (Bach hat übrigens einige dieser Zahlen an den Rand der Partitur geschrieben!)

Eine besondere Form der Zahlensymbolik ist das ***Zahlenalphabet*** (A = 1, B = 2, C = 3 usw.). Im letzten Choralvorspiel von J. S. Bach, „Vor Deinen Thron tret' ich hiermit", das der erblindete Komponist der Legende nach seinem Schwiegersohn diktiert hat, bezieht sich die Anzahl der Noten in den Choralzeilen auf seinen eigenen Namen:

Diese erste Choralzeile ergibt 14 Noten: BACH = 14
Die Noten aller Choralzeilen ergeben 41 Noten: J. S. BACH = 41

Die Oper

Wichtigste Errungenschaft des Frühbarock ist die Entwicklung der Oper. Musik ist jetzt nicht mehr nur Einlage in Theaterstücken, sondern nun werden auch alle Monologe und Dialoge gesungen. Ziel der jungen Adligen, die ab 1590 solche musikalischen Aufführungen in Florenz veranstalten, ist die Darstellung und Erregung der menschlichen Affekte nach dem Vorbild des antiken griechischen Theaters. Deswegen basieren alle frühen Opern meist auf mythischen Stoffen der griechischen Antike. Bedeutendste Oper dieser Zeit ist *L' Orfeo* von Claudio Monteverdi (1607).

Um die im Text enthaltenen Affekte wirkungsvoll zu gestalten, wendet Monteverdi die Monodie an, eine vom b. c. akkordisch gestützte Melodie.

BEISPIEL

C. Monteverdi: L'Orfeo

Die zunehmende Beliebtheit dieser neuen Gattung Oper, die zunächst auf die Adelspaläste beschränkt war, zeigt sich am Bau von Opernhäusern in ganz Europa (manchmal gibt es sogar mehrere in einer Stadt), die jetzt gegen ein Entgelt von allen Bevölkerungsschichten besucht werden können (Venedig 1637, Rom 1652, Hamburg 1678).

Mehrchörigkeit

Ein weiterer wichtiger Schritt ist die Entwicklung des konzertanten Prinzips, das durch eine besondere Aufführungspraxis im Markus-Dom in Venedig entsteht: Die architektonische Konstruktion des Domes erlaubt, dass auf gegenüberliegenden Emporen, also räumlich getrennt, mehrchörig musiziert werden kann, was den Wunsch nach Prunkentfaltung in der Kirche unterstützt. Diese Mehrchörigkeit entsteht durch das Gegen- und Miteinanderspielen verschiedener Klangkörper, zunächst von Instrumentalchören.
Bedeutendster Komponist dieser ***Venezianischen Schule*** ist Giovanni Gabrieli.

Concerto grosso

Aus der Mehrchörigkeit entwickelt sich das Concerto grosso (▶ S. 86), bei dem eine kleinere Gruppe einem größeren begleitenden Orchester mit dem Basso continuo gegenübersteht.

Solokonzert

Beim Solokonzert (▶ S. 87) wird die Solistengruppe des Concerto grosso auf einen Solisten reduziert. Wichtigster Komponist von Solokonzerten ist Antonio Vivaldi, der fast 500 Konzerte für alle wichtigen Soloinstrumente der damaligen Zeit schreibt und dabei sehr hohe Anforderungen an den Solisten stellt.

Oratorium und Passion (▶ S. 209 ff.)

Im Oratorium werden die „neuen" Stilmittel der weltlichen Oper auf geistliche Texte übertragen; es wird jedoch nicht szenisch aufgeführt. Die katholische Kirche hatte an der emotional ansprechenden Affektdarstellung, die durch Rezitative, Arien und Chöre erzielt wird und als weiteres Beispiel für die Darstellungsfreude des Barock gelten kann, großes Interesse. Höhepunkte der

Oratorien der Barockzeit, zu denen auch die Passionen (Vertonung der Leidensgeschichte Christi) gezählt werden können, sind die Kompositionen Bachs und Händels.

Auswahl wichtiger Kompositionen

Heinrich Schütz
Die sieben Worte Jesu Christi SWV 478 (ca. 1660)
Weihnachtshistorie SWV 435 (1664)

Johann Sebastian Bach
Johannes-Passion BWV 245 (1724/1749)
Matthäus-Passion BWV 244 (1727/1731)
Weihnachtsoratorium BWV 248 (1733/34)

Georg Friedrich Händel
Israel in Ägypten HWV 54 (1739)
Der Messias HWV 56 (1742)

Carl Heinrich Graun
Der Tod Jesu (1755)

Motette und Madrigal

Motette und Madrigal sind mehrstimmige Vokalkompositionen, die sich lediglich darin unterscheiden, dass bei einer Motette ein geistlicher, bei einem Madrigal ein weltlicher Text vertont wird. Die musikalische Gestaltungsweise, die homophone und polyphone Satzweisen enthalten kann, ist durch die Textausdeutung der Figuren- und Affektenlehre (▶ S. 142 f.) geprägt und nimmt besonders in den Madrigalen so überhand, dass man die ungewöhnlichen melodischen, rhythmischen, besonders aber harmonischen Wendungen auch ***Madrigalismen*** nennt.

Auswahl wichtiger Kompositionen

Claudio Monteverdi
Mehrere Madrigalbücher (zwischen 1587 und 1638)

Carlo Gesualdo da Venosa
Mehrere Madrigalbücher (zwischen 1594 und 1611)

Heinrich Schütz
Madrigale op. 1 (1611), Geistliche Chormusik (1648)

Johann Sebastian Bach
6 Motetten (zwischen 1720 und 1740)

Die Suite oder Partita

Die Suite (▶ S. 100) ist eine Folge von Tanzsätzen, die zunächst nach einem festen Schema, dann zunehmend freier zusammengestellt werden kann. Waren viele frühe Suiten noch funktional (d.h., dass nach der Musik getanzt wurde), so werden bald alle Tanzsätze stilisiert, also zu einer Musik, der nur zugehört wird.

Auswahl wichtiger Kompositionen

Johann Sebastian Bach
3 Partiten für Violine solo BWV 1001–1006 (um 1720)
(die d-Moll-Partita enthält die berühmte Chaconne)
Suiten für Violoncello solo BWV 1007–1012 (um 1720)
Englische Suiten BWV 806–811 (1722–24)
4 Orchestersuiten BWV 1066–1069 (ab ca. 1717)
Partiten für Klavier BWV 825–830 (1726)

Georg Friedrich Händel
Wassermusik, 3 Suiten, HWV 348–350 (1717)
Feuerwerksmusik HWV 351 (1749)

▶LITERATUR

Günter Grass, *Das Treffen in Telgte (1979)*
Ricarda Huch, *Der große Krieg in Deutschland (1912–1914)*
Helmut Krausser, *Melodien (1993)*
Dieter Kühn, *Goldberg-Variationen (Hörspiel, 1972/73)*
Andreas Liebert, *Mein Vater, der Kantor Bach – Seine Tochter Catharina erzählt (1999)*
Margriet de Moor, *Der Virtuose (1993)*

▶FILM

Gérard Corbiau, *Farinelli, il castrato (1995)*
Alain Corneau, *Die siebente Saite (1991)*
Dominique de Rivaz, *Mein Name ist Bach (2004)*
Jean-Marie Straub, *Chronik der Anna Magdalena Bach (1967)*

6.6 Vorklassik (1730–1760)

Historische Bedingungen

Die Vorklassik ist der Übergangsstil zwischen dem Spätbarock und der Klassik. In dieser Zeit werden die Grundlagen für ein völlig anderes Musikverständnis gelegt. Das vom barocken Pathos und der Künstlichkeit geprägte Lebensgefühl wird ersetzt durch die Sehnsucht nach dem Natürlichen und Einfachen (Rousseau: „Zurück zur Natur!“). Diese Entwicklung gipfelt dann z. B. in der Menschenrechtserklärung der USA (1776), in Kants Schriften und Ideen und schließlich in der Zerschlagung der alten Gesellschaftsordnung durch die Franz. Revolution 1789).

Musikalische Entwicklungslinien

1737 veröffentlicht J. A. Scheibe, einer der ersten publizierenden Musikkritiker, einen Aufsatz, in dem er die Musik J. S. Bachs scharf kritisiert: sie sei unnatürlich und verwirrend. Er propagiert dagegen eine schlichte und melodiebetonte Musik. Die jüngeren Komponisten wenden sich nun ab von der „gelehrten“ Kontrapunktik. Ihre Musik besteht aus einer gesanglich gestaltete Melodiestimme mit einer sparsamen, harmonisch einfachen Begleitung *(galanter Stil).* Mit der Betonung des Melodischen verschwindet auch allmählich der Generalbass. Wichtig werden nun Kleinformen, vor allem für Cembalo. Durch die Hinwendung zum Ausdruck seelischer Gehalte bekommen die Kompositionen nun eine stark subjektive Gestaltungsweise (empfindsamer Stil). Für diese Entwicklung sind besonders die Söhne J. S. Bachs und die sog. ***Mannheimer Schule*** wichtig:

- Am Hofe von Friedrich dem Großen wirkt ab 1740 als Cembalist Carl Philipp Emanuel Bach, der zweitälteste Sohn (ab 1768 Musikdirektor in Hamburg). Er entwickelt eine äußerst subjektive Tonsprache, die schon weit in das 19. Jh. weist. Beliebte Form ist die „Fantasie“, eine Art aufgeschriebener Improvisation. Bei C. Ph. E. Bach gibt es Stellen, an denen der subjektive Ausdrucksgehalt seiner Musik das durch den Takt gebändigte Metrum sprengt: Der Komponist verzichtet auf das Korsett des Taktstriches, sodass allein schon das Notenbild extrem wirkt. Wichtig ist auch sein *Versuch über die wahre Art das Clavier zu spielen,* das als Beginn der modernen Klavierspieltechnik angesehen werden kann, und in dem Klavierunterricht, Generalbasspraxis, Kompositionslehre und Geschmacksbildung verbunden werden.

- Der jüngste Sohn Johann Christian Bach lernt und arbeitet zunächst in Italien (Domorganist in Mailand ab 1760) und wirkt ab 1762 in London.
- Mannheimer Schule: Die Hofkapelle des pfälzischen Kurfürsten gilt in der 2. Hälfte des 18. Jh.s als eines der modernsten Orchester von europäischem Rang. Unter dem aus Böhmen stammenden Konzertmeister Johann Stamitz und seinen Nachfolgern werden entscheidende Impulse zur Entstehung und Ausbildung der klassischen Instrumentalmusik gegeben. Die wichtigsten sind:
  - absolute Vorherrschaft der Melodie
  - eine leicht fassbare Periodik durch gradzahlige Gliederungen
  - Kontrastbildungen statt der barocken Einaffektigkeit
  - Ausprägung eines eigenständigen Bläsersatzes im Orchester
  - Einbezug des Menuetts als 3. Satz innerhalb einer Sinfonie
  - neue Effekte wie das Crescendo statt barocker Terrassendynamik

Sowohl J. Ch. Bach als auch die Mannheimer Schule haben u. a. großen Einfluss auf den jungen Mozart.

▶LITERATUR

Albert Emil Brachvogel
Friedemann Bach (1858)

▶FILM

Traugott Müller
Friedemann Bach (1941)

6

6.7 Wiener Klassik (1770–1827)

Unter Klassik wird immer der Höhepunkt einer Entwicklung verstanden. Diese Bezeichnung wird verwendet

- als Wertbegriff, mit dem alles Mustergültige, Zeitlose, das oft als Norm angesehen wird, gemeint ist;
- als Kunstbegriff, der nach Klarheit und Ausgewogenheit aller Elemente strebt (z. B. klassische Periode der griechischen Antike, 5. Jh. v. Chr.);
- als Epochenbegriff, der den Ausgleich von Intellekt und Emotion, zwischen Form und Inhalt erreicht. Oft wird zum Epochenbegriff das jeweilige Zentrum hinzugefügt (Literatur: Weimarer Klassik, Musik: Wiener Klassik).

Historische Bedingungen

Nach den frei gewordenen Kräften des Gefühls in der Vorklassik entsteht nun eine Weltsicht, die zum Ausgleich drängt: Die Ideen der griechischen Antike und des Christentums fließen zu einer Geistesbewegung zusammen, in der das Humanitätsideal des sittlich-reinen Menschen verfolgt wird.

Die Befreiung des Individuums war durch Philosophen (Rousseau, Kant) vorbereitet, äußerte sich in der Literatur im Sturm und Drang (z. B. Lenz, *Die Soldaten*, 1775; Schiller, *Die Räuber*, 1782; Goethe, *Prometheus*, 1773, *Die Leiden des jungen Werther*, 1774), führte zu den musikalischen Veränderungen der Vorklassik (▶ S. 148 ff.) und gipfelt jetzt in dem klassischen Humanitätsideal: Diese Epoche wird von einem idealistischen Glauben an den Wert und die Freiheit eines jeden Menschen beherrscht.

Einhergehend mit dieser philosophisch-künstlerischen Ideenentwicklung vollzieht sich eine soziale Strukturveränderung in den Gesellschaften der europäischen Staaten, die durch die Französische Revolution (1789) ausgelöst wird: Die vorher herrschende Schicht des Adels wird abgelöst durch das Bürgertum. Es wird damit auch zum bedeutendsten und wichtigsten Kulturträger seiner Zeit.

Damit erwacht im Bürgertum der Drang nach Bildung sowie das Gefühl der kulturellen Verpflichtung. Opernhaus und Konzertsaal sind Einrichtungen, die jetzt jedem Einzelnen die Teilnahme an dem nun öffentlichen Musikleben ermöglichen. Die Zeitschrift für das bürgerliche Haus („Almanach“) wird modern, viele Liebhaberorchester und Singvereinigungen entstehen, es gilt als standesgemäß, Kenner von Literatur und Musik, und ausübender Musiker zu sein. Allmählich wird daher das Klavier zum wichtigsten häuslichen Instrument.
Die Mündigkeit des Bürgertums und die erworbene geistige Freiheit führen auch zu einem anderen Kunstbegriff. Kunst ist nun in erster Linie nicht mehr das Gekonnte, das mit handwerklicher Kenntnis Geschaffene, sie ist jetzt vielmehr Ausdruck eines universalen Menschentums, Manifestation eines gesteigerten Freiheitsgefühls und individuelle Gestaltung. Dies führt in der Folgezeit zu einem Stil, bei dem die musikalischen Gestaltungsweisen so individuell sind, dass der jeweilige Komponist beim Hören eines Werkes erkannt werden kann (Personalstil).

Der neue Kunstbegriff bedingt auch, dass der Künstler nicht mehr (als Angestellter von Kirche oder vom Adel) abhängig sein kann, sondern unabhängig sein muss. Eine solche Entwicklung lässt sich gut an den wichtigsten klassischen Komponisten ablesen (s. u.). Der Künstler sieht sich als Originalgenie, das aus der Fülle seines Erlebens, seiner Fantasie und einer irrationalen Intuition von nun an singuläre Kunstwerke schafft. (Dieser Aspekt kann z. B. an der Anzahl der Sinfonien, die die Hauptvertreter der Wiener Klassik komponieren, abgelesen werden: J. Haydn komponiert 104, W. A. Mozart noch 41, L. v. Beethoven nur noch 9 – die Entwicklung zum unverwechselbaren Einzelwerk ist vollendet.)
Aufgenommen wird auch der aus der Antike stammende Gedanke der Akademie, in der sich nach dem Vorbild der philosophischen Schule Platons Gelehrte zusammenschließen. Neben den wissenschaftlich ausgerichteten Akademien entsteht z. B. die noch heute existierende „Berliner Singakademie“ (gegr. 1791) als

bedeutende Chorvereinigung. Die Konzertveranstaltungen, die Mozart und Beethoven in Wien veranstalten, heißen ebenfalls „Akademien“.

Musikalische Entwicklungslinien

Die musikalische Entwicklung beruht in erster Linie auf den instrumentalen Formen, die von der Sonatenhauptsatzform (▶ S. 102 ff.) geprägt sind. Die Themen werden liedhaft oder sind oft nach zwei musikalischen Grundmustern (der musikalischen Periode oder dem musikalischen Satz ▶ S. 38 ff.) gebildet und damit in Motive unterteilt. Dies ist für die motivisch-thematische Arbeit wichtig. Ziel ist eine Einfachheit und Klarheit der Kunst, die über das Individuelle hinaus Anspruch auf Allgemeingültigkeit erhebt. Das musikalische Thema wird damit zum Träger einer Idee.

Wichtige Komponisten

Die Lebenszeit Joseph Haydns (1732–1809) umfasst eine Zeitspanne, die vom Ende der Barockmusik bis zu den Anfängen der Romantik reicht. Insofern hat Haydn fast alle in dieser Zeit wichtigen Gattungen gepflegt: die Oper, die Suite, die Sinfonie, die Messe und das Oratorium.

Haydn ist fast 30 Jahre Bediensteter des Fürsten Esterházy in Eisenstadt (südlich von Wien). Er betont selbst, dass er diese Abgeschiedenheit brauchte, um formal experimentieren zu können. Erst nach dem Tod des Fürsten – Haydn ist inzwischen ein international berühmter Mann – wird er ein freischaffender Künstler, der besonders mit seinen späten Sinfonien in London begeistert.

Die bedeutendsten kompositorischen Leistungen Haydns finden sich auf dem Gebiet der Sinfonie und der neuen Gattung des Streichquartetts. Er führt die Entwicklungen, die in der Mannheimer Schule (▶ S. 148) begonnen haben, konsequent fort und erreicht eine völlige Loslösung vom Generalbass und eine Beteiligung aller Stimmen an der thematisch-motivischen Arbeit.

Statt der relativ statischen Fuge wird in der einer Sinfonie oder einem Streichquartett zugrunde liegenden Sonatenhauptsatzform (▶ S. 102 ff.) durch ihren Themendualismus ein dramatisches Geschehen möglich. Aus diesem Kontrastprinzip, das Grundlage für die unterschiedlichen Themen ist, erwächst die Idee der Durchführung des musikalischen Materials.
Als erste Kompositionen, in denen dieser neue Stil ausgeprägt ist, gelten die *Streichquartette op. 33 (1781)*. Damit ist das Vorbild geschaffen für alle weiteren Kompositionen dieser Epoche und auch des 19. Jh.s.
Die formalen Errungenschaften erreicht Haydn im Wesentlichen in seiner Instrumentalmusik.
Was bei Haydn formal oft noch als Experiment angesehen werden kann, wird bei Wolfgang Amadeus Mozart (1756–1791) zum Idealbild der Zeit erhoben. Bei Mozart nimmt neben der Instrumentalmusik auch die Vokalmusik (Opern, Messen, Requiem) einen breiten Raum ein.
Während Haydn im Wesentlichen sesshaft ist und erst im Alter nach England kommt, reist Mozart als musikalisches Wunderkind teilweise jahrelang durch ganz Europa. Er nimmt zwar noch eine Stelle als Bediensteter des Erzbischofs in seiner Geburtsstadt Salzburg an (1772–1777); doch seine Entlassung gestaltet sich als Eklat, da hierbei die absolutistisch geprägte Denkweise des Erzbischofs und Mozarts Auffassung von der Autonomie des Künstlers aufeinandertreffen.
Auf seinen Reisen hat Mozart nicht nur die Musik seiner Zeit in Österreich, Deutschland, Italien, Frankreich und England kennengelernt, sondern sich auch alle wesentlichen Formen und Musikstile angeeignet. Vieles kann man in seinen Opern wiederfinden, die besonders in ihren Stoffen und der musikalischen Gestaltung der handelnden Menschen die Gedanken der Aufklärung und der Klassik aufzeigen.
Doch auch die Instrumentalmusik zeigt diese Züge, nur dass diese sich auf formalem Gebiet und hier vor allem in der motivisch-thematischen Arbeit finden.

Ludwig van Beethoven (1770–1827) bekommt den ersten Unterricht von seinem Vater. Nach seiner ersten Reise nach Wien (1787), bei der er Mozart besucht, lebt er seit 1792 ständig dort und nimmt Unterricht u. a. bei Haydn. Ab 1795 lebt er nur von dem Verkauf der Noten, den Konzerteinnahmen und dem Unterrichten. Er kann als der erste typische Individualist unter den Komponisten gelten und war von Anfang an freischaffender Künstler. Er baut das in den Werken Haydns und Mozarts erreichte klassische Schönheitsideal aus und entwickelt es durch die eigene Künstlerpersönlichkeit weiter. Beethoven wird somit zum Vollender, aber gleichzeitig auch Überwinder der Klassik.
Obwohl Beethoven wie Haydn das Hauptgewicht seines Schaffens auf Sinfonie, Sonate und Streichquartett legt, ist seine musikalische Sprache anders. Sie ist geprägt vom Pathos, vom heroischen Ausdruck, vom Kampf um und mit dem musikalischen Material (den man oft genug auch in den Manuskripten ablesen kann). Er steigert die Möglichkeiten des Themendualismus, der motivisch-thematischen Arbeit und der dynamischen Steigerungen und Kontraste zu einem expressiven Stil, der nun alle musikalischen Elemente, besonders aber den Rhythmus und die Harmonik, extremer behandelt als seine Vorgänger. Bei aller Dramatik seiner Musik und dem Bestreben, sein subjektives Erleben und Wollen in einer Komposition zu gestalten, die oft weder auf die Spiel- noch auf die Singbarkeit Rücksicht nimmt – immer wird diese Gestaltungskraft, darin ist Beethoven ganz „Klassiker“, durch die formalen Gesetzmäßigkeiten gebändigt.
Beethovens Spätwerke tragen nicht nur schon stark romantische Züge, sie weisen durch ihre spekulativen Dimensionen schon weit in das 20. Jh. Die späten Sonaten und Streichquartette vereinen alle bisher getrennten Gestaltungsmöglichkeiten, entwickeln Homophonie und Polyphonie weiter und sprengen durch ihre technischen Anforderungen an die Spieler alles bisher Gekannte. Dieser Spätstil Beethovens führt zu einer Synthese des klassischen Idealismus, wie er fast zeitgleich in der Literatur von Goethe im 2. Teil seines *Faust* versucht wird.

Sinfonie

Die 104 Sinfonien Haydns lassen sich in etwa drei große Gruppen einteilen: Die frühen Sinfonien und diejenigen, die er in den 1760er Jahren als Kapellmeister des Fürsten Esterházy schreibt, zeigen oft noch starke Verbindungen zur barocken Tradition, bes. dem Prinzip des Concerto grosso (▸ S. 86). Die Sinfonien der 1770er Jahre spiegeln dagegen schon die Empfindsamkeit und den Sturm und Drang. Dieser neue Ausdruck verträgt nicht mehr die gelehrte Kontrapunktik, hier herrschen Einfachheit und Natürlichkeit, wobei sich allmählich die motivisch-thematische Arbeit durchsetzt. In den 1790er Jahren entstehen dann die 12 *Londoner Sinfonien* für den englischen Konzertagenten J. P. Salomon. Mit diesen späten Sinfonien ist der charakteristische Stil der hochklassischen Instrumentalmusik erreicht.

Mozarts frühe Sinfonien stehen noch stark unter dem Eindruck der italienischen Musik; sie sind noch dreisätzig, das Menuett kommt erst später hinzu. Der Einfluss Haydns wird immer deutlicher spürbar, bis Mozart dann in den drei letzten Sinfonien *(Es-Dur KV 543; g-Moll KV 550; C-Dur KV 551)* zu individuellen Lösungen kommt. Ein Höhepunkt ist der Finalsatz der *Sinfonie in C-Dur KV 551*, der sog. Jupiter-Sinfonie, da hier eine Synthese von altem kontrapunktischen Stil und neuer Ausdrucksweise erreicht ist.

Beethoven beginnt – obwohl die 1. und 2. Sinfonie noch deutliche Einflüsse Haydns zeigen – schon im ersten Akkord der langsamen Einleitung seiner *1. Sinfonie C-Dur op. 21 (1800)* mit einem neuen Tonfall: Er beginnt nicht mehr mit der Tonika, sondern setzt mit einer eingeschobenen Dominante ein. Die Tonika kommt erstmalig in T. 6 vor, um dann jedoch mit dem Grundton der Tonika das Hauptthema zu dominieren.

In der *3. Sinfonie Es-Dur op. 55 („Eroica")* – anfangs Napoleon gewidmet, nach dessen Kaiserkrönung nur *heroische Sinfonie* genannt – sind sehr viele, auch eigenwillige Neuerungen zu finden. Die Dimensionen wachsen (zum Vergleich: der 1. Satz der *1. Sinfonie* besteht aus 298 Takten, der 1. Satz der *3. Sinfonie*

besteht aus 692 Takten!), das behäbige Menuett wird zum rasanten Scherzo.
Die *5. Sinfonie c-Moll op. 67* verzichtet auf ein Thema und gestaltet den gesamten 1. Satz aus einem einzigen rhythmischen Motiv. Es wird auch für die drei anderen Sätze konstitutiv.
Die *9. Sinfonie d-Moll op. 125* sprengt im 4. Satz mit der Einbeziehung von Solisten und Chor die Gattung Sinfonie. Die Vertonung einiger Teile von Friedrich Schillers Gedicht *Ode an die Freude* bildet einen Höhepunkt der Klassik in seiner Verbindung von Antike, Glaubens- und Gedankenfreiheit und einer optimistischen Humanität.

Solokonzert

Während das Solokonzert bei Haydn noch keine große Rolle spielt, werden bei Mozart und Beethoven vor allem die Klavierkonzerte wichtig. In der damaligen Zeit waren die Komponisten meist auch die Solisten bei der Aufführung ihrer eigenen Kompositionen, sodass bei den exzellenten Pianisten Mozart und Beethoven die Dominanz des Klavierkonzertes verständlich ist.

Streichquartett

Das Streichquartett hat eine feste Besetzung (1. Violine, 2. Violine, Viola und Violoncello). Diese kammermusikalische Besetzung zählt zum Originärsten, was die Klassik hervorgebracht hat. Hier verbindet sich die Individualität von vier Menschen zu einem harmonischen Ganzen. Diese Gattung ist damit ein Abbild der klassischen Idealvorstellung, also dessen, was Schiller in seiner *Ode an die Freude* „Alle Menschen werden Brüder“ nennt.
In seinen über 70 Streichquartetten hat Haydn die Gattung im Wesentlichen geprägt. Zunächst werden Kontraste eingebaut, bis dann die motivisch-thematische Arbeit aus der Sinfonik auf diese Gattung übertragen wird.
Der starke Einfluss Haydns auf Mozart zeigt sich z. B. darin, dass Mozart sechs der zehn Quartette, die er ab 1782 komponiert, dem älteren Komponisten widmet.

Die Streichquartette Beethovens lassen sich in drei Gruppen einteilen: Zu den frühen Quartetten gehören die *6 Quartette op. 18 (1798–1800)*, zu den mittleren zählen die *3 Quartette op. 59 (1805–1806), op. 74 (1809)* und *op. 95 (1810)*, zu den späten werden die zwischen 1822–1826 entstandenen gezählt *(op. 127, op. 130, op. 131, op. 132* und *op. 135)*. Der ursprüngliche Schlusssatz von op. 130 war eine Fuge, die dieses Kompositionsprinzip, aber auch die Anforderungen an die Spieler und Hörer, an die Grenzen führt. Dieser Satz wurde deshalb auf Drängen des Verlegers durch einen anderen ersetzt und als *Große Fuge op. 133* separat herausgegeben.

Sonate

Das Hauptgewicht in der Klassik haben die Klaviersonaten; die Sonaten für ein Soloinstrument mit Klavier werden zwar gepflegt, haben aber noch nicht die Bedeutung, die sie später bekommen werden. Bezeichnenderweise heißen letztere auch häufig „Sonate für Klavier und …“, sodass die Dominanz des Tasteninstruments auch im Titel deutlich wird.

Die Bedeutung der Klaviersonate ist auch darauf zurückzuführen, dass Mozart und Beethoven als hervorragende Pianisten ihrer Zeit gelten.

Auswahl wichtiger Werke

Joseph Haydn

Streichquartette op. 33 (1781)
Sinfonien Nr. 93 – 104 (1791–1795)
Die Schöpfung (Oratorium, 1796–98)

Wolfgang Amadeus Mozart

Klaviersonaten
Klavierkonzerte
Sinfonien (Es-Dur KV 543, g-Moll KV 550, C-Dur KV 551)
Streichquartette
Requiem d-Moll KV 626 (1791)
Opern
Klarinettenkonzert A-Dur KV 622 (1791)

Ludwig von Beethoven
Klaviersonaten
Klavierkonzerte (bes. Nr. 3, 4, 5)
Streichquartette
Sinfonien (bes. 3., 5., 9.)
Fidelio (Oper, 3 Fassungen: 1805/1806/1814)
Violinkonzert D-Dur op. 61 (1806)
Missa solemnis D-Dur op. 123 (1819–1821)

▶LITERATUR

Anthony Burgess, *Napoleonsymphonie (1974)*
Peter Härtling, *Das ausgestellte Kind – Mit Familie Mozart unterwegs (2007)*
Dieter Kühn, *Beethoven und der schwarze Geiger (1990)*
Eduard Mörike, *Mozart auf der Reise nach Prag (1855)*
Hanns-Josef Ortheil, *Die Nacht des Don Juan (2000)*
Leo Tolstoi, *Die Kreutzersonate (1891)*

▶FILM

Miloš Forman, *Amadeus (1984)*

6.8 Romantik (19. Jh.)

Die Epoche der Romantik ist gekennzeichnet durch ihre lange Dauer, ihre nationalen Ausprägungen, ihre Widersprüchlichkeit und die Tatsache, dass es zu Überschneidungen mit anderen geistigen Strömungen (Klassik, Klassizismus, Impressionismus) kommt. Sie kann eingeteilt werden in die

- Frühromantik ca. 1800–1830 (u. a. E. T. A. Hoffmann, C. M. v. Weber, F. Schubert)
- Hochromantik ca. 1830–1850 (u. a. R. Schumann, H. Berlioz, F. Liszt, F. Chopin)
- Spätromantik ca. 1850–1890 (u. a. R. Wagner, J. Brahms, A. Bruckner, G. Mahler, R. Strauss, frühe Werke von A. Schönberg)

Historische Bedingungen

Die Widersprüchlichkeit der Epoche zeigt die politische Entwicklung: Der Restauration nach dem Wiener Kongress (1814/15) folgen Revolutionen (z. B. im Jahr 1848, an der Richard Wagner teilnimmt) und allmählich eine Demokratisierung. Das 19. Jh. ist das der Industrialisierung; diese bringt auch die Verelendung der Massen und die beginnende Isolierung des Einzelnen in der Massengesellschaft mit sich.

Kunst und Kultur werden vom sog. Bildungsbürgertum getragen. Die nun fast von allen Kompositionen erhältlichen Bearbeitungen, die zu Hause („Hausmusik") vor allem mit dem Klavier musiziert werden, tragen zu einer Verbreitung der Originalkompositionen bei.

Daneben wird der Salon wichtig, eine Veranstaltung, in der eingeladene Gäste mit den neuesten künstlerischen Entwicklungen vertraut gemacht werden. Die öffentliche Musikszene mit Konzertveranstaltungen und Opernaufführungen verstärkt sich.

Die allgemeine politische Entwicklung, das erwachende Geschichtsbewusstsein und die Entdeckung volksnaher Traditionen begünstigen die Entstehung von Nationalstilen. Sie zeigen sich in der Einbeziehung von nationaltypischen Rhythmen, Melodiebildungen und in den Themen und Vorlagen für Opern.

Die Epoche der Romantik überschneidet sich mit der Klassik: Franz Schubert, einer der Hauptvertreter, wird 1797 geboren und stirbt schon 1828, ein Jahr nach Beethoven. Eines der Hauptwerke der musikalischen Romantik, die Oper *Der Freischütz* von Carl Maria von Weber, wird 1821 aufgeführt, kurz nachdem Beethoven seine Oper *Fidelio* überarbeitet hat und noch bevor seine *Missa solemnis* und die *9. Sinfonie* aufgeführt worden waren.

Die Romantik entsteht durch eine Abkehr der jüngeren Generation von überkommenen Ansichten und Normen. Nicht mehr nüchterne Rationalität, formvollendete, d. h. klassische Proportionalität, die Ideenkunst eines Beethoven werden als wichtig angesehen. Vielmehr dominieren Gefühl, Subjektivität und Fantasie, die sich bis hin zu Fantastik steigern kann.

In diesem Streben nach einem gesteigerten emotionalen Erlebnis verwischen sich die Grenzen zwischen der nicht bewältigten Realität und der Irrealität, sodass einzelne Künstler die beiden Welten nicht mehr unterscheiden können und nervenkrank werden (Dichter: Friedrich Hölderlin und Friedrich Nietzsche, Komponisten: Robert Schumann und Hugo Wolf). Damit einhergehend berauscht die Dämonie des Virtuosen, dessen instrumentale Künste nicht von dieser Welt zu sein scheinen, die Zuhörerschaft (N. Paganini, F. Liszt, F. Chopin, Clara Wieck, die spätere Frau von R. Schumann).
Viele Künstler leiden unter dem Metternichschen System nach dem Wiener Kongress, in dem Polizeiwillkür und Zensur herrschen. Die Klassik hatte für kurze Zeit den Ausgleich zwischen Intellekt und Emotion, zwischen Form und Inhalt gefunden, doch schon der übersteigerte Subjektivismus Beethovens trägt Züge der jetzigen Epoche. In der Romantik erfolgt wieder die Betonung der Emotion; insofern können Carl Philipp Emanuel Bach und der Sturm und Drang als die geistigen und kunstgeschichtlichen Vorläufer gelten. Bestimmendes ästhetisches Prinzip ist die Suche nach einer neuen persönlichen Aussage. Die als trist und unvollkommen erfahrene Realität soll durch die Gegenwelt der Kunst poetisiert werden.
Es ist deswegen kein Wunder, dass E. T. A. Hoffmann, Maler, Komponist und Literat in einer Person, die Musik als die Kunst der Romantik schlechthin bezeichnet, da sie als die nicht greifbarste Kunstgattung die feinsten Regungen der Seele am idealsten wiederzugeben und sie am unmittelbarsten anzurühren vermag. Der Gefühlsreichtum lässt sich in dem Gesamtkunstwerk (z. B. bei Richard Wagner), in dem alle einzelnen Künste zusammenfließen, am besten fassen.
Als Sinnbild des Urwüchsigen, vom Menschen noch nicht Kontrollierten und frei Wachsenden gilt die Natur, auch die ferne Vergangenheit. Deswegen wendet man sich sowohl dem Volkslied (als dem Naiv-Ursprünglichen) als auch der Zeit des Rittertums mit seinen Burgen („Rheinromantik“) zu.

Musikalische Entwicklungslinien

Fast alle musikalischen Elemente ändern sich im 19. Jh. sehr stark, die Dimensionen der Kompositionen reichen von Miniaturen bis ins Monumentale.

Und fast alle musikalischen Elemente werden weiterentwickelt: die Dynamik wird z. B. differenzierter, die Klangfarbe, bedingt durch eine immer raffinierter werdende Instrumentation, bekommt eine immer größere Bedeutung.

Am stärksten aber entwickelt sich die Harmonik weiter. Zunehmend wichtig werden die – allerdings auch schon in der Klassik verwendeten – Medianten (▶ S. 55). Oft werden diese verwendet, um die Gegenwelt zur Realität, die Irrationalität und die Traumwelt, auszudrücken.

Zudem nimmt die Chromatisierung (also die Einbeziehung tonleiterfremder Töne) zu; Dissonanzen gewinnen an Bedeutung.

BEISPIEL

R. Wagner: Vorspiel zu Tristan und Isolde, Anfang

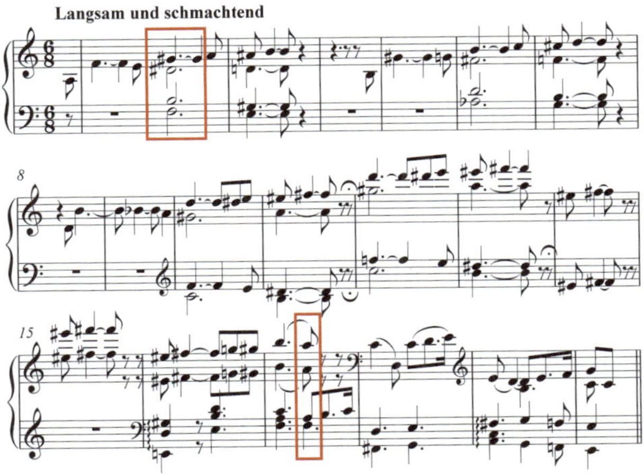

Der erste reine Dur-Dreiklang kommt erst in T. 17 vor. Der sog. Tristan-Akkord (T. 2) sprengt die funktionale Tonalität, die im Quintenzirkel abzulesen ist und das bisherige harmonische Ordnungssystem war.

Die rhythmische Gestaltung der Kompositionen wird durch den Einsatz unterschiedlichster und komplexer Rhythmen (gleichzeitig oder nacheinander), Synkopen und Überbindungen, die den Taktschwerpunkt verschieben, immer komplizierter.
Die Klangfarbe, also die Wahl eines Instrumentes für eine bestimmte Melodie, gewinnt an Bedeutung; die Blechbläser und das Schlagzeug werden aufgewertet. Oft werden Themen von mehreren unterschiedlichen Instrumenten gleichzeitig gespielt, sodass sich verschiedene Klangfarben zu einer neuen mischen (Mischklang ▶ S. 70 ff.).
Das Orchester wird größer, da die einzelnen Instrumentengruppen erweitert werden; dadurch kommen viele Klangfarben und neue Klangfarbenkombinationen hinzu.
Diese Veränderungen der musikalischen Elemente haben Auswirkungen auf Gehalt, Gestalt und Auffassung der bisherigen Gattungen.

- Die Romantik übernimmt zwar alle Gattungen der Klassik (Sinfonie, Sonate, Streichquartett), die sie jedoch erweitert und oft in die Dimension des reinen Klangs transzendiert. Dadurch, dass das Hauptthema meist sehr liedhaft ist, verschwindet der Kontrast zum lyrischen Seitenthema, von dem die Spannung der Sonatenhauptsatzform lebt. Diese Veränderung hat damit auch Folgen für den zentralen Formteil der Durchführung, die nun oft nur motivisch-thematisches Material aneinanderreiht (Analyse des *Streichquartettsatzes c-Moll* von F. Schubert ▶ S. 105 f.).
- Die Verbindung von Text und Musik wird sehr eng, sodass das ***Kunstlied*** (▶ S. 163) eine wichtige Gattung wird.
- Die Sinfonie gerät in das Spannungsfeld zwischen dem neuen Ausdrucksideal und der traditionellen Formgestaltung. Sie lässt sich oft von außermusikalischen Dingen leiten, sodass die ***Programmmusik*** aufgewertet wird und die ***Sinfonische Dichtung*** (▶ S. 163) entsteht.

In der Entwicklung der Oper gibt es mehrere Entwicklungslinien (▶ S. 93 ff.).

Lied

Das Kunstlied (die Vertonung eines Gedichtes für Singstimme und Klavier) ist eine der zentralen Gattungen der Romantik. Franz Schubert komponiert über 600 Lieder (▸ S. 76 ff.); auch R. Schumann, F. Mendelssohn Bartholdy und J. Brahms schreiben viele Lieder. In der zweiten Hälfte des 19. Jh.s gehören Liedkompositionen zum Hauptschaffen von Hugo Wolf.

Im Volkslied wird das Ursprüngliche, das Charakteristische gesehen, sodass diese mündlich tradierten Lieder gesammelt und aufgeschrieben werden (z. B. *Des Knaben Wunderhorn* durch Achim von Arnim und Clemens Brentano; Texte daraus werden später von Gustav Mahler vertont). Einzelne Kunstlieder, die teilweise in der Art eines Volksliedes komponiert sind, werden oft als originäre Volkslieder angesehen (z. B. *Der Lindenbaum* aus dem Zyklus *Die Winterreise* von Franz Schubert).

Auch die Gattung des Chorliedes, also Kompositionen für gleichstimmige oder gemischte Chöre, ist im 19. Jh. sehr beliebt, zumal auch entsprechende Gruppierungen entstehen (Männerchöre, Liedertafeln, Liederkränze). Diese treffen sich auf großen Musikfesten zu Wettbewerben.

Sinfonische Dichtung, Programmmusik

Der Komponist lässt sich hierbei von einem außermusikalischen Programm oder einer außermusikalischen Anregung leiten, z. B.:

- Naturvorgänge oder -ereignisse (z. B. *Aus Böhmens Hain und Flur* aus dem Zyklus *Mein Vaterland* von Friedrich Smetana)
- Landschaftsbeschreibungen (z. B. *Die Moldau* aus dem Zyklus *Mein Vaterland* von Friedrich Smetana)
- Gedichte (z. B. *Der Zauberlehrling* von Paul Dukas, dem die gleichnamige Ballade von Goethe zugrunde liegt)
- Dramen (z. B. *Eine Faustsinfonie* von Franz Liszt, in der die drei Sätze der Sinfonie überschrieben sind mit „Faust", „Gretchen" und „Mephistopheles")
- Bilder (z. B. *Bilder einer Ausstellung* von Modest Mussorgsky, original für Klavier, instrumentiert insbes. von Maurice Ravel.

- eigene Erlebnisse des Komponisten (z. B. *Symphonie fantastique* von Hector Berlioz)
- Gestalten der Weltliteratur (z. B. *Don Quixote* von Richard Strauss)

Charakterstück

Eine sehr beliebte Gattung sind kleine poetische Klavierstücke (z. B. Charakterstück, Lied ohne Worte, Impromptu, Nocturne). Viele tragen einen außermusikalischen Titel. Sie haben keine feste formale Gestaltung, doch überwiegen – auch wegen ihrer Kürze – oft Liedformen (▶ S. 97 f.). Charakterstücke können als Zyklus herausgegeben werden (*Lieder ohne Worte* von Felix Mendelssohn Bartholdy, *Lyrische Stücke* von Edward Grieg), von einer zentralen poetischen Idee zusammengehalten werden (z. B. *Papillons op. 2*, *Carnaval op. 9* von Robert Schumann) oder sind Variationen über ein Thema (z. B. *Abegg-Variationen op. 1* von Robert Schumann). Im Verlauf des 19. Jh.s verflacht das Charakterstück allmählich und wird zur ***Salonmusik*** (u. a. *Heinzelmännchens Wachtparade, Gebet einer Jungfrau).*

Auswahl wichtiger Kompositionen

Hector Berlioz
Symphonie fantastique op. 14 (1830)
Johannes Brahms
4 Sinfonien
Ein deutsches Requiem op. 45 (1866–1868)
Lieder (u. a. Zyklus „Die schöne Magelone" op. 33)
Klavierwerke (bes. Variationszyklen, Rhapsodien)
Anton Bruckner
Sinfonien (bes. Nr. 4 [Romantische], 7, 9)
Gustav Mahler
9 Sinfonien, die 10. ist unvollendet
Arnold Schönberg
Verklärte Nacht op. 4 (Streichersextett, 1899)
Gurre-Lieder (Kantate, 1900–1911)

Franz Schubert
Lieder (bes. die Zyklen „Winterreise" und „Die schöne Müllerin"; Lieder des Zyklus „Schwanengesang") (1823–1828)
3 späte Klaviersonaten (c-Moll, A-Dur, B-Dur) (1828)
Streichquartett d-Moll „Der Tod und das Mädchen" (1826)
Streichquintett C-Dur (1828)
Messe Es-Dur (1828)
Robert Schumann
Klavierwerke
Lieder („Liederkreis" op. 39 nach Gedichten von J. Eichendorff, „Dichterliebe" op. 48 nach Gedichten von H. Heine)
Richard Strauss
Sinfonische Dichtungen (bes. Eine Alpensinfonie op. 64, Till Eulenspiegels lustige Streiche op. 13, Don Quixote op. 35)
Opern (bes. Salome, Elektra, Der Rosenkavalier)
Peter Tschaikowsky
Sinfonien 4, 5, 6 (Pathétique)
Richard Wagner
Opern (▶ S. 93 f.)
Carl Maria von Weber
Der Freischütz (Oper, 1821)
Hugo Wolf
Lieder

▶LITERATUR

Peter Härtling, *Der Wanderer (1988), Schumanns Schatten (1996), Hoffmann oder Die vielfältige Liebe (2001)*
E. T. A. Hoffmann, *Don Juan (1812), Rat Krespel (1819/21)*
Dieter Kühn, *Clara Schumann, Klavier (1996)*
Klaus Mann, *Symphonie Pathétique (1935)*
Thomas Mann, *Tristan (1903), Wälsungenblut (1906/1921)*
Franz Werfel, *Verdi. Roman der Oper (1924)*

▶FILM

Anatole Litvak, *Lieben Sie Brahms? (nach F. Sagan, 1960)*
Peter Schamoni, *Frühlingssinfonie (1982)*

6

6.9 Impressionismus (ca. 1890–1925)

Historische Bedingungen

Der Impressionismus ist eine Kunstrichtung, die in allen Künsten, vor allem aber in der Malerei und der Musik vorkommt. Benannt wird diese Epoche nach dem Gemälde *Impression, soleil levant* von Claude Monet. Die Ästhetik ist in allen Künsten gleich: Mit Worten, Farben oder Tönen wird versucht, den unmittelbaren Eindruck eines bestimmten Augenblicks, einer bestimmten Stimmung oder eines bestimmten Licht- und Schattenspiels festzuhalten. Die Maler des Impressionismus gehen deshalb aus den Ateliers hinaus ins Freie. Dort ist eine der Hauptaufgaben, Licht- und Schatteneffekte einzufangen, wobei es oft zu Zyklen desselben Motivs mit unterschiedlichen Lichtverhältnissen kommt (z. B. Monet, *Die Kathedrale von Rouen*).
Wenn vom musikalischen Impressionismus die Rede ist, sind vor allem Claude Debussy (1862–1918) und – mit Abstrichen – Maurice Ravel (1875–1937) gemeint. Der Impressionismus hat sein Zentrum in Frankreich.

Musikalische Entwicklungslinien

Debussy ist anfangs stark von Chopin und Wagner beeinflusst, sucht aber dann eine neue Unmittelbarkeit der Aussage. Ein Schlüsselerlebnis für ihn sind die fernöstlichen Gamelanorchester, die er auf der Pariser Weltausstellung von 1889 hört. Er erreicht durch die Einbeziehung von exotischen Schlaginstrumenten, von Pentatonik und Ganztonleitern neuartige Klangfarben und Klänge; er greift auf die Kirchentonarten zurück, die in der funktional geprägten und stark chromatischen Musik des zu Ende gehenden 19. Jh.s elementar einfach wirken. Vor allem beendet er die tonale Funktion, die ein Akkord bisher (fast) immer noch hatte: Durch funktionslose Aneinanderreihung von Dreiklängen und durch Verwendung von übermäßigen Dreiklängen, die wegen ihrer Funktionslosigkeit bisher nicht verwendet worden waren, wird der einzelne Akkord zu einem Farbwert.

BEISPIEL

C. Debussy: Préludes I, Voiles (T. 1 – 5)

Debussy benutzt zwei Ganztonleitern, die er im Terzabstand übereinander legt.

T. 15 – 16

Zu dem Motiv aus zwei übereinander geschichteten Ganztonleitern kommen noch drei übermäßige Dreiklänge.

C. Debussy: Préludes I, La cathédrale engloutie (T. 28 – 34)

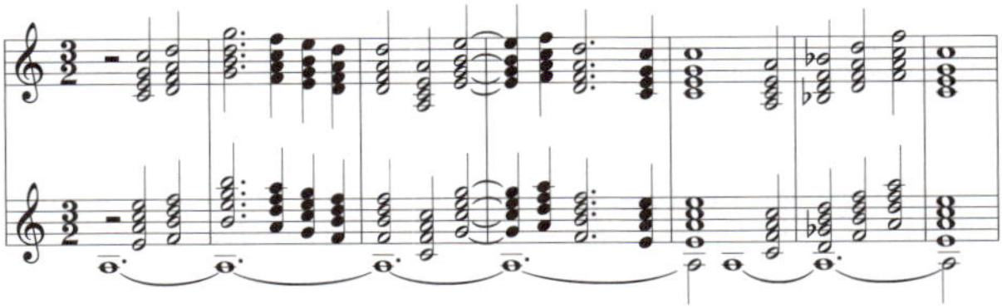

Funktionslos werden Dur- und Molldreiklänge nebeneinandergestellt. Durch das Vorzeichen b wird die ursprüngliche Grundtonleiter C-Dur in die modale Tonleiter mixolydisch verwandelt.

Diese Ästhetik der musikalischen Zustandsbeschreibung, die sehr oft im Zusammenhang mit Naturvorgängen (Debussy, *Clair de lune*) und -elementen, besonders dem Wasser, steht (Debussy, *La mer; Reflets dans l'eau;* Ravel, *Jeux d'eau*), arbeitet nicht mehr motivisch-thematisch. So gibt es in der impressionistischen Musik meist keine musikalische Entwicklung mehr, und die Musik wirkt statisch.

	Zusammenfassung der musikalischen Elemente
Melodik	• Andere Tonleiterordnungen als Dur- oder Molltonleitern durch – chromatische Tonleitern – Ganztonleitern – Pentatonik – modale Skalen (Kirchentonarten)
Harmonik	• Aufhebung des Dur-/Moll-tonalen Systems durch – Parallelakkorde, dadurch Aufhebung der Funktionalität – organale Satzweisen – Verwendung des übermäßigen Dreiklangs – Verwendung von Chromatik
Dynamik	• sehr oft im leisen Bereich • äußerst differenziert • fließende Übergänge, kaum Kontraste • fast keine großen Ausbrüche
Rhythmik	• Aufhebung bzw. Verschleierung der traditionellen Taktfunktion, um eine konturlose Rhythmik zu erreichen durch – Verzierungen – Überbindungen, Synkopen – ungleiche (Melodie)Gliederungen – ständig wechselnde Tempovorschriften – starke Agogik
Instrumentation	• zarte Klangfarben (z.B. Holzbläser) • exotisches Instrumentarium, bes. im Schlagzeug • Verwendung von Dämpfern • Verwendung des Tremolos
Form	• Aufhebung des traditionellen Formbegriffs • keine Entwicklung mehr, sondern Zustand

Auswahl wichtiger Kompositionen

Claude Debussy

Prélude à l'après-midi d'un faune (für Orchester, 1892–94)
Pelléas et Mélisande (Oper, 1893–1902)
La mer (Orchesterwerk, 1903–05)
Préludes I und II (Klavierwerke, 1909–13)

Maurice Ravel

Miroirs (Klavierzyklus, 1905)

6.10 Expressionismus (1910–1925)

Historische Bedingungen

Die antinaturalistische Kunstrichtung des Expressionismus ist Ausdruck der Krise im Verhältnis von Individuum und Gesellschaft. Sie rebelliert gegen die Verlogenheit und Doppelmoral des politischen Systems um 1900 und ist eine Reaktion auf die Veränderung aller Werte, die vor allem dann durch den 1. Weltkrieg deutlich wird. Dieser ist eine der großen politischen Zäsuren des 20. Jh.s und verändert die Welt(ordnung) entscheidend. Dazu tragen auch Revolutionen (Deutschland, Russland) und der Zerfall der Wirtschaft (Weltwirtschaftskrise) bei.
Der Expressionismus ist eine Kunstrichtung, die in allen drei Künsten (Literatur, Malerei, Musik) gleichermaßen bedeutend ist und – wie der Impressionismus auch – von der Malerei ausgeht. War der Impressionismus vor allem eine Kunstrichtung, die in Frankreich beheimatet ist, wird der Expressionismus vor allem von deutschen oder in Deutschland lebenden Künstlern entwickelt und verbreitet.
Maler schließen sich in Künstlerzirkeln zusammen, um sich von den Fesseln der Tradition zu lösen und nur den inneren Ausdruck gelten zu lassen („Die Brücke", 1905; „Der Blaue Reiter", 1911). Die Maler kommen zu einer völlig freien, individuellen Formsprache, die bis zur Aufgabe der Gegenständlichkeit reicht (Emil Nolde, Oskar Kokoschka, Wassily Kandinsky, Paul Klee, Franz Marc). Die Dichter verzichten oft auf die Sprachlogik, erfinden neue Wörter oder verstoßen gegen die Syntax der Sprache, um zu einem echten Ausdruck oder einer schockierenden Wirkung zu kommen (Georg Trakl, Georg Heym, Ernst Toller). Soziale Anklage, grotesk-zynische Darstellung der Realität, Auflehnung gegen den Krieg sind u. a. die Themen der Dichtung.

Musikalische Entwicklungslinien

Der musikalische Expressionismus beginnt mit einem übersteigerten, ichbezogenen Affekt, der in fast allen musikalischen Elementen zu extremen Steigerungen und Kontrasten führt. Die bis an die Grenzen ausgereizte harmonische Ordnung der Musik wird aufgegeben, die Terz – konstituierendes Intervall eines Dreiklangs – wird von anderen Intervallen abgelöst.

Dieses Thema aus der Kammersinfonie Nr. 1 op. 9 von Arnold Schönberg (1906) besteht ausschließlich aus Quarten.

Die Dynamik wird übersteigert (mehrfaches Fortissimo oder Pianissimo) und die extremen Lautstärkeunterschiede werden als harter Kontrast oft unmittelbar gegeneinandergestellt. Die tradierte Harmonik wird aufgegeben, die Dissonanz emanzipiert sich. Extreme Lagen werden bevorzugt, Melodien fallen durch große Intervallsprünge auseinander und lösen sich in ein aphoristisches Motiv auf. Oft tritt ein dynamisch gestalteter Ton an die Stelle einer Melodie. Neue Ausdrucksformen werden gesucht und z. B. in einer in Tonhöhen fixierten Sprechstimme (Schönberg: *Pierrot lunaire, 1912*) gefunden. Die Artikulation wird sehr genau vorgeschrieben.
Igor Strawinsky schockt 1913 mit der Uraufführung des Balletts *Le Sacre du Printemps* die Zuhörer in Paris. Die bis zum Exzess getriebene Rhythmik (s. u.), die Atonalität (teilweise, wie im Notenbeispiel, durch Bitonalität erreicht), die Brutalität der Handlung, die extreme Lautstärke, die ungewohnte Instrumentation, die Aufwertung des Schlagzeugs – all das führt zu einem der größten Theaterskandale in der Musikgeschichte.

BEISPIEL

I. Strawinsky: Le Sacre du Printemps, Beginn der „Danse sacrale"

Die fehlende Gestaltungskraft der traditionellen Harmonik führt zu verschiedenen Lösungsansätzen, z. B.:

- Kompositionen, die extrem kurz sind und oft nur aus wenigen Takten bestehen (besonders in der Anfangszeit, durchgehend bei Anton Webern).

BEISPIEL

A. Webern: Vier Stücke für Violine und Klavier op. 7, 1. Satz: Sehr langsam

Sehr langsam

Die Violine spielt ständig mit Dämpfer, sodass ein unwirklicher Klang entsteht. Der erste Ton mit seiner dynamischen Gestaltung vertritt eine melodische Linie. Es folgt eine ausdrucksstarke Überlagerung von mehreren Melodien, die in ihrer Intervallstruktur extrem gespreizt sind. Jede Stimme (Violine, Ober- und Unterstimme des Klaviers) hat einen anderen Rhythmus, sodass eine rhythmische Überlagerung entsteht. Die Klangfarbe der Violine ändert sich: ***col legno*** bedeutet, dass nun mit dem Holz des Bogens über die Saiten gestrichen werden soll – es entsteht ein unwirklicher, gläserner Klang. Diese Klangfarbe tritt als Begleitung zur extremen Melodik des Klaviers hinzu, die auf kürzestem Raum über fast vier Oktaven reicht.
Unterschiedlichste Ausdruckscharaktere befinden sich auf engstem Raum; es kommt daher auf jede Einzelheit an.

- Kompositionen, die durch ein bestimmtes Intervallverhältnis zusammengehalten werden.

BEISPIEL

A. Schönberg: 6 kleine Klavierstücke op. 19, 2

In diesem Beispiel ist die Terz das bestimmende Intervall. Die Melodie ist extrem gespreizt und geht auf kürzestem Raum über drei Oktaven. – Der Schlussakkord besteht – auch wenn dies durch die Enharmonik im Notenbild nicht deutlich wird – ausschließlich aus einer Terzschichtung. – Auch diese Komposition besteht nur aus 9 Takten!

- Kompositionen, die alte Formprinzipien verwenden.

BEISPIEL

Alban Berg: Wozzeck

Für seine Oper verwendet Berg traditionelle Formgestaltungen. Die fünf Szenen des ersten Aktes sind: 1. Suite 2. Rhapsodie über die Folge von drei Akkorden 3. Wiegenlied 4. Passacaglia (mit 21 Variationen) 5. Rondo marziale

Auswahl wichtiger Kompositionen

Alban Berg

Wozzeck (Oper, 1923)

Arnold Schönberg

3 Klavierstücke op. 11 (1909)

15 Gedichte aus „Das Buch der hängenden Gärten" (Stefan George) für eine Singstimme und Klavier op. 15 (1908/09)
Erwartung. Monodram für Sopran und Orchester op. 17 (1909)

Igor Strawinsky
Le sacre du printemps (Ballettmusik, 1913)

Anton Webern
6 Stücke für großes Orchester op. 6 (1909)
4 Stücke für Violine und Klavier op. 7 (1910)
6 Bagatellen für Streichquartett op. 9 (1911/13)

	Zusammenfassung der musikalischen Elemente
Melodik	• keine Verwendung von traditionellen Tonleitersystemen außer dem Tonmaterial der chromatischen Tonleiter
Harmonik	• Aufhebung der Dur-/Moll-Tonalität durch – Bitonalität – freie Tonalität – Atonalität – starke Akkordwirkungen
Dynamik	• extreme dynamische Bezeichnungen • extreme dynamische Kontraste • starke Ausbrüche
Rhythmik	• sehr komplizierte Rhythmik durch Überlagerungen • ungleiche Gliederungen • oft keine fassbare metrische Gliederung mehr
Instrumentation	• harte Klangfarben • Aufwertung des Schlagzeugs und der Blechbläser
Form	• oft Beibehaltung traditioneller Formgestaltung als Ordnungsmittel • oft Verwendung von kontrapunktischen Satztechniken • starke Gegensätze auf engstem Raum

6.11 Jazz und Popularmusik (ab 1910)

Historische Bedingungen des Jazz

Vom beginnenden 17. Jh. bis zum 19. Jh. werden Menschen aus Afrika (vor allem Westafrika) als Sklaven nach Amerika deportiert und dort verkauft; die Schätzungen schwanken zwischen 20 und 200 Millionen! Die ersten afrikanischen Arbeitskräfte (noch keine Sklaven!) treffen in Nordamerika im Jahr 1619 ein; die Sklaverei wird ab 1661 institutionalisiert und erst 1862 offiziell abgeschafft.

Der Jazz ist eine Musik, die aufgrund eines Akkulturationsprozesses (also einer Vermischung von Kulturen) um 1900 in den USA entstanden ist. Vermischt wurde das von den Weißen gepflegte kulturelle Erbe Europas, das in New Orleans u. a. von Frankreich beeinflusst war, und das musikalische Erbe der Afro-Amerikaner. Europäische Elemente finden sich vor allem in der Harmonik und im verwendeten Instrumentarium. Dem afrikanischen Erbe entstammen Rhythmusauffassung, Phrasierungsweise, Tonbildung und Elemente der Bluestonleiter und -harmonik.

Aus diesen Gründen unterscheidet sich der Jazz vor allem in drei Punkten von der abendländischen (und von ihr beeinflussten) Musik:

- in einer anderen Rhythmusauffassung; es wird nicht exakt auf den Schlag des Metrums musiziert („swing").
- in einer Vitalität und Unmittelbarkeit des Musizierens, die aus der Improvisation heraus entsteht.
- in einer möglichst individuellen, sehr persönlichen Tonbildung und Phrasierungsweise, sodass oft der ausführende Musiker an seiner Spielweise erkannt werden kann.

Diese Unterschiede in der Auffassung von musikalischen Elementen oder Spielweisen führen u. a. zu folgenden Charakteristika:

- ***Hot Intonation***: emotionsgeladene, oft unsaubere Spielweise *(dirty tones)*.

- *off beat:* Abweichung vom regelmäßigen Grundschlag (beat). Diese Abweichung kann von der notierbaren Synkope bis zu unmerklichen Verzögerungen oder Beschleunigungen reichen, die dann den *swing* ausmacht.
- *Call and Response-Prinzip:* responsorischer Wechsel von Vorsänger und Chor nach afrikanischem Vorbild.
- *blue notes:* typische Melodietöne, die aus dem Zusammentreffen von europäischer und afrikanischer Tonleiterauffassung entstehen (▶ S. 176).

Musikalische Entwicklungslinien des Jazz

Der Jazz hat seine Vorformen in der Musik bzw. der Musikpraxis der Schwarzen, von denen die wichtigsten im Folgenden aufgeführt werden.

Worksong

Die Lieder, die bei der Arbeit gesungen werden, sind eine der ganz wenigen „erlaubten" musikalischen Äußerungen der Sklaven: Sie dienen zur Erleichterung der Arbeit, koordinierten Bewegungen (z. B. beim Verlegen von Eisenbahnschienen!), machen die Eintönigkeit der Arbeit (z. B. beim Baumwollpflücken) erträglich und erhöhen somit insgesamt die Produktivität.
In den Texten, die oft doppeldeutig gemeint sind, kommen immer wieder die Gefühle, Hoffnungen und Wünsche der Sklaven zum Ausdruck. Der Aufbau des Textes und die musikalische Gestaltung sind einfach, meist improvisiert; oft herrscht das responsorische Prinzip (call and response).

Blues

Der Blues (vom amerikanischen *to feel blue* = traurig sein) ist die weltliche Gesangsform der afroamerikanischen Bevölkerung. Er ist Einzelgesang, ein „subjektivierter Monolog". Die Texte eines Blues können sich auf alle Alltagserlebnisse und -probleme beziehen: Arbeitslosigkeit, Ehekrisen, Sexualität usw. Oft ist der Blues ein Dialog zwischen Singstimme und Instrument.

Den Blues charakterisieren zwei wichtige musikalische Merkmale, die ***blue notes***, die eine melodische Besonderheit darstellen, und das ***Bluesschema***, das die Abfolge der Harmonien regelt. Die blue notes sind, dies ist wohl die einleuchtendste Erklärung, Ergebnis der Vermischung von zwei Tonleitersystemen, nämlich der europäischen Durtonleiter (obere Reihe) und einer afrikanischen Tonleiter, die die Oktave in 7 ungefähr gleichgroße Abstände teilt (äquidistant, untere Reihe).

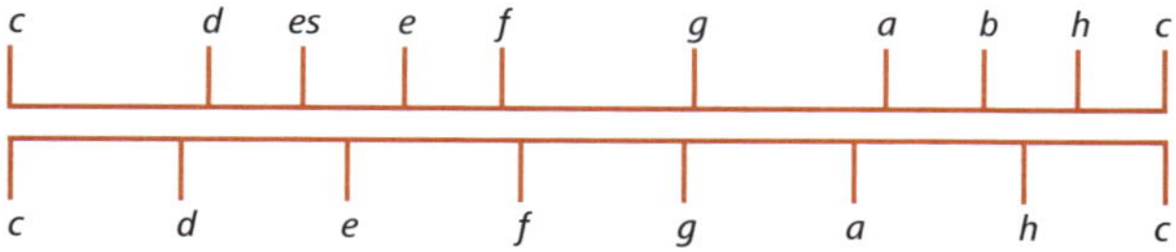

Bei diesem Vergleich wird deutlich, dass nur der Grundton, die Quinte und die Oktave sich entsprechen. Die „afrikanische" Terz und Septime ist aber um ca. einen Viertelton zu tief. Diese beiden Töne werden nun als blue notes so intoniert, dass sie gewissermaßen zwischen der kleinen und großen Terz bzw. Septime liegen. Später wird auch an der 5. Stelle der Tonleiter eine blue note eingebaut. Wenn ein Tasteninstrument spielt, werden normalerweise beide Töne gespielt, der reguläre Ton in der Unter-, der erniedrigte Ton in der Oberstimme, sodass sich der gewollte „Viertelton" ebenfalls einstellt.
Das Bluesschema bezieht sich auf die harmonische Begleitung und hat normalerweise 12 Takte, die sich aufgrund des Textaufbaus ergeben: 3 Zeilen, die zu jeweils 4 Takten ausgebaut werden. Die Harmonisierung kommt mit den drei Grundakkorden T, S, D aus und hat folgendes Schema:

Takt	1	2	3	4	5	6	7	8	9	10	11	12
Funktion	T	T	T	T	S	S	T	T	D	D/S	T	T

BEISPIEL

St. Louis Blues

Die 12-taktige Melodie zeigt die Trennung in vokale Teile (T. 1/2, 5/6 und 9/10) und instrumentale Teile (T. 3/4, 7/8 und 11/12). Das Harmonieschema ist (immer taktweise) T-T-T-T-S-S-T-T-D-D-T-T.

Der St. Louis Blues ist ein idealtypischer, von W. C. Handy aus Bluesformeln „komponierter", d. h. zusammengesetzter Blues. Führt man die Melodie auf ihre zugrunde gelegte Tonleiter zurück, so erhält man eine Bluestonleiter, die in der Praxis allerdings kaum verwendet wird. Hier wird meist die folgende zugrunde gelegt, die – unabhängig von den darunter liegenden Akkorden – über das komplette Schema gespielt wird.

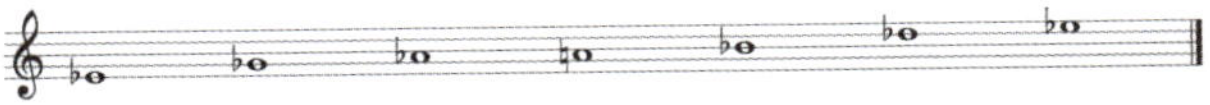

Der ***Boogie-Woogie*** ist ein instrumentaler Blues-Stil; die Elemente und der Ablauf eines Blues werden auf das Klavier übertragen (mit typischen Bassfiguren in der linken Hand).

Spiritual/Gospelsong

Dies sind die religiösen Gesänge der Afro-Amerikaner. Im Gegensatz zu dem Verbot jeglicher Emotionen in der christlichen Tradition (Klatschen, Stampfen, Tanzen, Schreien), sind gerade diese Äußerungen eine elementare Lebensäußerung der afrikanischen Schwarzen. Mit der (oft zwangsweisen) Christianisierung der Sklaven ändert sich diese Musizierpraxis nicht. Die Texte der Spirituals werden zu Metaphern für die Sehnsucht nach der Befreiung und der Freiheit. Die Form des Singens ist responsorisch: Ein Einzelsänger trägt den (Bibel)text vor und wird vom Auditorium angefeuert, das schließlich in einen refrainartigen Teil einfällt.

Ragtime

Dies ist der stark von der Musik der Weißen geprägte Klavierstil, der vorwiegend auch nicht improvisiert, sondern komponiert wird. Kennzeichen für den Ragtime (wörtlich übersetzt: „zerrissene Zeit“) sind die Synkopen, die in europäischem Sinn Verschiebungen der Taktbetonungen sind. Diese Synkopen kommen vorwiegend in der rechten Hand vor, während die linke Hand das durchlaufende Metrum spielt. Aus dieser rhythmischen Überlagerung ergeben sich die für den Ragtime typischen vertrackten Muster. Formal gesehen ist der Ragtime eine Reihungsform (z. B. AA BB A CC DD). Einer der bedeutendsten Ragtime-Komponisten ist Scott Joplin.

Scott Joplin: Maple Leaf Rag, Anfang (vereinfacht)

Jazzstile

In den Jazz, der etwa um 1895 als eigenständige Musik entsteht, gehen neben den genannten instrumentalen und vokalen Vorformen der Musik und den Musizierformen der Schwarzen, der von den Weißen gepflegten europäischen Musik auch – besonders in New Orleans – kreolische Einflüsse ein. Die schwarzen Musiker schaffen etwas Neues, indem sie alle sie umgebenden Musikrichtungen mit ihrer Musik und mit ihrer musikalischen Auffassung verschmelzen. Die einzelnen Jazzstile folgen (grob) in 10-Jahres-Schritten aufeinander.

New Orleans-Jazz (ab ca. 1910)

Dieser Jazzstil wird vorwiegend von Schwarzen gespielt. Er entsteht durch das Nachahmen der Musik der von Weißen gespielten Militär- und Straßenkapellen („marching bands“). Die musikalische Eigenheit der schwarzen Musizierpraxis wird beibehalten: das Einbeziehen der „blue notes“ in die Melodie (▶ S. 175), eine gepresste, „schmutzige“ Tongebung („dirty“ ▶ S. 174), die vom Grundschlag wegzielenden Rhythmen („off beat“ ▶ S. 175) und natürlich das improvisatorische Element. Daher ist eines der Kennzeichen dieses Stils die ***Kollektivimprovisation***. Gespielt wird in einer kleinen Instrumentalgruppe, die neben Klarinette, Trompete, Posaune, Klavier, Schlagzeug und Bass auch noch eine Violine, eine 2. Trompete und Gitarre oder Banjo umfassen kann. Das Saxofon ist noch nicht vertreten. – Der ***Dixieland*** ist die Adaption des New Orleans-Stils durch Weiße. Er klingt glatter, weniger spontan und professioneller.
Berühmte Musiker: King Oliver, Louis Armstrong, Buddy Bolden

Chicago (ab ca. 1920)

Der Eintritt der USA in den 1. Weltkrieg (1917) macht New Orleans zu einem wichtigen Kriegshafen. Die Bars und Kneipen in der Hafengegend („Storyville”) werden auf Anordnung der Behörden geschlossen, sodass die Musiker arbeitslos werden. Sie wandern in die Industriestädte des Nordens; nun wird Chicago zu einem neuen Zentrum der Jazzentwicklung.
Der Chicago-Stil ist ein weißer Jazzstil, der anfangs durch das Nachspielen eines originalen New Orleans-Stückes von der Schallplatte durch weiße Musiker entsteht. Die spontane Kollektivimprovisation wird ersetzt durch die ***Soloimprovisation;*** oft werden auch schon Arrangements geschrieben. Das Betonungsmuster ändert sich (off-beat-Betonungen nun auf 2 und 4); eines der Melodieinstrumente wird das Saxofon.
Berühmte Musiker: Bix Beiderbecke, Frank Teschemacher, Bud Freeman

Swing (ab ca. 1930)

Dieser Jazzstil ist eine Reaktion auf die Weltwirtschaftskrise (1929); er wird nun nicht nach einer Stadt benannt, sondern nach dem vorherrschenden musikalischen Merkmal. Die „schwarzen" Elemente der Musik bleiben zwar erhalten, kollidieren aber nicht mehr so stark mit der europäischen Musizierpraxis, wie dies noch zuvor der Fall war. Daher setzt sich dieser Jazzstil so stark durch, dass die US-amerikanische Unterhaltungsmusik der 1930er Jahre mit dem Swing identisch ist und zu einem riesigen Geschäft wird. Einen großen Anteil an der Verbreitung dieses Stils haben auch die amerikanischen Rundfunkstationen.
Der Swing ist ein ***Big Band-Stil:*** Die bisher übliche Combo, in der jedes Instrument einzeln auftritt, wird durch eine chorische Besetzung von Trompeten, Saxofonen und Posaunen abgelöst, die stets in geschlossener Formation („sections") eingesetzt werden. Notwendig ist dafür ein Arrangement, das auch den formalen Ablauf regelt: Nach dem Vorstellen des Themas durch alle Musiker folgt eine Reihe von Soloimprovisationen, die durch Einwürfe der Band, den ***Riffs,*** unterstützt wird.
Berühmte Musiker: Benny Goodman, Count Basie, Duke Ellington, Glenn Miller

Bebop (ab 1940)

Der Bebop kann als eine Antwort auf den Swing gelten, der die schwarzen Elemente in der Musik zugunsten einer glatten und breite Schichten ansprechenden Spielweise zurückgedrängt hatte. Auch in der amerikanischen Gesellschaft werden die Schwarzen jetzt selbstbewusster und besinnen sich auf ihre eigene Herkunft, Geschichte und kulturelle Tradition. Im Bebop, jetzt wieder in Combo-Besetzung, löst sich die Thematik des Swing auf in kurzphrasige Melodieteile, die in einem jagenden Rhythmus und schnellen Tempo gespielt werden. Das Schlagzeug wird aufgewertet und bekommt teilweise solistische Funktionen.
Berühmte Musiker: Dizzy Gillespie, Charlie Parker, Thelonious Monk, Max Roach

Cool (ab 1950)

Auch der Cool Jazz ist als Gegenbewegung zu sehen. Nach dem hektischen Stil des Bebop wird alles wieder ruhiger, die Emotionen sind gebändigt. Er ist ein sehr intellektueller Stil, der verstärkt Anleihen nimmt bei europäischen Kompositionsformen (Suiten, Concerti, Fugen). Das Vibraphon kommt als neues Instrument hinzu.
Berühmte Musiker: Miles Davis, das „Modern Jazz Quartet"

Free Jazz (ab 1960)

Auch dieser Jazzstil ist ein Kontrast zum vorigen: die unterkühlte, emotionslos wirkende Musik des Cool Jazz wird nun expressiv. Der Free Jazz stellt alle bisherigen Normen in Frage. Die Musiker wollen, wie Ornette Coleman einmal sagt, Musik spielen, nicht nur deren Hintergrund. Sie lösen sich vom Thema sowie formalen und harmonischen Abläufen und reagieren in langen Kollektivimprovisationen spontan aufeinander. Die ehemalige Trennung in Melodie- und Rhythmusgruppe entfällt – Rhythmus entsteht aus der Summe der übereinandergelagerten Individualrhythmen aller beteiligten Musiker. Musikkulturen Asiens und Afrikas werden, vielfach auch mit ihrem Instrumentarium, einbezogen; die Musiker kleiden sich oft auch entsprechend.
Berühmte Musiker: Ornette Coleman, Cecil Taylor und John Coltrane

Rock Jazz (ab ca. 1970)

In diesem Stil wird versucht, Elemente des Jazz und der Rockmusik miteinander zu verschmelzen.
Berühmte Musiker: Miles Davis, Chick Corea, Keith Jarrett

Die weitere Entwicklung des Jazz, in der z. B. Elemente aus anderen Musikkulturen aufgegriffen werden, führte bisher noch nicht wieder zu einer einheitlichen Stilbezeichnung. Versuche zur Benennung dieser Entwicklungen (z. B. Electric Jazz, Ethno Jazz) haben sich noch nicht durchgesetzt.

Die Entwicklung der Popularmusik

Popmusik (eine Abkürzung des englischen Begriffs „popular music“) ist seit den 50er Jahren des vorigen Jh.s ein Sammelbegriff für die verschiedenen Strömungen der Musik, in der sich das Lebensgefühl der jeweils jungen Generation widerspiegelt. Die einzelnen Ausprägungen sind, wie in den anderen Musikrichtungen auch, nur schwer voneinander abzugrenzen. Popmusik ist aufgrund ihrer Abspaltung von der Hauptentwicklung des Jazz sehr stark von dessen musikalischen Elementen geprägt.
Immer wichtiger wird der jeweilige Sound, der auch über die Aufnahmetechnik erreicht wird, wie überhaupt die Verwendung der elektronischen Technik für diese Musikrichtung äußerst wichtig ist.
Die Unterscheidung zwischen Pop- und Rockmusik, die um 1970 vorgenommen wird, ist nicht einfach. Als Popmusik kann allgemein die Musik angesehen werden, die keine Extreme in ***Sound*** und Stilistik enthält und sich auch nicht an ein bestimmtes Segment des Publikums richtet, während Rockmusik als Oberbegriff für Musik in der Tradition des Rock 'n' Roll steht.

Rock 'n' Roll (ab 1950)

Als dessen Begründer gilt Bill Haley (1925–1981), der ihn aus Elementen des Country & Western, des Dixieland und des Rhythm & Blues, der Form des Blues der schwarzen Ghettos, schuf. Der Begriff taucht erstmals 1951 auf, um die von weißen Musikern gepflegte Spielweise des Rhythm & Blues von der der schwarzen Bluesmusiker abzugrenzen. Musikalisch gekennzeichnet ist der Rock 'n' Roll durch schnelle Tempi, große Lautstärke und einen harten Schlagzeug-Beat. Die Musik wird zum Ausdruck des Protestes der Jugend gegen die Normen und Kultur der Elterngeneration.
Hauptvertreter des Rock 'n' Roll ist Elvis Presley (1935–1977), der „King of Rock 'n' Roll“. Er wird schnell durch sein hemmungsloses Auftreten bekannt und unterstreicht die in den Slang-Wörtern „rock” und „roll“ enthaltene sexuelle Bedeutung z. B.

durch das Liebkosen seines Instrumentes. Schon der Titelsong des ersten Presley-Films „Love Me Tender“ (1956) verkaufte sich millionenfach. Mit Bill Haley und Elvis Presley beginnt die Massenfaszination, die mit einer auch vom Management unterstützten kommunikativen Bindung zwischen Star und Fan einhergeht.
Andere Musiker: Chuck Berry, Little Richard

Beat (ab 1960)
Anfang der 1960er Jahre verlagert sich das Zentrum der Popmusik von Amerika nach England. Die Bindung an das 12-taktige Bluesschema wird zugunsten von Liedformen mit Vers und Refrain aufgegeben. Mit den Beatles wird die Musik zu einem Symbol des Widerstands der jungen Generation gegen die Erwachsenenwelt. Die Musik der Beatles betont den Beat, der oft hart gestampft wird. Selbst in Äußerlichkeiten, z. B. den Pilzkopf-Haarschnitten, setzen sich die vier Musiker bewusst von dem bürgerlichen Erscheinungsbild ab. – Nach dem Jahrzehnt ihres spektakulären Welterfolgs ändert sich der Stil der Beatles, indem sie z. B. ostasiatische und elektronische Einflüsse in ihre Musik aufnehmen. – Viele ihrer Songs können heute bereits als „klassisch“ gelten, z. B. *Yesterday, Let It Be, I Want To Hold Your Hand.*
Im Gegensatz zu den Beatles bevorzugten die Rolling Stones einen harten Rock, der durch riffartige Melodien, eine einfache Harmonik und eine schnelle Rhythmik charakterisiert ist.
Als der Superstar unter den Einzelmusikern dieser Zeit kann Jimi Hendrix (1942–1970) gelten. Er schafft einen neuartigen Klang mit seiner E-Gitarre, der vor allem durch elektronische Effekte (Hall, Rückkopplungen, Verzerrungen) gekennzeichnet ist. Deutlich wird dies z. B. in seiner Adaption der amerikanischen Nationalhymne, in der er mit den elektronischen Mitteln Effekte schafft, die an Bombenabwürfe und Granateneinschläge denken lässt. Mit solchen musikalischen Mitteln bündelt er den Protest gegen den Vietnamkrieg.

Heavy Metal, Hard Rock (ab 1970)
Schnelles Tempo, harte Rhythmen und sehr laut – dies wird mit dieser Musikrichtung verbunden. Die Musik klingt, auch durch elektronische Effekte verursacht, sehr hart und metallisch.
Wichtige Gruppen: Led Zeppelin, Deep Purple, AC/DC, Metallica, Scorpions

Reggae (ab 1970)
Die Popmusik hat immer wieder Einflüsse anderer Kulturen aufgenommen. In den Reggae gehen vor allem jamaikanische Musiktraditionen ein, die sich in der vielschichtigen Rhythmik bemerkbar machen.
Wichtige Musiker/Gruppen: Bob Marley, Toots and the Maytals

Punk (ab 1977)
Der Punk ist eine relativ kurze Episode in (vorwiegend) England. Die Monotonie und bewusste Einfachheit der Musik ist Ausdruck von Protest, Wut und Frust; die Musik ist die Reaktion auf Arbeitslosigkeit und staatliche Repression. Der Gitarrensound wird oft stark verzerrt. Der Text ist, bedingt durch große Lautstärke, schnelle Tempi und eine raue Stimmgebung, nur bruchstückweise zu verstehen.
Die Verachtung bürgerlicher Lebensnormen zeigt sich auch im Outfit: Irokesenschnitt mit gefärbten Haaren, Löcherhose, Netzstrümpfe, Sicherheitsnadeln usw.
Wichtige Gruppen: Sex Pistols, The Clash

Rap/Hip-Hop (ab 1980)
Der Rap (vom amerik. *to rap* = quasseln) entsteht in der New Yorker Disco-Szene. Ein dichtes rhythmisches Klangmuster bildet den Hintergrund für ein rhythmisches, in der Regel sehr schnelles Sprechen.
Etwa zeitgleich entsteht der Hip-Hop, der von Anfang an eng mit dem Tanz verbunden ist. Diese Musik (und die damit verbundenen anderen Ausdrucksformen wie der Break Dance und das

Graffito) ist vor allem Ausdruck fortdauernder Rassendiskriminierung der Afroamerikaner und der Einwanderer aus der Karibik in den USA.

Tekkno (ab 1990)
Das Typische dieser Musikrichtung sind die vom Computer erzeugten Rhythmen, Melodie- und Soundfetzen. Die Lautstärke überschreitet oft die Schmerzgrenze. Ziel ist es, mit diesen Mitteln den Hörer (und Tänzer) in einen Rauschzustand zu versetzen und ihn zur Ekstase zu bringen. Dies wird auch durch zusätzlich konsumierte Designerdrogen unterstützt.

Insgesamt zerfällt die Entwicklung der Popmusik in zahllose Stile, die teilweise nach Inhalten, teilweise nach anderen Gesichtspunkten benannt werden. Oft wird ein Stil auch nur mit einem Musiker verbunden, wie z. B. bei Frank Zappa, der sich stark mit der Kunstmusik des frühen 20. Jh.s (I. Strawinsky, E. Varèse, J. Cage) auseinandersetzt.
Einige Beispiele für die Vielzahl der Stile innerhalb der Rockmusik: Polit-Rock, Acid- oder Psychedelic-Rock (Bewusstseinserweiterung durch Drogen, z. B. die Sängerin Janis Joplin), Soft-Rock, Hard-Rock, Electronic-Rock, Folk-Rock, Fusion Music, Disco, New Wave, Afro-Rock, Techno usw.
Klassik-Rock setzt sich mit Kompositionen der Kunstmusik auseinander, z. B. die Adaption von Mussorgskys *Bilder einer Ausstellung* durch die Gruppe Emerson, Lake & Palmer.

▶LITERATUR
Alessandro Baricco, *Novecento (1994)*
E. L. Doctorow, *Ragtime (1974)*
Mikael Niemi, *Populärmusik aus Vittula (2000)*
Michael Ondaatje, *Buddy Boldens Blues (1976)*
▶FILM
George Roy Hill, *Der Clou (1973)*
John Landis, *The Blues Brothers (1980)*

6.12 Strömungen in der Musik des 20. Jh.s

Historische Bedingungen

Die Gesellschaft im 20. Jh., durch Kriege und Revolutionen zerrissen, wird immer komplexer und damit uneinheitlicher. Dies spiegelt sich auch in der Kunst wider: Gab es in früheren Epochen noch eine einheitliche Auffassung darüber, was Kunst ist, so fehlt eine solche im 20. Jh.; vielmehr gibt es unterschiedliche, teilweise sich widersprechende Richtungen und einen vorher nie gekannten Stilpluralismus. Auch die Entwicklung der Kunstmusik und der populären Musikstile klafft immer weiter auseinander. Dafür verantwortlich ist u. a. die Entwicklung des Rundfunks und vor allem die Möglichkeit, Musik über Tonträger zu konservieren und ständig verfügbar zu haben.

Musikalische Entwicklungslinien

Der Expressionismus (▶ S. 169 ff.) hatte das über 400 Jahre gültige harmonische System beendet und mit der Atonalität die Dissonanz als „normalen" Klang akzeptiert. Mit dem Wegfall des tonalen Systems war allerdings ein wichtiges Ordnungsprinzip, das innerhalb einer Komposition Bezüge geschaffen hatte, weggefallen, sodass es nach der Radikalität des frühen Expressionismus ganz unterschiedliche Versuche gibt, wieder zu einem neuen Ordnungsprinzip zu kommen.
Die musikalische Entwicklung zerfällt in verschiedene Ansätze, wobei es durchaus vorkommen kann, dass sich viele davon im Werk eines Komponisten widerspiegeln (z. B. I. Strawinsky).

Einflüsse des Jazz auf die europäische Kunstmusik

Als 1917 im Zuge der Truppenbetreuung der amerikanischen Soldaten, die am 1. Weltkrieg teilnehmen, europäische Komponisten zum ersten Mal Jazz hören, sind viele von dieser vitalen Musik begeistert und beginnen, Jazzelemente in ihre Kompositionen einzubinden. Vor allem fasziniert sie das rhythmische und das melodische Element *(blue note)*.

Auswahl wichtiger Kompositionen

Igor Strawinsky
Die Geschichte vom Soldaten (Musiktheater, 1918)
Ragtime für 11 Instrumente (1918/19)
Ebony Concerto für Klarinette und Jazzband (1945)
Darius Milhaud
La création du monde (Ballettmusik, 1923)
Maurice Ravel
Violinsonate G-Dur, 2. Satz: Blues (1923–27)
Klavierkonzert G-Dur (1929–31)
Paul Hindemith
Suite für Klavier 1922 (1922)

Einbeziehung der Volksmusik

Schon im 19. Jh. war das Interesse an „fremder" Musik groß, z. B. an der der Sinti („Zigeuner"). Doch die Musik, die in den ungarischen Städten aufgeführt wurde, in den Operetten zu finden ist oder z. B. zu den *Ungarischen Tänzen* von Johannes Brahms führte, war nicht authentisch.

6

Im 20. Jh. reisen die ungarischen Komponisten Zoltán Kodály und Béla Bartók in die entlegenen Dörfer Ungarns, Rumäniens und des Balkans und zeichnen die dortige ursprüngliche Musik der Bauern mit einem Phonographen auf, systematisieren sie und lassen sich in ihren eigenen Kompositionen davon beeinflussen. Dieser Einfluss bezieht sich auf neuartige Rhythmen, bisher unbekannten Tonleiterordnungen, Zusammenklänge und Klangfarben. Viele dieser Einflüsse sind in Bartóks progressiv aufgebautem Klavierwerk *Mikrokosmos* (6 Bände) zu finden.

BEISPIEL

B. Bartók: Mikrokosmos Bd. IV, Nr. 99 „Gekreuzte Hände", Anfang

BEISPIEL

B. Bartók: Mikrokosmos, Bd. IV, Nr. 115
„Bulgarischer Rhythmus (2)" (Anfang)

Auswahl wichtiger Kompositionen

Béla Bartók

Streichquartette (bes. Nr. 4, 5 und 6)
Mikrokosmos (Klavierschule in 6 Bänden, 1926–1937)
Musik für Saiteninstrumente, Schlagzeug und Celesta (1936)
Sonate für 2 Klaviere und Schlagzeug (1937)
Konzert für Orchester (1943/45)

Das Tonsystem Paul Hindemiths

Hindemith (1895–1963) bezieht alle Töne auf einen Grundton und ordnet die Intervalle in ihrem Spannungsgehalt auf diesen Grundton hin. Diejenigen, die von ihm weiter weg stehen, haben eine größere Spannung; die extremste Spannung liegt im Tritonus. Sein so geschaffenes Tonsystem beschreibt er in der *Unterweisung im Tonsatz* (1937/38).

Auswahl wichtiger Kompositionen

Mathis der Maler (Oper und gleichzeitig Sinfonie, 1933–1935)
Cardillac (Oper, 1926/52)
Sinfonische Metamorphosen Carl Maria von Weber'scher Themen (Orchesterstück, 1943)
Ludus tonalis (Klavierzyklus, 1943)

Neoklassizismus

Mit dem Rückgriff auf Satzweisen, Originalkompositionen oder Formen aus der Vergangenheit (meist der Barockzeit) machen die Komponisten Anleihen bei einer vergangenen Zeit, um sie mit den Mitteln der Musik des 20. Jh.s zu verändern. Strawinsky z. B. übernimmt für sein Ballett *Pulcinella* originale Kompositionen verschiedener Barockkomponisten, macht sie aber durch Zugaben, andere Harmonisierungen, neue Klangfarben und Rhythmen ganz zu einer Komposition des 20. Jh.s. Sein *Violinkonzert* nimmt mit den Satzüberschriften Toccata, Aria I und II, Capriccio Anleihen bei alten Formschemata.

Auswahl wichtiger Kompositionen

Richard Strauss
Der Bürger als Edelmann (Orchestersuite, 1912–18)

Maurice Ravel
Le Tombeau de Couperin (Klaviersuite, 1914–17)

Igor Strawinsky
Oedipus Rex (Oratorium, 1926/27)
Konzert für Klavier und Blasorchester (1923/24)
Konzert für Violine und Orchester in D (1931)
The Rake's Progress (Oper, 1951)

Sergej Prokofieff
Symphonie classique (1917)

Die Dodekaphonie (Zwölftonmusik)

Nach der völligen Freiheit im Expressionismus wächst das Bedürfnis nach einer neuen Gesetzmäßigkeit, die die überholte Ordnung des tonalen Systems ersetzt. Arnold Schönberg findet eine solch neue Ordnung in der *Methode der Komposition mit zwölf nur aufeinander bezogenen Tönen,* für die sich bald die knappe Formel *Zwölftontechnik* durchsetzt. Um die Vorherrschaft eines Grundtones (Tonika) zu brechen, formuliert Schönberg, dass ein Ton erst dann wieder erklingen darf, wenn alle anderen 11 ebenfalls erklungen sind. Dazu erfindet der Komponist eine Zwölftonreihe, also eine besondere Folge aller Töne der chromatischen Tonleiter. Neben dieser sog. Grundgestalt gibt es noch drei weitere gleichberechtigte Reihenformen: die Umkehrung, den Krebs und die Krebsumkehrung (▶ S. 109). Außerdem können diese vier Reihenformen von jedem Ton aus gebildet werden – nur die Intervallstruktur muss gleichbleiben. Das so erhaltene Grundmaterial (es entstehen also 48 Reihen) sieht z. B. folgendermaßen aus (alle folgenden Beispiele stammen aus dem *Violinkonzert op. 36* von Arnold Schönberg):

Reihe → *← Krebs*

Umkehrung → *← Krebsumkehrung*

Aus diesem Material bildet der Komponist Themen und Motive, indem er einen Rhythmus, eine Klangfarbe, eine Oktavlage usw. hinzufügt. Direkte Tonwiederholungen sind gestattet.

BEISPIEL

A. Schönberg: Violinkonzert op. 36

Der Komponist schafft aus einer einzigen Reihe (s. o.) drei völlig unterschiedliche Themen für die 3 Sätze des Konzertes.

1. Satz

Es entsteht ein durch einen charakteristischen Rhythmus bestimmtes Motiv, das zwischen dem Soloinstrument und dem Orchester wechselt.

2. Satz

Der Komponist erhält durch das langsame Tempo, die Phrasierung und den gliedernden Rhythmus ein sehr graziöses Thema (Reihe von e aus).

3. Satz

Dieses Thema hat Marschcharakter, der durch die begleitenden Stimmen des Orchesters noch unterstützt wird. (Die Stimmen des Orchesters sind hier auf den Rhythmus reduziert.) Obwohl die Violinstimme nur aus einer Reihe (Umkehrung von d) gebildet ist, wird durch die Rhythmik das Thema zweigeteilt: In T. 5 beginnt der variierte 2. Teil. Dieser variiert den Rhythmus des 1. Teils und ist zudem noch um eine Viertelnote verschoben.

Die Reihe muss nicht immer linear erscheinen, sondern kann (wie im 1. Satz) auf verschiedene Instrumente verteilt werden.

Hier ist deutlich die motivische Arbeit zu erkennen.

Bisweilen wählen die Komponisten (bes. Alban Berg) die Reihenkonstruktion so, dass tonale Felder entstehen (die Reihe seines Violinkonzertes beginnt mit den Tönen der Dreiklänge g-Moll, D-Dur, a-Moll und E-Dur). Beliebt sind auch Reihen, die in sich selbst Besonderheiten aufweisen:
In der folgenden Reihe (Berg: *Lyrische Suite*) kommen – außer der Prim – sämtliche Intervalle vor (Allintervallreihe):

Eine besondere Form der Reihe wählt Anton Webern in seinem Streichquartett op. 28:

- Die erste 4-Ton-Gruppe zitiert den Namen B-A-C-H – die Töne werden allerdings eine kleine Terz tiefer gespielt.
- Die Töne 9–12 sind intervallgleich mit den Tönen 1–4.
- Die Töne 5–8 bilden die Umkehrung der Töne 1–4.
- Daraus folgt, dass die Umkehrung mit dem Krebs, die Originalgestalt mit der Krebsumkehrung identisch ist.

Teile dieser Reihe verweisen damit immer schon auf das Ganze, die Mikrostruktur bildet die Makrostruktur ab.

Die Erfindung der Reihe ist also nicht die eigentliche Komposition, sondern nur das Ausgangsmaterial dafür. Die Komponisten greifen die polyphonen Künste der franko-flämischen Schule (▶ S. 135) und des Barock, aber auch die motivisch-thematische Arbeit der Klassik wieder auf – nur mit neuen harmonischen Gesetzmäßigkeiten und Klängen. Das führte den Schönberg-Biographen Willi Reich zur Charakterisierung, dieser sei ein „konservativer Revolutionär".
Die wichtigsten Komponisten der Zwölftontechnik und der sog. Zweiten Wiener Schule sind Arnold Schönberg (1874–1951), Anton Webern (1883–1945) und Alban Berg (1885–1935).

Auswahl wichtiger Kompositionen

Arnold Schönberg
Variationen für Orchester op. 31 (1926–1928)
Moses und Aaron (Oper, 1930–1932)
Ein Überlebender aus Warschau (Melodram, 1947)

Alban Berg
Lyrische Suite (Streichquartett, 1926)
Violinkonzert „Dem Andenken eines Engels" (1935)
Lulu (Oper, 1937, unvollendet, ergänzt durch Friedrich Cerha)

Anton Webern
Sinfonie op. 21 (1928)
Variationen für Klavier op. 27 (1936)

Die serielle Musik

Die Dodekaphonie legt mit der Reihenkonstruktion nur die Intervallstruktur, also die Tonhöhenordnung, fest. In der seriellen Musik werden auch noch andere musikalische Parameter (z. B. Rhythmik, Dynamik, Artikulation) diesem Konstruktionsprozess unterworfen, sodass eine stark determinierte Komposition entsteht.

Auswahl wichtiger Kompositionen

Olivier Messiaen
Mode de valeurs et d'intensités (Klavieretüde, 1949)
Pierre Boulez
Structures für zwei Klaviere (1951/52)
Karlheinz Stockhausen
Kontra-Punkte für 10 Instrumente (1952/53)

Aleatorik/Zufallsmusik

Im Gegensatz zur Auffassung der seriellen Musik, möglichst alle musikalischen Parameter zu bestimmen, entsteht schnell eine grundlegend andere ästhetische Einstellung. Sie möchte möglichst überhaupt nichts vorherbestimmen, sondern dem Zufall einen großen Raum geben (lat. *alea*, Würfel). Einer der Hauptvertreter dieser Richtung ist der amerikanische Komponist John Cage (1912–1992). Ein Beispiel für seine extreme Position und seine Auffassung, dass ein Kunstwerk nur beim Hörer selbst entsteht, ist seine Komposition *4'33"* (1952), die nur einen zeitlichen Rahmen angibt, aber dem oder den ausführenden Musikern (die Besetzung ist freigestellt) in allen drei Sätzen ***tacet*** vorschreibt. Während die Musiker auf der Bühne also überhaupt nichts spielen, findet die jeweilige „Aufführung" durch das teilweise empörte Publikum statt. Viele Partituren von Cage werden grafisch notiert und lassen den Ausführenden sehr viel individuellen Spielraum.

Auswahl wichtiger Kompositionen

John Cage
Sonatas and Interludes for Prepared Piano (1946–48)

Die elektronische Musik

Die elektronische Musik nutzt die Möglichkeiten der Tongeneratoren und Tonbandtechnik seit etwa 1950, um bisher unbekannte Klänge zu gestalten. Bisher waren die Komponisten immer von traditionellen Instrumenten mit ihren Klangfarben abhängig. Nun können Klänge neu erfunden werden bzw. Klänge traditioneller Instrumente oder der Stimme elektronisch verfremdet werden. Ausführende entfallen, da die fertige Komposition auf Tonband vorliegt. Es gibt in der Folgezeit aber auch Live-Aufführungen, in denen das Klangmaterial der aufführenden Musiker sofort durch einen Computer bearbeitet und wieder eingespielt wird.

Auswahl wichtiger Kompositionen

Karlheinz Stockhausen *(1928–2007)*
- *Studie I und II (1953–1954)*
- *Gesang der Jünglinge (1955–1956)*
- *Kontakte für elektr. Klänge, Klavier und Schlagzeug (1959/60)*
- *Hymnen (1965–69)*

György Ligeti *(1923–2006)*
- *Artikulation (1958)*

Cluster- und Klangfarbenmusik

Hauptvertreter dieser Musikrichtung sind der Ungar György Ligeti (1923–2006) und der Pole Krzysztof Penderecki (*1933). Sie arbeiten in einem bestimmten Zeitraum ihres Schaffens mit *Clustern* („Tontrauben“), also Klängen, die innerhalb eines Eckintervalls alle dazwischenliegenden Töne umfassen, wobei manchmal auch Vierteltonschritte benutzt werden. Einige Kompositionen sind grafisch notiert (z. B. *Volumina* von Ligeti), andere erhalten durch zeitgleiches Spielen von Duolen, Triolen, Quintolen, Sextolen usw. Klangflächen (z. B. *Atmosphères* von Ligeti); der Höreindruck ist mit optischen Interferenzen vergleichbar. In *Lux aeterna,* einem Werk für 16-stimmigen Chor, benutzt Ligeti die Technik der Mikropolyphonie, d. h., dass die Stimmen auf engstem Raum kanonisch geführt sind.

Auswahl wichtiger Kompositionen

György Ligeti

Volumina für Orgel (1961–1962/66)
Atmosphères (Orchesterwerk, 1961)
Lontano (Orchesterwerk, 1967)

Krzysztof Penderecki

Fluorescences für großes Orchester (1961)
Threnos. Den Opfern von Hiroshima (1961)
Lukas-Passion (1962–65)

Minimal Music

Diese Musikrichtung kommt um 1960 in den USA auf. Durch eine allmähliche, kaum hörbare Veränderung der musikalischen Elemente entsteht ein Klangkontinuum mit stark meditativer Wirkung. Hauptvertreter sind Terry Riley (*1935), Steve Reich (*1936) und Philip Glass (*1937).

Auswahl wichtiger Kompositionen

Terry Riley

In C (1964)

Philip Glass

Violinkonzert (1987)

Steve Reich

Drumming (1970–71)

Neue Einfachheit

Hauptvertreter dieser Richtung ist Arvo Pärt (*1935). In seinen Kompositionen macht sich eine Art neue Religiosität breit, die sich z. B. in einer bewussten Innenschau und in rituellem und litaneihaftem Komponieren ausdrückt.

In Polen entwickelt Henryk Górecki (1933–2010) einen Stil des „heiligen Minimalismus". Seine *3. Sinfonie op. 36 (1976)*, die u. a. auf ein Gebet aus dem 15. Jh., auf ein polnisches Volkslied und auf Texte aus der Zeit der deutschen Besatzung Polens zurückgreift, eroberte sich 1993 sogar einen Platz unter den Top Ten der britischen Pop-Charts.

Zusammenfassung

Insgesamt wird in der Musik des 20. Jh.s die Technik der Collage und der Montage sowie die Auseinandersetzung mit der Vergangenheit sehr stark gepflegt. Bernd Alois Zimmermann (1918–1970) versucht dies in seinem Bild von der „Kugelgestalt der Zeit" zu fassen. Er baut in seine Kompositionen Zitate aus der Gregorianik wie aus dem Jazz ein. Für dieselbe Technik, Zitate aus vergangenen Epochen in zeitgenössische Kompositionen einzubauen, finden sich auch andere Begriffe, z. B. „Polystilistik" bei Alfred Schnittke oder „Polyvalenz" bei Hans Werner Henze. Auch wenn die Bezeichnungen anders sind, die in einer solchen Collage- und Zitattechnik sich äußernde Geisteshaltung ist dennoch ähnlich. In der *Lukaspassion* von K. Penderecki (1962–65) werden die Gregorianik, die Vokalpolyphonie des 15. Jh.s und die Bach'sche Passionsauffassung mit Cluster- und Geräuschteilen zusammengeführt. L. Berio (1925–2003) zitiert in seiner *Sinfonia (1968)* neben anderen Kompositionen der Vergangenheit das Scherzo aus der *2. Sinfonie in c-Moll* von Gustav Mahler und kombiniert es mit Texten von ganz unterschiedlicher Herkunft, u. a. aus der Pariser Studentenbewegung.
Über die jüngere Entwicklung lässt sich zusammenfassend sagen, dass in vielen Kompositionen ein Aufweichen der starren Grenzen von E-Musik und Pop-Musik zu beobachten ist.
Auch Interpreten beschreiten bei ihren Konzerten zunehmend neue Wege. So bietet das amerikanische Kronos-Quartett in seinen Konzerten meistens ein Programm, in dem Popmusik und außereuropäische Musik integriert ist. Auf ihrer 1992 erschienenen CD *Pieces of Africa* sind ausschließlich Kompositionen zeitgenössischer Komponisten aus Afrika enthalten. Auch von Popkonzerten vertraute Lichteffekte setzt diese Streichquartettformation bei Live-Aufführungen ein.

▶LITERATUR

Michael Krüger, *Die Cellospielerin (2000)*
Thomas Mann, *Doktor Faustus (1947)*

Musik und …

Musik spielt in vielen kulturellen und gesellschaftlichen Bereichen eine wichtige Rolle. Diese Verbindungen können sehr vielfältig sein, die wichtigsten werden hier aufgeführt.
In bestimmten Verbindungen ist Musik funktional, d.h., die autonomen musikalischen Gesetzmäßigkeiten treten zugunsten einer außermusikalischen Zweckbestimmung zurück (z.B. bei Tanzmusik oder Musik in der Werbung).

7.1 Musik und Sprache

Die Verbindung mit Sprache, also die Vertonung von Texten, zieht sich durch die gesamte Musikgeschichte. Es haben sich verschiedene Grundformen ausgebildet.

Lied

Unter einem Lied versteht man einen Text, der auf eine Melodie gesungen wird. Das Lied umfasst die verschiedensten Typen. Neben Volks- und Kunstlied kann auch unterschieden werden:

- nach dem Inhalt: z.B. geistlich-religiöses Lied (Kirchenlied) oder weltliches Lied (Liebeslied, politisches Lied)
- nach der gesellschaftlichen Zuordnung: z.B. höfisches Lied, Studentenlied, Kinderlied, Vagantenlied
- nach der Besetzung: z.B. Klavierlied, Orchesterlied

Das *Volkslied* wird in der Regel mündlich überliefert und ist oft von regionalen Besonderheiten und Traditionen geprägt. Es ist musikalisch meist sehr einfach; es kommt auch ohne Begleitung aus, sodass es von jedem zu jeder Zeit gesungen werden kann.

Das *Kunstlied* entwickelt sich aus der lateinischen Strophendichtung; es hat einen ersten Höhepunkt in den Liedern der Troubadours, Trouvères und Minnesänger. In der Renaissance ist das von der Laute begleitete Lied ***(Lautenlied)*** eine beliebte Gattung. In der Barockzeit wird das Lied vom Generalbass (▶ S. 142) beherrscht ***(Generalbasslied)***. Danach verliert das Lied zunächst seine Bedeutung, bis es in der 2. Hälfte des 18. Jh.s eine Wiederbelebung erfährt (durch J. A. P. Schulz, J. F. Reichardt, C. F. Zelter). Bei diesen Komponisten dominiert die Singstimme, die Begleitstimme (von Klavier, aber auch Gitarre ausgeführt) ist ihr meist untergeordnet.
Im 19. Jh. ist das klavierbegleitete Kunstlied eine der zentralen Gattungen (z. B. bei F. Schubert, R. Schumann, H. Wolf). Die Textinhalte und -aussagen werden durch musikalische Mittel in der Singstimme und der nun ebenbürtigen Klavierstimme sehr differenziert ausgedeutet (siehe das gewählte Kunstlied im Kapitel „Musikalische Analyse“ ▶ S. 76 ff.).
Auch im 20. Jh. wird das Kunstlied gepflegt und steht in der Tradition des 19. Jh.s. Häufig wird die Singstimme nun von einem Orchester begleitet ***(Orchesterlied)***.
Im Gegensatz zum Volkslied macht das Kunstlied also eine geschichtliche Entwicklung durch, die die ästhetischen Positionen der jeweiligen Zeit widerspiegelt. Dies führt wiederum dazu, dass das Kunstlied in unterschiedlichen stilistischen Ausprägungen existiert.

Rezitativ

Das Rezitativ ist eine dem Rhythmus und Tonfall der Sprache angepasste Singweise. Umgangssprachlich wird es auch als „Sprechgesang“ bezeichnet. Im Rezitativ wird durch die sparsame musikalische Begleitung dafür gesorgt, dass der Text sehr verständlich vorgetragen werden kann. Es wird daher in Oper, Oratorium, Passion, Kantate usw. immer dann eingesetzt, wenn der Hörer die für die weitere Handlung wichtigen Dinge verstehen muss.

Beim Rezitativ gibt es zwei Grundformen:

- ***Recitativo secco*** (ital.: *secco* = trocken): Die Melodie des Sängers wird nur durch einzelne Klavier- oder Orchesterakkorde harmonisch gestützt. Die Textverteilung ist vorwiegend syllabisch.

BEISPIEL

J. S. Bach: Matthäus-Passion

Die Oberstimme der Begleitung kann vom Interpreten frei gestaltet werden; er ist nur an die vom Komponisten durch die Generalbassbezifferung angegebene Tonart gebunden. Deswegen wurde hier eine andere Art von Notenköpfen gewählt.

- ***Recitativo accompagnato*** (ital. *accompagnare* = begleiten): Die Melodie des Sängers wird durch einen sparsamen Orchestersatz begleitet, der meist aus Liegetönen besteht. Auch hier ist die Textverteilung vorwiegend syllabisch.

BEISPIEL

J. S. Bach: Matthäus-Passion

Die Jesus-Worte sind in einen von den Streichern gebildeten Klangteppich, dessen Akkorde nur selten wechseln, eingebettet.
(Dieses Beispiel ist die unmittelbare Fortsetzung des vorigen.)

Beim Rezitativ kann der Sänger das Tempo frei gestalten, sodass eine Art freie Deklamation entsteht. – Einem Rezitativ folgt in der Regel eine Arie.

Arie

Die Arie ist ein in sich geschlossenes, instrumental begleitetes Sologesangstück. Von selbstständigen Konzertarien abgesehen findet man Arien vor allem in Oper, Oratorium und Kantate.
Liegt die Betonung beim Rezitativ auf der Textverständlichkeit, so liegt der Schwerpunkt bei der Arie auf der Affektdarstellung. Der vertonte Text muss deshalb auch nicht vollständig verstanden werden, zumal sich Textpassagen oft wiederholen. Zum Verständnis reicht der durch die musikalische Gestaltung deutlich werdende Affekt aus. Extreme Situationen, in denen Menschen z. B. „außer sich vor Wut" sind, stellen die Komponisten gerne mit äußerst virtuosen Koloraturarien dar (z. B. die beiden Arien der Königin der Nacht in *Die Zauberflöte* von W. A. Mozart).
Hauptform im 17. und teilweise im 18. Jh. ist die Dacapo-Arie, bei der der Beginn nach einem kontrastierenden Mittelteil wiederholt wird (A – B – A). Allerdings wird der mit dem ersten A-Teil völlig identische dritte Teil nicht mehr in Noten ausgeschrieben; nach dem B-Teil vermerkt der Komponist lediglich „da capo al Fine" (von vorne bis zum Wort „Fine"); daher kommt der Name (▶ S. 97).
Gegen Ende des 18. Jh.s weicht diese sehr starre Form einer zunehmend freien Gestaltung; die Komponisten sind daher in der Lage, die Affekte eines Menschen musikalisch immer differenzierter nachzuvollziehen.

Chanson

Unter einem Chanson versteht man im Mittelalter jedes singbare epische oder lyrische Gedicht. Im 15.–17. Jh. verengt sich der Begriff auf das mehrstimmige französische Lied (meist Liebes- und Trinklied). Während der Französischen Revolution hat es oft einen politisch-satirischen Inhalt.

Heute versteht man unter einem Chanson die in einer spezifischen, vom jeweiligen (oft französischen) Interpreten sehr subjektiv und ausdrucksstark gesungenen Lieder. Berühmte Chansonsänger sind z. B. Jacques Brel, Edith Piaf und George Brassens.

Song

Der Song ist im 19. Jh. die englische Version eines in Kneipen, Varietés u. Ä. zur Unterhaltung dargebotenen Liedes, das auf die Tradition der Straßenballade zurückgeht. Gegen Ende des 19. Jh.s wird der Song, nachdem er in den amerikanischen Bühnenshows aufgetaucht war, von den amerikanischen Verlagen aufgegriffen und standardisiert. Um 1920 hat sich ein 32-taktiges Formmodell herausgebildet ***(Tin-Pan-Alley-Song)***, das zu einer Standardform im Jazz, im Rock 'n' Roll und später auch in der Rockmusik wird.

In Deutschland entwickelt sich unter dem Einfluss der englischen Vorbilder ab ca. 1920 eine Songform, die hauptsächlich mit den Komponisten Kurt Weill (1900–1950) und Hanns Eisler (1898–1962) in Verbindung gebracht wird. Der Song wird zum Lied, das in den Kabaretts und Varietés vorgetragen wird. Diese Art des Songs ist auch für die Theaterkonzeption Bertolt Brechts geeignet, sodass er in seine Bühnenstücke integriert wird. Brechts Absage an das „emotionale“ Singen kommt der eher kühl vorgetragene Song entgegen, der Missstände aufzeigt, anklagt und beim Zuhörer den Verstand nicht ausschaltet. Berühmte Beispiele finden sich in der *Dreigroschenoper (1928)* von Brecht und Weill.

Schlager

Unter einem Schlager versteht man ein populäres Lied. Er entsteht gegen Ende des 19. Jh.s und ist eng mit den Mechanismen, der Produktion und Verbreitung der Musik als Konsumware verbunden. Schlager werden meist nach einem konstanten Prinzip komponiert: Strophe-Refrain-Schema, einfache Kadenz-

Harmonik, formelhafte, oft mit Sequenzen versehene Melodiebildung. Die Rhythmik orientiert sich an Standards; auch das Arrangement ist bei Schlagern sehr ähnlich. Die Texte haben eine sehr begrenzte Thematik (meist Liebe). Die Produktion von Schlagern erfolgt oft nach einem Baukastenprinzip mit vorgefertigten oder aus unterschiedlichsten Bereichen der Popularmusik entnommenen Bruchstücken (Jazz, lateinamerikanische Musik, Popmusik). Ein gefühlsseliger, schmalziger Schlager wird Schnulze genannt.

Melodram

Bei einem Melodram wird ein Text deklamiert (also gesprochen); dazu wird eine illustrierende Musik gespielt (meist vom Klavier). Es gibt aber auch orchesterbegleitete Melodramen, z. B. in der Oper *Der Freischütz* von Carl Maria von Weber. Das Melodram ist im 18. und 19. Jh. eine überaus beliebte Gattung. Es gibt daher Melodramen von allen Komponisten dieser Zeit (z. B. von F. Schubert, R. Schumann, R. Wagner und R. Strauss). Doch auch im 20. Jh. wird das Melodram verwendet, z. B. in den *Gurre-Liedern* von Arnold Schönberg. Dieser entwickelt das melodramatische Sprechen weiter, indem er die Sprechtonhöhe in Noten festlegt *(Pierrot lunaire, 1912)*. Auch seine Komposition *Ein Überlebender aus Warschau* aus dem Jahr 1947 ist über weite Strecken melodramatisch angelegt.

7.2 Musik und Theater

Die Verbindung von Musik und szenischer Darstellung auf einer Bühne prägt verschiedene Formen und Gattungen aus, bei denen die Übergänge oft fließend sind. In Oper (▶ S. 90 ff.), Operette und Musical sind oft dieselben Elemente (Musik, Sprache, szenische Aufführung und Tanz) enthalten, sie unterscheiden sich jedoch im Gestus der Handlung (Operette) und/oder dem Einbezug von popularmusikalischen Elementen (Musical).

Operette

Die Operette entsteht zunächst als eine Parodie auf die Oper (▶ S. 90 ff.) und ihre Stoffe durch Jacques Offenbach in Paris. Sie ist eine Gattung des unterhaltenden Musiktheaters, die besonders durch die Stoffwahl auf die Bedürfnisse und Erwartungen eines breiten Publikums eingeht.
In Wien entwickelt sich die sog. Wiener Operette (Joseph Lanner, Johann Strauß [Vater], Johann Strauß [Sohn], später Leo Fall, Franz Lehár), die durch den Wiener Walzer und Musik im österreichischen Idiom geprägt ist.
Um 1900 entsteht in Berlin ein neues Zentrum der Operette (Paul Lincke, Eduard Künneke, Theo Mackeben).
Heute ist die Operette weitgehend vom Musical abgelöst worden.

Auswahl berühmter Operetten

J. Offenbach, *Orpheus in der Unterwelt (1858)*; J. Strauß (Sohn), *Die Fledermaus (1874)*; P. Lincke, *Frau Luna (1899)*; F. Lehár, *Die lustige Witwe (1905)*

Musical

Das Musical, eigentlich Musical Comedy oder Musical Play, ist eine originär amerikanische Entwicklung, die verschiedene Theaterformen mischt und zu einem neuen Ganzen bildet. Es entsteht um 1900 aus verschiedenen, in den USA beliebten Theatershows (Minstrel-Show, Vaudeville, Revue). Die Textvorlage bilden oft aktualisierte Stoffe der Weltliteratur (z. B. ist das Musical *My fair Lady* von F. Loewe eine Adaption von G. B. Shaws *Pygmalion*, die *West Side Story* von Leonard Bernstein verlegt den Romeo und Julia-Stoff von W. Shakespeare in die jugendliche Unterschicht des New York der 1950er Jahre und thematisiert die Rivalität zwischen Einheimischen und Einwanderern); aber auch der Alltagswelt entnommene oder ganz gegenwartsnahe Themen werden behandelt.
Musicals werden – besonders heute – produziert, d. h., ein Musical entsteht meist für ein ganz bestimmtes Ensemble und ein ganz bestimmtes Theater. In jüngster Zeit sind eigens für Musi-

cals eigene Theater gebaut worden. Die Anforderungen an die Ausführenden sind – besonders im tänzerischen Bereich – sehr hoch. Die Produktionen laufen oft mehrere Jahre hindurch.
Musikalisch gesehen nimmt das Musical die populare Musik der jeweiligen Zeit auf, sodass Jazz- und Rock/Pop-Elemente dominieren.

Auswahl berühmter Musicals

J. Kern: *Show Boat (1927)*; I. Berlin: *Annie Get Your Gun (1946)*; C. Porter: *Kiss Me Kate (1948)*; F. Loewe, *My Fair Lady (1956)*; L. Bernstein, *West Side Story (1957)*; G. MacDermot, *Hair (1967)*; A. Lloyd Webber, *Jesus Christ Superstar (1971), Cats (1981), Das Phantom der Oper (1986);* St. Sondheim, *Into the Woods (1987)*

7.3 Musik und Kirche

Die Verbindung von Musik mit sakralen Texten hat zu verschiedenen, von der Funktion der jeweiligen Texte innerhalb der Liturgie abhängigen Ausprägungen geführt. Es gibt aber auch rein instrumentale Formen von Kirchenmusik.

Messe

Unter einer Messe versteht man den zentralen Gottesdienst in der römisch-katholischen Kirche mit einer festgelegten Liturgie (Gottesdienstordnung). Die – bis auf wenige Ausnahmen – noch heute gültige Form entsteht im 5. Jh. Bis in die Mitte des 20. Jh.s war die Sprache der Messe das Lateinische, erst das 2. Vatikanische Konzil (1964–1969) erlaubt auch die jeweilige Landessprache.
Zu den Teilen der Liturgie zählen das ***Proprium missae*** mit den wöchentlich wechselnden, nach dem Kirchenjahr geordneten Texten und das ***Ordinarium missae*** mit gleichbleibenden Texten in jeder Messfeier.

Abfolge der Texte in einer Messe			
Proprium	Ordinarium	Textanfang	
Introitus			wechselnd
	Kyrie	Kyrie eleison	
	Gloria	Gloria in excelsis Deo	
Graduale			wechselnd
Alleluja			wechselnd
	Credo	Credo in unum Deum	
Offertorium			wechselnd
	Sanctus	Sanctus, sanctus, sanctus	
	Agnus Dei	Agnus Dei	
Communio			wechselnd

Seit dem 15. Jh. ist die zyklische Vertonung des fünfteiligen Ordinariums die Regel. Eine solche Vertonung wird ebenfalls Messe genannt.

Teil	Inhalt	Textverständnis
Kyrie	Bitte	weniger wichtig, da floskelhaft
Gloria	Lob	wichtige und floskelhafte Teile
Credo	Bekenntnis	nur wichtige Teile (Glaubenslehre)
Sanctus	Lob	wichtige und floskelhafte Teile
Agnus Dei	Bitte	weniger wichtig, da floskelhaft

Die Komponisten können einzelne Texte nochmals in Sinnabschnitte unterteilen.

BEISPIEL

J. S. Bach: Messe h-Moll

Für die folgenden Unterteilungen wählt Bach jeweils eine in sich geschlossene, eigenständige Komposition.

Ordinariumstext	Nr.	Unterteilungen
Kyrie	1	Kyrie eleison
	2	Christe eleison
	3	Kyrie eleison
Gloria	4	Gloria in excelsis Deo
	5	Laudamus te
	6	Gratias agimus tibi
	7	Domine Deus, rex caelestis
	8	Qui tollis peccata mundi
	9	Qui sedes ad dextram Patris
	10	Quoniam tu solus sanctus
	11	Cum Sancto Spiritu
Credo	12	Credo in unum Deum
	13	Patrem Omnipotentem
	14	Et in unum Dominum
	15	Et incarnatus est
	16	Crucifixus
	17	Et resurrexit
	18	Et in Spiritum Sanctum
	19	Confiteor
Sanctus	20	Sanctus
Sanctus	21	Osanna
	22	Benedictus (Osanna da capo)
Agnus Dei	23	Agnus Dei
	24	Dona nobis pacem

Auswahl wichtiger Kompositionen

Giovanni Pierluigi da Palestrina, *Missa Papae Marcelli (1567)*; Johann Sebastian Bach, *Hohe Messe h-Moll (1724–48)*; Joseph Haydn, *Sechs späte Messen (1796–1802)*; Wolfgang Amadeus Mozart, *Krönungsmesse (1779), Messe c-Moll (1782–83)*; Ludwig van Beethoven, *Missa solemnis (1819–1823)*; Franz Schubert, *Messe As-Dur (1819– 1822), Deutsche Messe (1827), Messe Es-Dur (1828)*; Anton Bruckner, *Messe e-Moll (1866), Messe f-Moll (1867/68)*; Igor Strawinsky, *Messe (1948)*; Paul Hindemith, *Messe (1963)*; Dieter Schnebel, *Dahlemer Messe (1984–87)*; Arvo Pärt, *Berliner Messe (1990–91/2002)*

Requiem

Die Totenmesse der römisch-katholischen Kirche unterscheidet sich von der Liturgie einer Messe dadurch, dass bestimmte Texte des Ordinariums und Propriums durch andere ersetzt werden. Der Name Requiem leitet sich vom ersten Wort des Textes ab. Die Abfolge wurde im Jahre 1570 verbindlich festgelegt.

Abfolge der Texte in einem Requiem

Proprium	Ordinarium	Textanfang
Introitus		Requiem aeternam
	Kyrie	Kyrie eleison
Graduale		Requiem aeternam
Tractus		Absolve, Domine
Sequenz		Dies irae, dies illa
Offertorium		Domine Jesu Christe
	Sanctus	Sanctus, sanctus
	Agnus Dei	endet mit: „... dona eis requiem"
Communio		Lux aeterna
		Requiem aeternam

Auch bei der Vertonung eines Requiems unterteilen die Komponisten längere Texte nach ihren Sinnabschnitten.

BEISPIEL

Wolfgang Amadeus Mozart: Requiem d-Moll KV 626

Für die folgenden Unterteilungen wählt Mozart jeweils eine in sich geschlossene, eigenständige Komposition. Zu beachten ist, dass die Komposition unvollendet geblieben ist und von dem Mozartschüler F. X. Süßmayr vollendet wurde.

Requiemstext		Nr.	Unterteilungen
Proprium	Ordinarium		
Introitus			Requiem aeternam
	Kyrie		Kyrie eleison
Sequenz		1	Dies irae
		2	Tuba mirum
		3	Rex tremendae
		4	Recordare Jesu pie
		5	Confutatis maledictis
		6	Lacrimosa dies illa
Offertorium		1	Domine Jesu Christe
		2	Hostias et preces tibi
	Sanctus	1	Sanctus
		2	Benedictus
	Agnus Dei		Agnus Dei
Communio			Lux aeterna

Auswahl wichtiger Kompositionen

Wolfgang Amadeus Mozart, *Requiem (1791)*; Hector Berlioz, *Grand Messe des Morts (1837)*; Giuseppe Verdi, *Messa da Requiem (1868/73)*; Gabriel Fauré, *Requiem (1877–90)*; Maurice Duruflé, *Requiem (1947)*; Benjamin Britten, *War Requiem (1961)*; György Ligeti, *Requiem (1963–65)*

Requiem-Kompositionen, die vom liturgischen Text abweichen oder rein instrumental sind

Heinrich Schütz, *Musikalische Exequien (1636)*; Johannes Brahms, *Ein deutsches Requiem (1868)*; Benjamin Britten, *Sinfonia da Requiem (1940)* (rein instrumentale Komposition); Bernd Alois Zimmermann, *Requiem für einen jungen Dichter (1967–69)*; Hans Werner Henze, *Requiem (1993)* – Diese Komposition ist eine Sammlung von neun geistlichen Konzerten, die lediglich in ihren Satzüberschriften auf das Requiem Bezug nehmen.

Passion

Unter einer Passion versteht man eine Komposition, welche die Leidensgeschichte Jesu Christi von seiner Gefangennahme bis zur Kreuzigung vertont. Meist sind Solisten, Chor und Orchester beteiligt. Es gibt verschiedene musikalische Formen einer solchen Passions-Komposition, die wichtigste ist die im 17. Jh. entstandene oratorische Passion. Sie bringt neben dem Passionstext selbst, der im Stile eines Rezitativs vorgetragen wird, lyrische oder lehrhafte Betrachtungen (in Rezitativ- und Arienformen, auch in Chorsätzen). Daneben stehen selbstständige instrumentale Teile. – Eine Passion wird normalerweise nach dem Evangelisten benannt, dessen Passionstext vertont wird.

BEISPIEL

J. S. Bach: Matthäus-Passion (Anfang)

Musikalische Form	Textanfang	Inhalt/Funktion
Chor	Kommt, ihr Töchter, helft mir klagen	Einleitender Chor; Klagegesang
Rezitativ (secco)	Da Jesus diese Rede vollendet hatte	Beginn des Evangelium-Textes
Choral	Herzliebster Jesu, was hast du verbrochen	Reflexion über die angebliche Schuld Jesu Christi
Rezitativ (secco)	Da versammelten sich die Hohenpriester	Fortsetzung des Evangelium-Textes

Chor	Ja nicht auf das Fest	Ein sog. Turba-Chor, in dem der Chor die Rolle des Volkes oder einer Gruppe daraus darstellt.
Rezitativ (secco)	Da nun Jesus war zu Bethanien	Fortsetzung des Evangelium-Textes
Chor	Wozu dienet dieser Unrat	Ein sog. Turba-Chor, in dem der Chor in diesem Falle die Rolle der Jünger übernimmt.
Rezitativ (secco)	Da das Jesus merkte, sprach er zu ihnen	Fortsetzung des Evangelium-Textes
Rezitativ (accompagnato)	Du lieber Heiland du	Reflexion über das Streiten der Jünger
Arie	Buß' und Reu	Tränen als Opfer für Jesus
Rezitativ	Da ging hin der Zwölfen einer	Fortsetzung des Evangelium-Textes

Auswahl wichtiger Kompositionen

Heinrich Schütz, *Lukas- (1663), Johannes- (1665), Matthäus-Passion (1666)*; Johann Sebastian Bach, *Johannes-Passion (1724?), Matthäus-Passion (1729?)*; Krzysztof Penderecki, *Lukas-Passion (1962–65)*; Arvo Pärt, *Johannes-Passion (1982)*; Sofia Gubaidulina, *Johannes-Passion (2000)*

Oratorium

Unter einem Oratorium versteht man eine größere, mehrteilige Komposition auf einen geistlichen Text für Solostimmen, Chor und Orchester. Es unterscheidet sich von der Oper dadurch, dass es nicht szenisch aufgeführt wird. Die Abgrenzung gegenüber verwandten Gattungen (z. B. Passion, Kantate) ist oft schwierig. Das Oratorium entsteht im 17. Jh. in Italien, seinen Höhepunkt erreicht es in den insgesamt 22 Oratorien Georg Friedrch Händels in der Zeit zwischen 1707 und 1757.

(In seltenen Fällen gibt es auch Oratorien mit weltlichem Text, z. B. „Die Jahreszeiten" von Joseph Haydn.)

BEISPIEL

Joseph Haydn: Die Schöpfung

Angeregt von den englischen Oratorien G. F. Händels schreibt Haydn ein Oratorium in deutscher Sprache, das teilweise den Bibeltext wörtlich zitiert. – Mit diesem Werk löst sich das Oratorium aus dem kirchlichen Rahmen und wird zu einer im Konzertsaal aufzuführenden Komposition.

Musikalische Form	Textanfang	Inhalt/Funktion
Orchestervorspiel	–	Darstellung des Chaos
Rezitativ (accompagnato) + Chor	Im Anfange schuf Gott Himmel und Erde	Beginn des Schöpfungsberichts: Erschaffung von Himmel und Erde; das Scheiden von Licht und Finsternis
Arie mit Chor	Nun schwanden vor dem heiligen Strahle	Bericht und Reflexion über die Folgen dieser Teilung
Rezitativ (secco und accompagnato)	Und Gott machte das Firmament, und teilte die Wasser	Bericht von der Teilung des Wassers auf der Erde und am Firmament (Regen, Schnee)
Solo mit Chor	Mit Staunen sieht das Wunderwerk	Lob des 2. Tags
Rezitativ (secco)	Und Gott sprach: Es sammle sich das Wasser	Bericht über die Scheidung von Land und Meer
Arie	Rollend in schäumenden Wellen	Meer und von Strömen und Bächen durchzogenes trockenes Land entstehen
Rezitativ (secco)	Und Gott sprach: Es bringe die Erde Gras hervor	Bericht über die Erschaffung der Pflanzen
Arie	Nun beut die Flur das frische Grün	Lob der Pflanzen; Darstellung der Verschiedenartigkeit der Pflanzen
Rezitativ (secco)	Und die himmlischen Heerscharen verkündeten den dritten Tag	Ankündigung für den folgenden Chor
Chor	Stimmt an die Saiten	Lob über die „herrliche Pracht"

Auswahl wichtiger Kompositionen

Johann Sebastian Bach, *Weihnachtsoratorium (1734)*; Georg Friedrich Händel, *Der Messias (1742)*; Joseph Haydn, *Die Schöpfung (1796–98)*; Felix Mendelssohn Bartholdy, *Paulus (1836), Elias (1844–46)*; Franz Liszt, *Christus (1862–66)*; Antonín Dvořák, *Stabat mater (1876/77)*; Zoltán Kodály, *Psalmus hungaricus (1923)*; Franz Schmidt, *Das Buch mit sieben Siegeln (1935–37)*; Krzysztof Penderecki, *Dies irae (1967), Utrenja I: Grablegung Christi, und II: Auferstehung Christi (1969–71)*

Kantate

Unter einer Kantate (*cantare*, lat. und ital. = singen) versteht man eine Vokalkomposition mit Instrumentalbegleitung. Sie entsteht als generalbassbegleitetes Sologesangsstück, das aus einer Folge von Rezitativ und Arie besteht. Im 18. Jh. wird die Kantate zur Hauptform der evangelischen Kirchenmusik. Nun wird neben Solisten und Instrumentalisten oft auch ein Chor verlangt. Wichtigster Vertreter dieser Gattung ist Johann Sebastian Bach, zu dessen Dienstpflichten es als Thomaskantor in Leipzig z. B. gehörte, für die sonntäglichen Gottesdienste in der Thomaskirche zu Leipzig jeweils eine neue Kantate zu komponieren (und mit den Musikern einzustudieren). Daher sind von Bach mehrere Jahrgänge dieser Kantaten vollständig oder teilweise erhalten.
Die Kantate hat keine feste formale Gestaltung, sondern ist eine ganz unterschiedlich gegliederte Abfolge von Rezitativen, Arien, Chören und vom Chor gesungenen Chorälen. – Neben der Vielzahl von Kirchenkantaten gibt es auch Kantaten mit weltlichem Text, da es im Barock üblich war, für größere Familienfeste eigene Festmusiken bei den Komponisten zu bestellen.
In der späteren Zeit taucht die Kantate kaum noch oder in völlig anderer Bedeutung auf.

Auswahl wichtiger Kompositionen

Johann Sebastian Bach, *Leipziger Kantaten (ab 1723)*
Hans Pfitzner, *Von deutscher Seele (1920/21)*
Béla Bartók, *Cantata profana (1930)*

Motette

Die Motette ist eine zentrale Gattung in der mehrstimmigen Vokalmusik der abendländischen Musikgeschichte (▸ S. 128). In diesem Zusammenhang interessiert aber nur die Einengung auf die Motette als eine Form der Kirchenmusik, die sich im 15. Jh. vollzieht. Im Normalfall wird die Motette nur von einem Chor ausgeführt *(a cappella)*, der z. B. bei vier der sechs Motetten Bachs auch in einen 8-stimmigen Doppelchor aufgeteilt werden kann. Wenn Instrumente mitwirken, so spielen sie lediglich die Chorstimmen mit. Der vertonte Text stammt meist aus der Bibel. Er wird in einzelne Sinnabschnitte zerlegt und – ähnlich wie bei der weltlichen Form des Madrigals – musikalisch ausgedeutet.

Auswahl wichtiger Kompositionen

Johann Sebastian Bach, *Motetten (ab 1723)*; Johannes Brahms, *Motetten opp. 29, 74, 110 (1860–89), Fest- und Gedenksprüche op. 109 (1889)*

Sonstige Formen der Kirchenmusik

Neben diesen relativ fest definierten Ausprägungen haben sich auch freie Formen gebildet, in denen religiöse Texte vertont werden.

Auswahl wichtiger Kompositionen

Heinrich Schütz, *Psalmen Davids (1619)*; Johann Sebastian Bach, *Magnificat D-Dur BWV 243 (1723)*; Wolfgang Amadeus Mozart, *Ave verum KV 618 (1791)*; Hector Berlioz, *Te Deum op. 22 (1849)*; Anton Bruckner, *Te Deum (1881–84)*; Giuseppe Verdi, *Quattro pezzi sacri (ab 1889)*; Igor Strawinsky, *Psalmensinfonie (1930)*; György Ligeti, *Lux aeterna (1966)*

Es gibt auch reine Instrumentalmusik, die als Kirchenmusik gelten kann. Orgelmusik ist eng mit Kirchenmusik verbunden, da (von den Orgeln in großen Konzertsälen abgesehen) dieses Instrument fast ausschließlich in der Kirche zur Verfügung steht. Doch sind die meisten Orgelkompositionen nicht im engeren Sinn zur Kirchenmusik zu rechnen.

Anders ist es bei Instrumentalmusik, bei der der Komponist durch Titel oder Satzüberschriften auf religiöse Inhalte verweist. Olivier Messiaen z. B. schreibt ein *Quatour pour la Fin du Temps (Quartett für das Ende der Zeit, 1940–41)*, dem er ein Motto aus der Offenbarung des Johannes voranstellt, und den insgesamt 8 Sätzen Titel gibt, die auf die Apokalypse anspielen.

7.4 Musik und Bewegung

Der rhythmische Impuls, der fast jeder Musik innewohnt, hat zu allen Zeiten dazu geführt, dass zur Musik getanzt wurde. Tänze sind ursprünglich religiöse oder rituelle Akte mit ganz unterschiedlichen Funktionen, z. B. Totentanz, Initiationstanz, Hochzeitstanz, Fruchtbarkeitstanz.
Eine Tanzkultur entwickelt sich ab dem 13. Jh. zunächst an den Fürstenhöfen. Entweder sind es Gruppentänze (Reigen) oder Paartänze. Im 15./16. Jh. setzt sich eine Tanzfolge durch, die als Kontrast angelegt ist: Zunächst kommt ein langsamer Schreittanz (z. B. eine Pavane), dann ein schneller, meist gesprungener Nachtanz (z. B. eine Galliarde).
Aus diesem „Urpaar" entwickelt sich durch Ergänzungen und Erweiterungen die Suite als Tanzfolge, die dann aber stilisiert wird, sodass die Musik nur noch gespielt, nicht aber mehr getanzt wird (▶ S. 100 f.).
Weitere wichtige Tänze des 16. bis 18. Jh. sind:

Tanz	Taktart	Tempo	Herkunft
Allemande	4/4	langsam	Deutschland
Branle	2/2 oder 4/2	lebhaft	Frankreich
Bourrée	4/4 oder 4/8	schnell	Frankreich
Chaconne	3/4	langsam	Spanien
Courante	3/2	schnell	Frankreich

Gavotte	4/4	schnell	Frankreich
Gigue	6/8 oder 12/8	schnell	Schottland
Passepied	3/8 oder 3/4	schnell	Frankreich
Sarabande	3/2	langsam	Spanien
Siciliano	6/8 oder 12/8	langsam	Italien

Im 15. Jh. teilt sich der Tanz in den Volkstanz und den höfisch-aristokratischen Gesellschaftstanz.

Volkstanz

Ähnlich wie beim Volkslied werden die Volkstänze nicht aufgeschrieben. Es gibt, neben dem Ausdruck von Freude und der Bildung eines Gruppenzusammengehörigkeitsgefühls, verschiedene Anlässe für einen Volkstanz, z. B. den Tanz um den Maibaum, Geschicklichkeitstänze, Geselligkeitstänze.
Der Volkstanz ist auch Ausdruck der Lebensweise und Kultur einer Nation oder Region. Berühmte nationale Volkstänze sind z. B. der Sirtaki (Griechenland), Kasatschok (Russland), Flamenco (Spanien), Csárdás (Ungarn), die Mazurka (Polen).

Gesellschaftstanz

Der Gesellschaftstanz dagegen wird allmählich standardisiert, d. h., dass bei den jeweiligen Tänzen die Schrittfiguren vorgegeben sind und die Musik einen für den jeweiligen Tanz passenden Rhythmus hat. Bei den höfischen Gesellschaftstänzen bildet sich eine stark stilisierte Tanzart heraus, die einen bedeutenden Teil im festgelegten höfischen Zeremoniell darstellt. Wichtig wird das ***Menuett,*** der höfische Haupttanz der Barockzeit. Die Choreographie wird in einer komplizierten Schrift aufgeschrieben.
Noch Mozart nutzt 1787 die gesellschaftliche Zuordnung von Tänzen in der Tanzszene seiner Oper *Don Giovanni,* indem er drei Tänze in unterschiedlichen Taktarten gleichzeitig übereinanderschichtet:

Tanzart	Personen	Gesellschaftsschicht
Menuett (3/4-Takt)	Donna Anna und Don Ottavio	Adel
Kontertanz (2/4-Takt)	Don Giovanni und Zerlina	Adel + Bäuerin
Deutscher Tanz (3/8-Takt)	Leporello und Masetto	Diener + Bauer

Das aufstrebende Bürgertum nimmt zunehmend am Gesellschaftstanz teil und schafft sich dabei auch eigene Tänze und Tanzformen. Der wichtigste Tanz im 19. Jh. ist der Walzer.
Der Gesellschaftstanz im 20. Jh. wird auf der einen Seite geprägt von oft nur kurze Zeit gültigen Modetänzen, auf der anderen Seite aber auch durch den Versuch, die Tänze und ihre Schrittfolgen zu systematisieren. Dies führt 1963 zur Festlegung des Welttanzprogramms, dessen Unterscheidung zwischen lateinamerikanischen (u.a. Rumba, Cha-Cha-Cha, Samba, Tango) und Standardtänzen (u.a. Langsamer und Wiener Walzer, Foxtrott) noch heute gilt.

Ballett

Unter einem Ballett versteht man den von Musik begleiteten künstlerischen Tanz. Als Ballett wird aber auch die Gruppe bezeichnet, die diesen Tanz ausführt, sowie die Komposition, die für die Aufführung geschaffen wird.
Der künstlerische Tanz hat seinen Ursprung an den italienischen Fürstenhöfen der Renaissance. Eine Blütezeit erlebt er im Barock. In dieser Zeit dient das Ballett vor allem dem exzentrischen Repräsentationsgehabe am Hofe. Von Ludwig XIV. ist bekannt, dass er fast täglich tanzte. Folgerichtig wird 1661 in Paris die erste Tanzakademie gegründet.
Einen weiteren Höhepunkt hat das Ballett im 19. Jh., nun allerdings als Handlungsballett, in dem eine Geschichte erzählt wird. Ein Zentrum wird Russland mit St. Petersburg, im 20. Jh. auch Moskau.

Am Anfang des 20. Jh.s tritt neben den klassischen Tanz der Ausdruckstanz (Isadora Duncan, Mary Wigman), der das heutige moderne Ballett, das sich nun Tanztheater nennt, stark beeinflusst hat.
Derjenige, der sich die Umsetzung einer Musik in die Bewegungsabfolge einer Ballettgruppe ausdenkt und mit ihr einstudiert, heißt Choreograph, das Ergebnis Choreographie.
Als Musikvorlage dient einem Ballett eine meist eigens dazu geschriebene Komposition (z. B. L. Delibes, *Coppelia;* P. Tschaikowsky, *Schwanensee;* I. Strawinsky, *Le sacre du printemps*). Grundsätzlich eignet sich aber auch jede andere Komposition dafür, in Bewegung umgesetzt zu werden. Ein Beispiel dafür ist die Choreographie der *Matthäus-Passion* von J. S. Bach durch John Neumeier (1980/81).

Auswahl wichtiger Kompositionen

Peter Tschaikowsky, *Schwanensee (1877), Dornröschen (1890), Der Nussknacker (1892);* Igor Strawinsky, *Der Feuervogel (1910), Petruschka (1911), Le sacre du printemps (1913);* Béla Bartók, *Der holzgeschnitzte Prinz (1914–16), Der wunderbare Mandarin (1918/19).*

Auswahl berühmter Choreographen

George Balanchine, Pina Bausch, Maurice Béjart, John Cranko, William Forsythe, John Neumeier

7.5 Musik und Film

Musik im Film ist eine wesentliche Komponente des seit 1895 bestehenden Mediums. Sie kann das Geschehen der Filmhandlung intensivieren, lokalisieren, überhöhen, konterkarieren, emotional verstärken oder die Bewegung illustrieren (mickey mousing).
Anfangs sollte die Musikbegleitung, die von einem Pianisten oder von einem Kinoorchester gespielt wurde, die lauten Geräusche der Vorführgeräte übertönen; doch bald wurde der Cha-

rakter der Musik dem der Filmhandlung angepasst. Dazu gab es in der damaligen Zeit eigens angelegte Kataloge, die bei der Zusammenstellung dieser Begleitmusik halfen.

Von Filmmusik im engeren Sinn kann erst gesprochen werden, seit von Komponisten eine Originalpartitur für einen bestimmten Film geschrieben wurde. Einer der ersten Komponisten, der Musik für einen Stummfilm komponierte, war 1908 der Franzose Camille Saint-Saëns. Ein weiterer berühmter Filmkomponist ist der Österreicher Erich Wolfgang Korngold, der nach seiner Emigration in Hollywood arbeitete (u. a. *Robin Hood,* 1938). Die Einführung des Tonfilms (ab 1922), in dem die Musik auf einer eigenen Spur aufgenommen wird und eine absolute Synchronisation zwischen Bild und Ton möglich macht, machte die Live-Musik zum Film überflüssig.

Oft wird der Film zum beliebten Popularisierungsmittel von Schlagern, Songs oder der gerade aktuellen Popularmusik. Bei heutigen Produktionen ist der Soundtrack, also die CD mit der Musik zu einem bestimmten Film, ein wichtiges Werbe- und Einnahmemittel.

Viele berühmte Komponisten haben auch Musik für den Film geschrieben, neben den schon genannten u.a. auch Darius Milhaud, Artur Honegger, Sergei Prokofieff, Dmitrij Schostakowitsch.

Es gibt Regisseure, die ihren Filmen bekannte Kompositionen hinzufügen.

BEISPIELE

Stanley Kubrick nutzt in seinem Film *2001: Odysee im Weltraum* eine ganze Reihe von Kompositionen, die nicht als Filmmusik gedacht waren: den Walzer *An der schönen blauen Donau* von Johann Strauß, *Also sprach Zarathustra* von Richard Strauss, *Requiem* und *Lux aeterna* von György Ligeti. Berühmt ist die Verwendung des langsamen Satzes (Adagietto) aus der *5. Sinfonie cis-Moll* von Gustav Mahler in L. Viscontis Verfilmung der Thomas Mann-Novelle *Tod in Venedig*. Auch der Film *Der Clou* von G. R. Hill verwendet einen nicht als Filmmusik gedachten Ragtime von Scott Joplin *(The Entertainer)*.

Auswahl bekannter Filmkomponisten

Ennio Moricone, Nino Rota, Miklós Rózsa, John Williams, Hans Zimmer

7.6 Musik und Werbung

Musik kommt in fast jeder Werbung vor. Wichtig ist der ***Jingle***, das musikalische Produktsignet, in dem der jeweilige Produktname und eine sehr eingängige Melodie eine so starke Einheit eingehen, dass sich diese Kombination sehr schnell beim Hörer festsetzt. Der Wiedererkennungseffekt ist dadurch sehr hoch.

Immer wieder wird von den Werbemusikern eine Anleihe bei bekannten Kompositionen genommen; beliebt ist eine sehr affirmativ wirkende Musik (z. B. der Beginn von *Also sprach Zarathustra* von Richard Strauss). Bisweilen werden auch Stilzitate ganz alter Musik (Gregorianik, Organale Musik) benutzt.

8 Die Abiturprüfung

8.1 Die schriftliche Prüfung

Die schriftliche Prüfung ist eigentlich nichts weiter als eine schriftliche Klausur, wie sie in den vorangegangenen Schulhalbjahren ja schon mehrfach geschrieben worden ist. Der einzige Unterschied zu den bisher geschriebenen Klausuren ist, dass es auf diese Arbeit im Rahmen der schriftlichen Abiturprüfung nun ankommt und sie nicht mit anderen Leistungen verrechnet werden kann.
Grundsätzlich wird von einem Leistungskursschüler eine wesentlich differenziertere Bearbeitung erwartet als von einem Grundkursschüler. Auch sind die Arbeitsanweisungen für einen Grundkurs in der Regel differenzierter und helfen somit bei der Strukturierung der zu schreibenden Arbeit.
Auch wenn in vielen Bundesländern inzwischen das Zentralabitur eingeführt worden ist und somit die Aufgaben vom dafür zuständigen Ministerium gestellt werden, ändert sich nichts Grundsätzliches. Die Anforderungen sind in den einzelnen Bundesländern unterschiedlich, und durch spezielle Voraussetzungen (z. B. Musikgymnasien in einigen Bundesländern) verstärken sich diese Unterschiede zusätzlich.

Aufgabe – Analyse und Interpretation/Erörterung

Bei diesem Aufgabentyp geht es darum, ein vorgegebenes Musikbeispiel zu analysieren und mit den gewonnenen Analyseergebnissen zu einer neuen Einsicht in Bezug auf das zugrunde liegende Werk zu gelangen. Oft gibt es innerhalb der Aufgabenstellung auch noch fachbezogene Texte (z. B. Briefe, theoretische Schriften).

AUFGABE

Vertonung des Goethe-Gedichts „Über allen Gipfeln ist Ruh" durch Carl Friedrich Zelter (1758–1832), Carl Loewe (1796–1869) und Franz Schubert (1797–1828)

1. Vergleichen Sie die drei Kompositionen, indem Sie aufzeigen, welche musikalischen Mittel die Komponisten einsetzen und welche Wirkung sie dadurch erreichen.

2. Goethe ließ Vertonungen seiner Gedichte nur gelten, *„als der Tonkünstler sie auch in die Einheit seines Gefühls nochmals aufnehmen und, als wären sie ein Ganzes, nach seiner Weise durchführen wolle"*.
   Die Zelter'schen Vertonungen bezeichnet er als „radikale Reproduktion der poetischen Intention" und schreibt an den Komponisten:
   „Deine Kompositionen fühle ich sogleich mit meinen Liedern identisch: die Musik nimmt nur, wie ein einströmendes Gas, den Luftballon mit in die Höhe."
   Von einer musikalischen Interpretation seiner Gedichte ist er dagegen überhaupt nicht begeistert.
   „Bei andern Komponisten muss ich erst aufmerken, wie sie das Lied genommen, was sie daraus gemacht haben."

Weisen Sie unter Zuhilfenahme Ihrer Erkenntnisse aus Aufgabe 1 nach, wie sich die Vertonungen von Schubert und Loewe im aufgezeigten Spannungsfeld von Reproduktion bzw. Interpretation des Textes verhalten!

KOMMENTAR In Aufgabe 1 muss jedes der drei Lieder analysiert werden. Diese Analysenergebnisse sollen miteinander verglichen werden, um zu einer Aussage zu kommen, wie der jeweilige Komponist das zugrunde liegende Gedicht aufgefasst und musikalisch interpretiert hat.

Dazu muss man etwas über die Ästhetik des Liedschaffens in der Romantik wissen und insbesondere, was der daktylische Rhythmus bei Schubert bedeuten kann (▶ S. 76 ff.).

8

In Aufgabe 2 geht es zunächst darum, die Goethe-Zitate zu verstehen. Goethe spricht sich dagegen aus, dass ein Komponist eine eigene interpretatorische Ebene über sein Gedicht legt; er möchte nur eine musikalische Reproduktion seiner im Gedicht liegenden Aussage. Da Schubert aber mit seiner musikalischen Gestaltung dem Gedicht eine zusätzliche Ebene gibt (durch die ständige Verwendung des „Todes"-Rhythmus liegt es nahe, den Schlaf als Tod zu interpretieren), wird deutlich, dass Schubert dieser Auffassung Goethes widerspricht. Gut wäre es in diesem Zusammenhang zu wissen, dass Goethe wohl aus diesem Grund die Liedzusendungen Schuberts unbeantwortet gelassen hat und er erst im hohen Alter einen Zugang zu Schuberts Vertonungen fand.

AUFGABE

Henry Purcell (1659–1695), *Dido und Aeneas:* Arie der Dido
Hector Berlioz (1803–1869), *Die Trojaner:* Arie der Dido

1. Analysieren Sie die beiden Arien! Gehen Sie dabei besonders auf melodische, formale, harmonische und satztechnische Mittel ein; beachten Sie auch das Wort-Ton-Verhältnis.

2. Interpretieren Sie Ihre Ergebnisse! Machen Sie dabei deutlich, worin sich die beiden Gestaltungen unterscheiden bzw. worin sie sich ähnlich sind, und welcher musikalischen Ästhetik die Komponisten jeweils verpflichtet sind.

3. Setzen Sie sich aufgrund Ihrer Analysenergebnisse in Aufgabe 1 und Ihren Überlegungen in Aufgabe 2 mit folgendem Zitat auseinander:

„Der Hörer – und somit der Theoretiker – haben nicht die Aufgabe, die in den Tönen ‚verschlüsselte' Intention zu entziffern, zu verstehen und zu benennen, als wären tönende Gebilde Bezeichnungen von Bedeutungen, sondern sie haben lediglich zu hören, das tönende Geschehen nachzuvollziehen, die fundierte und nicht übersetzbare Logik der tönenden Zusammenhänge zu verfolgen und die musikalischen Zusammenhänge als ästhetisch sinnvolle Qualitäten zu erleben."

KOMMENTAR Schon bei der Nennung der beiden Komponisten und ihrer Lebensdaten sollte registriert werden, dass beide jeweils einer anderen Ästhetik verpflichtet sind: Der Barockkomponist Purcell dürfte musikalische Figuren verwenden, um den Textinhalt abzubilden, während es dem Romantiker Berlioz lediglich um die musikalische Darstellung des Affektes (die Arie der Dido steht direkt vor ihrem Selbstmord) gehen wird. Eine musikalische Analyse wird diese Vermutung stützen: Purcell verwendet sehr viele Figuren, z. B.:

- die Passacaglia, um die Unausweichlichkeit von Didos Tod zu zeigen;
- einen chromatisch absteigenden Bass mit anschließender Kadenzfloskel, um das Leid Didos auszudrücken;
- Seufzerfiguren und melodisch-rhythmische Wendungen, die das Schluchzen nachahmen;
- eine im Oktavraum absteigende chromatische Oberstimme im instrumentalen Nachspiel, ebenfalls um das Leid auszudrücken.

In Aufgabe 1 sollen diese musikalischen Gestaltungsweisen analysiert, in Aufgabe 2 im Sinn der jeweiligen Ästhetik der Zeit interpretiert werden. Dadurch wird schon deutlich, dass das Zitat in Aufgabe 3 lediglich auf die Berlioz-Komposition zutreffen kann, während der Barockkomponist Purcell einer anderen Ästhetik verpflichtet ist und es gerade seine Absicht ist, „Intentionen in seinen Tönen zu verschlüsseln“, die der Hörer entschlüsseln muss.

Gestaltungsaufgabe mit Erläuterungen

Bei diesem Aufgabentyp soll (im Rahmen der schulischen Möglichkeiten) die Fähigkeit nachgewiesen werden, nach bestimmten Vorgaben eine Komposition zu skizzieren. Der Entwurf kann in traditioneller, zeitgenössischer oder grafischer Notation ausgearbeitet werden. Zudem wird eine Erläuterung zu den gewählten Verfahren und zu dem Ergebnis erwartet.

AUFGABE

1. Versehen Sie folgendes Gedicht (Gottfried Keller, *Die Zeit geht nicht*) mit einem Klanghintergrund, der während des Gedichtvortrages erklingen soll. Melodramähnlich soll die Klangfarbenkomposition den Text unterstreichen, ausdeuten, verstärken. Entwerfen Sie eine Klangpartitur, deren grafische Notation den erdachten Klang anschaulich schildert.
2. Erläutern Sie Ihren Entwurf. Begründen Sie den formalen Aufbau (z. B. Vor- und Zwischenspiel), die Instrumentation und deren Ausführung, die gewählten Mittel zur Verklanglichung des Textes. Beschränken Sie sich bei der Vertonung auf das Orffinstrumentarium, das Sie durch einige Streich- oder Blasinstrumente erweitern können.

KOMMENTAR In Aufgabe 1 soll ein musikalischer Klanghintergrund komponiert werden, der die Textebene illustriert. Diese Technik des Melodrams ist eigens noch einmal benannt. Die Komposition soll in einer grafischen Partitur festgehalten werden. – Bei der Bearbeitung dieser Aufgabe stellt sich daher u. a. die Frage, wie Text und Notation gemeinsam aufgeschrieben werden sollen. Es empfiehlt sich, die Gedichtzeilen nicht untereinander, sondern in einer fortlaufenden Zeile zu schreiben, sodass darunter Platz für die grafische Notation bleibt. Die gewählte Lösung soll in Aufgabe 2 kommentiert und in einigen kompositorischen Entscheidungen begründet werden. Hier ist auch die Möglichkeit, die relativ unbestimmte grafische Notation verbal zu präzisieren.

Tipps zur Vorbereitung

Wie schon gesagt, handelt es sich im Grund bei der schriftlichen Abiturprüfung nur um eine Klausur. In der Vergangenheit sollten also genügend Strategien und Vorgehensweisen erprobt worden sein. Dennoch helfen vielleicht – auch für die Klausuren, die in der gymnasialen Oberstufe zu schreiben sind – folgende Tipps:

- Lesen Sie sich die Aufgabe mehrmals und sehr genau durch,

bis Sie verstanden haben, was durch die Aufgabenstellung von Ihnen verlangt wird. – Ein häufiger Fehler ist, dass die Aufgabe nur überflogen und somit nicht richtig erfasst wird.

- Nutzen Sie (versteckte) Hilfestellungen Ihres Prüfers, die er Ihnen z. B. mit Jahreszahlen gibt. Ein Komponist, dessen Lebensdaten ihn als Barockkomponisten kenntlich machen (z. B. Purcell in einer der Beispielaufgaben), ist naturgemäß der barocken Ästhetik verpflichtet, während ein romantischer Komponist (im obigen Fall Berlioz) völlig andere Lösungen erwarten lässt.
- Wenn Ihnen zur eigentlichen Aufgabe im Augenblick nichts einfällt und der Prüfungsstress zu einer Schreibblockade führt, schreiben Sie (auf Konzeptpapier) einen Brief an eine Ihnen nahestehende Person und schildern Sie ihm in diesem Brief Ihr Problem. – Sie werden bald feststellen, dass Sie sich auf einmal mit der konkreten Aufgabe beschäftigen; und alles, was nicht dazugehört, können Sie ja später unkenntlich machen.
- Nutzen Sie das Konzept sinnvoll. Wie die Arbeit mit einem Konzept sinnvoll funktioniert, sollten Sie im Laufe der Oberstufe gelernt haben. Im Konzept wird weder der Reihe nach aufgeschrieben noch ausformuliert. Notieren Sie im Sinne des Brainstormings alles, was Ihnen zu der jeweiligen Aufgabe durch den Kopf geht – ob Sie es später verwerten, interessiert in dieser Phase nicht. Bewerten Sie nicht, sondern schreiben Sie auf. Die Bewertungs- und Ordnungsphase kommt später. Je mehr spontane Ideen Sie in dieser Phase haben, desto besser.
- Verzetteln Sie sich nicht, indem Sie bei einem Punkt zu sehr ins Detail gehen. Erst wenn Sie zu allen wichtigen Punkten Gedanken notiert haben, sollten Sie bei dem ein oder anderen Punkt ins Detail gehen.
- Achten Sie auf den Ihnen zur Verfügung gestellten zeitlichen Rahmen. Es ist in den Prüfungsordnungen zwar vorgesehen, dass die Aufzeichnungen des Konzeptes für die Korrektur mit herangezogen werden können, wenn die Reinschrift der Ar-

beit nicht vollständig vorliegt, doch ist es natürlich immer besser, wenn die gesamte Arbeit in Reinschrift angefertigt worden ist. Insofern sollte man bei jeder Oberstufenklausur diese Zeiteinteilung schon üben. Planen Sie auch noch genügend Zeit ein, um gegen Ende der Arbeitszeit Ihre Ausführungen nochmals konzentriert auf Formalfehler durchsehen zu können.

Tipps zur Niederschrift

- Gliedern Sie Ihre Gesichtspunkte im Konzept unter dem Gesichtspunkt der Logik.
- Verwenden Sie Absätze, um Ihre Ausführungen leserfreundlich zu strukturieren.
- Halten Sie sich konkret an die Aufgabe. Wenn z. B. durch die Aufgabe eine Analyse gefordert ist, hat eine Interpretation der Analysenergebnisse in diesem Aufgabenteil nichts zu suchen.
- Vermeiden Sie Redundanzen und Leerformeln. Nutzen Sie dagegen die Prägnanz fachsprachlicher Begriffe.

8.2 Die mündliche Prüfung

Die mündliche Prüfung ist – im Gegensatz zur schriftlichen – eine neue Erfahrung, es sei denn, dass innerhalb des Unterrichts schon einmal eine mündliche Prüfung simuliert worden ist. Der Prüfungsablauf ist formalisiert, d. h., dass z. B. nicht nur der Prüfer selbst, sondern auch der Prüfungsvorsitzende und der Protokollant Fragen stellen dürfen.

Die Aufgabe betrifft normalerweise ein eng begrenztes Gebiet, da die Zeit der Vorbereitung und die Zeit der eigentlichen Prüfung sehr begrenzt sind. Der Prüfer kann eine Verlängerung der Vorbereitungszeit beantragen, wenn z. B. eine eigene Komposition oder Improvisation verlangt wird oder wenn das der Aufgabe zugrunde liegende Hörbeispiel länger ist und mehrfach gehört werden muss. Das zeitliche Ausmaß der mündlichen Prüfung dagegen ist für alle Prüflinge gleich; die Prüfung beträgt in der Regel 20 Minuten, wobei es in den Bundesländern zu unterschiedlichen Regelungen kommen kann.

Leistungserwartungen und Anforderungen

In der mündlichen Prüfung soll der Prüfling unter Beweis stellen, dass er

- inhalts- und methodenbezogene Kenntnisse und Fähigkeiten hat,
- eine Komposition unter gegebenen Gesichtspunkten (Aufgabenstellung) analysieren und interpretieren kann,
- ggf. eine Komposition instrumental oder vokal wiedergeben kann,
- ggf. auf seinem Instrument oder mit seiner Stimme improvisieren kann,
- seine Ansichten, seine musikalische Interpretation oder seine Improvisation schlüssig darstellen und begründen kann,
- die durch die Aufgabenstellung gegebene Problemstellung in einem sprachlich guten und logisch aufgebauten Vortrag darstellen kann.

Die Vorbereitung

Da die Grundlage für die mündliche Abiturprüfung der vorausgegangene Unterricht in den beiden letzten Jahrgangsstufen der gymnasialen Oberstufe ist, sollten

- die eigenen Aufzeichnungen aus diesen zwei Schuljahren zu Rate gezogen werden,
- evtl. benutzte Lehrbücher durchgearbeitet werden,
- Einzelelemente in einen zeitlichen Zusammenhang eingeordnet werden können (▸ Musikalische Epochen, S. 119 ff.),
- musikalische Einordnungsmöglichkeiten (▸ Musik und ..., S. 197 ff.) bekannt sein,
- wichtigste musikalische Formgestaltungen bekannt sein,
- die wichtigsten Analyseregeln (▸ S. 74 ff.) verinnerlicht worden sein.

Das Prüfungsgespräch

In diesem Prüfungsgespräch wird ein klar strukturierter, logisch aufgebauter und sprachlich korrekter Vortrag zu den einzelnen Fragen der Aufgabenstellung erwartet. Fragen durch die Prüfungskommission sollten normalerweise erst im Anschluss an diesen Vortrag erfolgen. Es ist daher wichtig, dass der Prüfling die Kompetenz besitzt, aufgrund eines während der Vorbereitungszeit stichwortartig erarbeiteten Konzeptes frei sprechend seine Einsichten vortragen zu können. Dieser Vortrag sollte den größten Teil der Prüfung einnehmen. Erst danach kann der Prüfer zum einen oder anderen Aspekt nachfragen, z. B. um einen Punkt etwas deutlicher herauszuarbeiten. Sollte diese Kompetenz der freien Rede nicht erworben worden sein, führt ein solches Prüfungsgespräch in der mündlichen Abiturprüfung oft genug zu einer Art Kreuzverhör.

Da im Normalfall das Musikbeispiel, das der Aufgabenstellung zugrunde liegt, nicht mehr eingespielt werden kann, sollte der Prüfling die eine oder andere Stelle durchaus stimmlich andeuten, wobei es natürlich nicht auf eine künstlerische Interpretation ankommt. Wichtige rhythmische Gegebenheiten können z. B. mit Klatschen oder Klopfen verdeutlicht werden. Oft ist der Prüfungsvorsitzende, der ja – im Gegensatz zum Prüfer oder Protokollanten – kein Fachmann sein muss, von solch kurzen musikalischen Darstellungen durchaus beeindruckt!

Aufgabenbeispiele

AUFGABE Die folgenden Beispiele zeigen die Bandbreite, innerhalb derer Aufgaben für die mündliche Prüfung möglich sind.

> Sie hören aus der *Symphonie phantastique* von Hector Berlioz den Schluss des 3. Satzes („Szene auf dem Lande“) und den Anfang des 4. Satzes („Gang zum Richtplatz“) in drei verschiedenen Einspielungen.

1. Wählen Sie die Aufnahme aus, die Ihnen am wenigsten den Notentext wiederzugeben scheint und begründen Sie Ihre Wahl.
2. Vergleichen Sie die beiden anderen Interpretationen und gehen Sie vor allem auf die im Folgenden genannten Aspekte ein: Gestaltung der Dynamik, Fragen der Phrasierung, Tempowahl, Ausgestaltung der Klangfarben.
3. Begründen Sie aufgrund Ihrer Analyse in Aufgabe 2, welche Interpretation Ihnen besser gefällt.

1. Erarbeiten und spielen Sie eine Improvisation für Saxofon solo (Dauer: max. eine Minute), die wesentliche Aspekte der folgenden Geschichte aus der griechischen Mythologie beinhaltet:
   „Eine schöne Nymphe wird vom Hirtengott Pan begehrt. Da sie sich aber gegenüber seinen ziemlich derben Annäherungsversuchen abweisend verhält, artet sein Drängen schließlich in Verfolgung aus. In ihrer Not ruft die Nymphe ihre Schwestern zu Hilfe. Diese verwandeln sie in ein Schilfdickicht. – Der Gott Pan bricht daraufhin ein Schilfrohr ab und spielt eine traurige Melodie."
2. Erläutern Sie Ihre Improvisation, indem Sie Passagen der Geschichte in Ihrer musikalischen Realisation aufzeigen.
3. Spielen Sie abschließend Ihre Improvisation nochmals.

Albert Lortzing: Arie des Bürgermeisters van Bett (3. Aufzug, 1. Auftritt) aus *Zar und Zimmermann*

1. Charakterisieren Sie den Bürgermeister van Bett durch eine Analyse der musikalischen und sprachlichen Elemente des von ihm verfassten Chores zu Ehren des Zaren.
2. Gehen Sie bei Ihren Ausführungen zur Musik auf melodische, rhythmische, dynamische und formale Aspekte ein.
3. Gehen Sie bei Ihren Ausführungen zum Text auf Metrik, Reim, Inhalt und Stil ein.

Tipps für die mündliche Prüfung

- Versuchen Sie, im Musikunterricht der 12. Jahrgangsstufe eine solche mündliche Prüfung innerhalb Ihres Kurses zu simulieren. Sprechen Sie mit Ihrem Lehrer, ob er Ihnen eine Aufgabenstellung aus einer vorangegangenen Prüfung zur Verfügung stellt und mit Ihnen eine solche Prüfung durchspielt. Sie sollten sich dann in der häuslichen Vorbereitung genau an die Vorbereitungszeit halten, die in der Regel auf dem Aufgabenblatt vermerkt ist.
- Machen Sie sich klar, dass bei der relativ kurzen Vorbereitungs- und Prüfungszeit nicht alle Aspekte zur Sprache kommen können. Gehen Sie daher exemplarisch vor, indem Sie wichtige Stellen genauer untersuchen und bewusst auf Vollständigkeit verzichten.
- Machen Sie sich aufgrund Ihres Vorbereitungskonzeptes einen übersichtlichen Stichwortzettel, der nur die Reihenfolge Ihres Vortrages festhält und evtl. Vermerke enthält, wo Sie dazu in Ihrem Konzept Analysenergebnisse finden.
- Rechnen Sie mit Zuhörern in Ihrer Prüfung – es können also wesentlich mehr Personen im Raum sein als nur die Prüfungskommission! Wenn Sie sich darauf einstellen, schockiert Sie die Anwesenheit von anderen Lehrern nicht, zumal diese meist in Ihrem Rücken platziert sind.
- Ähnlich, wie es bei der schriftlichen Arbeit wichtig ist, ins Schreiben zu kommen, ist es in der mündlichen Prüfung wichtig, ins Reden zu kommen. Wer weiß, dass er damit Schwierigkeiten hat, sollte sich den ersten Satz oder die ersten Sätze aufschreiben oder – noch besser – auswendig lernen; man beugt so einer Sprechblockade vor.
- Unterschätzen Sie nicht den Stress, dem Sie durch die besondere Situation einer solchen Prüfung, die für die meisten von Ihnen in dieser Art die erste ist, ausgesetzt sind. Bereiten Sie sich mental darauf vor, was Sie machen, wenn Sie z. B. den Faden verloren haben oder Ihnen ein Fachbegriff nicht einfällt.

- Haben Sie eine Frage Ihres Prüfers nicht verstanden, so fragen Sie nach. Dies sollte allerdings nicht bei jeder Frage passieren!
- Beobachten Sie bei Ihren Ausführungen Ihren Prüfer. Oft reagiert er durch Mimik, Gestik oder ganz allgemein mit seiner Körperhaltung auf bestimmte Aussagen, sodass Sie daraus Ihre Schlüsse ziehen können.
- Ihr Prüfer ist Ihnen, von seltenen Ausnahmen abgesehen, bekannt; Sie wissen also, worauf es ihm ankommt, ob er z.B. mehr die große Linie einer Thematik bevorzugt oder ob er gerne Details hören möchte. Sie können sich in Ihrer Vorbereitung darauf einstellen.

Weitere Abiturprüfungsbestandteile

In einigen Bundesländern gibt es noch zusätzliche Teile, die Bestandteil der Abiturprüfung sein können. Im Bundesland Hessen z.B. sind dies

- *die besondere Lernleistung*
  Dies ist eine schriftliche Hausarbeit mit anschließendem Kolloquium. Meist ist das vom Prüfer lange vorher gegebene Thema auf die Interessen und besonderen Fähigkeiten des jeweiligen Prüflings abgestimmt. Es kann aber sehr umfassend formuliert sein, sodass eine wichtige Leistung darin besteht, die wesentlichsten Gesichtspunkte herauszuarbeiten und sich auf diese zu beschränken.
- *die Präsentationsprüfung*
  Die Präsentationsprüfung ist eine mündliche Prüfung über ein begrenztes Thema, das der Prüfling vom Prüfer eine bestimmte Zeit vorher erhalten hat. Erwartet wird eine medial unterstützte, gut strukturierte Präsentation. Im Anschluss daran wird sich eine kurze Diskussion mit dem Prüfer über einige Aspekte der Ausführungen ergeben.

Eine mögliche Aufgabenstellung könnte in diesem Fall lauten:

Thema	Die Entwicklung konzertanter Gattungen von der Mehrchörigkeit der Venezianischen Schule bis zum Solokonzert der Wiener Klassik
Aufgabe	1 Schildern Sie die o.a. Entwicklung und wählen Sie dafür aussagekräftige und charakteristische Kompositionsbeispiele aus. 2 Analysieren Sie einige der Beispiele exemplarisch; gehen Sie dabei nicht nur auf das Verhältnis der „wettstreitenden" Klangkörper ein, sondern beachten Sie auch die anderen musikalischen Elemente.

Die Entwicklung kann in folgende Schritte unterteilt werden:

- Venezianische Mehrchörigkeit (G. Gabrieli)
- Frühbarockes Concerto grosso (Locatelli, Corelli)
- Spätbarockes Concert grosso (Händel, Bach)
- Barockes Solokonzert (Vivaldi, Telemann, Händel, Bach)
- Solokonzert der Vor- oder Frühklassik (Wagenseil, Stamitz, Haydn)
- Solokonzert der Klassik (Haydn, Mozart, Beethoven)

Für diese Stationen müssen nun charakteristische Beispiele gesucht werden, also z. B.

- G. Gabrieli: *Canzon in Double Echo* (für 3 Chöre) – Mit diesem Beispiel wird über die Echowirkung die Mehrchörigkeit und der dadurch erreichte Raumklang sehr gut deutlich.
- A. Corelli: *Concerto grosso op. 5, 5. Satz: Allegro* – Dieses Beispiel zeigt, wie einzelne Instrumente aus dem Tutti für kurze Abschnitte heraustreten und solistische Aufgaben erhalten. Der Anspruch an die Spieltechnik ist bei den Solostimmen nicht höher als bei denen der Ripienogruppe.
- J. S. Bach: *Brandenburgisches Konzert Nr. 2, 1. Satz* – Nun sind die Anforderungen an die Spieltechnik sehr hoch, was besonders an der virtuosen Trompetenstimme aufgezeigt werden kann. Die solistischen Teile werden nun auch länger.

- A. Vivaldi: Aus den über 500 Konzerten Vivaldis könnte eines mit einem besonderen Soloinstrument herausgesucht werden, also vielleicht ein Konzert für Blockflöte *(Concerto g-Moll RV 439)* oder für Mandoline *(Concerto C-Dur RV 425)* – An diesen Konzerten kann der typische Stil Vivaldis gut aufgezeigt werden, der noch eine starke Affinität zu dem Concerto grosso-Typ aufweist, nur dass jetzt nur ein Soloinstrument existiert.
- Als Beispiel für die Epoche der Vorklassik eignen sich z. B. G. Chr. Wagenseil: *Posaunenkonzert* (hier kann aufgezeigt werden, dass es keinen b. c. mehr gibt) oder das (frühe) *Klavierkonzert D-Dur Hob. XVIII : 2* von J. Haydn, bei dem im Erstdruck erstmals ausdrücklich ein „Fortepiano" als Soloinstrument gefordert ist.
- L. v. Beethoven: *3. Klavierkonzert c-Moll op.37, 1. Satz: Allegro con brio* – An diesem Satz kann sehr gut die motivisch-thematische Arbeit der Wiener Klassik verdeutlicht werden: Das Hauptthema des 1. Satzes ist aus drei grundsätzlichen Prinzipien gebildet (Dreiklang, Tonleiter, Rhythmus). Mit diesen wird der gesamte Satz gestaltet.

Ein wesentliches Element des auszuarbeitenden Vortrags sollte im Herausarbeiten des konzertanten Prinzips, also des Verhältnisses der bzw. des Soloinstrument(e)s zum Orchester liegen.

Materialhinweise

Hier eine Auswahl an Literatur und digitalen Anwendungen zur Vertiefung (in Klammern ist das Betriebssystem angegeben). Eine Wertung ist mit der Auswahl nicht verbunden.

Lexika/Nachschlagewerke

Musik in Geschichte und Gegenwart. Directmedia Publishing, Berlin (Win)

Brockhaus Riemann: Musiklexikon. Directmedia Publishing, Berlin (Win)

Ullstein: Lexikon der Musik. United Soft Media, München (Win/Mac)

Rock Encyclopedia. Bertelsmann BeeBook, Gütersloh (Win)

Reclams Opernlexikon. Directmedia Publishing, Berlin (Win)

Instrumentenkunde

musica – Die Welt der Instrumente entdecken und erleben. Heureka-Klett, Stuttgart (Win/Mac)

Musikinstrumente. Musikverlag Hieber, München (Win/Mac)

Musiktheorie

Grundlagen Musiktheorie. Heureka-Klett, Stuttgart (Win)

Musikgeschichte

Allegro – Streifzüge durch die Musikgeschichte. Systhema (Win/Mac)

Musikspiele

Opera fatal – Die haarsträubende Suche nach den verschwundenen Noten. Heureka-Klett, Stuttgart (Win)

Weiterhelfen können auch die beiden Bände des dtv-Atlas zur Musik. Deutscher Taschenbuch Verlag, München.

Stichwortverzeichnis

Entwicklung der Notation/Stimmungssysteme

Notation: Symbolschrift, die die Tonhöhe und -dauer wiedergibt. Durch die Lage in einem Liniensystem wird unter Zuhilfenahme eines Notenschlüssels die Tonhöhe festgelegt; das Aussehen einer Note bzw. einer Pause bestimmt ihre Dauer. Lautstärke, Artikulation und Phrasierung werden durch zusätzliche Zeichen angegeben. Zunächst genügte wegen des eingeschränkten Tonumfangs (Ambitus) ein **4-Linien-System.** Mit der wachsenden Bedeutung der Instrumentalmusik ab dem späten 16. Jh. setzte sich ein **5-Linien-System** durch; verschiedene Notenschlüssel sorgen für die Vermeidung zu vieler Hilfslinien. Eine Besonderheit ist die **Generalbassschrift** der Barockzeit: Diese Kurzschrift gibt mit einem Ton und hinzugefügten Zahlen einen Akkord an. In der Musik des 20. Jh.s wird häufig eine **grafische Notation** eingesetzt, die neue Symbole und Zeichen verwendet.

Stimmungssysteme: Die physikalischen Gesetzmäßigkeiten der Akustik regeln den Zusammenklang von Tönen. Durch Obertöne ergeben sich einfache Zahlenverhältnisse: 1. → 2. Oberton = Oktave; 2. → 3. Oberton = Quinte usw. Allerdings kommt man, wenn 7 Oktaven bzw. 12 Quinten übereinandergeschichtet werden, nicht bei demselben Ton an (c ≠ his). Dieses Problem wird mit steigender Bedeutung der Tasteninstrumente deutlich, da eine Taste nur auf einen einzigen Ton gestimmt werden kann. Lösungsversuche:

- **Mitteltönige Stimmung:** vor allem in Renaissance und Barock; hauptsächlich für Tasteninstrumente; nicht für alle Tonarten.
- **Gleichschwebend temperierte Stimmung:** um 1700; teilt die Oktave in 12 gleiche Teile (12.Wurzel von 2); damit wird die *enharmonische Verwechslung* von Tönen möglich (z. B. gis = as, his = c, fes = e); allerdings sind nun außer der Oktave alle Intervalle etwas „verstimmt“, was das Ohr aber „zurechthört“. Vorteil: Es kann in alle Tonarten transponiert werden.

Platz für eigene Notizen

Die musikalische Analyse

Ziel einer Analyse ist es, das Besondere eines Musikwerkes herauszuarbeiten. Dabei sollte man sich auf das Wesentliche beschränken, Allgemeinplätze vermeiden und aus den analysierten Einzelpunkten ein Beziehungsgeflecht erarbeiten, das das Individuelle der vorliegenden Komposition deutlich macht.

Konzept erarbeiten:

- konzentriert, vorbehalt- und vorurteilslos anhören, möglichst mehrmals,
- Notieren der spontanen Eindrücke (z. B. als Zeitstrahl, als Grafik, als Mindmap …), z. B.
  - allgemeiner Charakter/Stimmung: festlich, traurig, ausgelassen, tänzerisch …,
  - typische Charakteristika: Tanz, Blues, Konzert, sinfonischer Satz,
  - Assoziationen: durch bes. Instrumente, durch bes. Aufbau und Form, durch bes. Ausdruck …,
  - wortgebundene Musik: Sprache (Latein, Deutsch), geistlicher/weltlicher Text …

Arbeit mit dem Notentext:

- Informationen nutzen (z. B. durch den Titel der Komposition):
  - Komponist → Lebensdaten → Biografisches → Epoche → spezifische Ästhetik,
  - Werktitel: weltlich/geistlich; Gattung; frühes/spätes Werk des jeweiligen Komponisten?
- Besetzung: welches Instrumentarium? Besonderheiten? bestimmende Merkmale? Solo-Tutti-Wechsel?
- Dynamik: auffallende Stellen? Entwicklung? Terrassendynamik? differenzierte Anweisungen?
- Tempo: Veränderungen in Nuancen (Agogik), starke Schwankungen, völlig anderes Tempo …,
- Takt/Rhythmus: Taktwechsel? charakteristische rhythmische Modelle? Bezug zwischen Takt und Betonungen.

Platz für eigene Notizen

Die musikalische Analyse

- Melodik: vokal/instrumental? Schritte/Sprünge/Wiederholungen? Ambitus?
- Harmonik: Tonalität (Dur/Moll/modal/pentatonisch …)? konsonant/dissonant? Gliederungen bzw. Binnenschlüsse durch Kadenzen? Modulationen? überraschende Wendungen (weit entfernte Tonarten, Medianten, Trugschlüsse …)?
- Satzweise: homophon/polyphon, wechselnd,
- Formale Gestaltung: kleine Elemente (Motive, Phrasen, Themen); große Einheiten (Exposition, Strophe/Refrain, Chorus …); Formmodelle: Rondo, Sonatenhauptsatz, Variation; Abweichungen, Veränderungen?
- Wort-Ton-Bezug: Entsprechungen? Madrigalismen? besonders vertonte Textstellen/Einzelwörter?

Strukturierung der Notizen je nach Aufgabenstellung:

- charakteristisches Werk des Komponisten, der Epoche, der Gattung …,
- ein Vergleich zwischen Werken der gleichen Gattung, der gleichen oder einer anderen Epoche …,
- eine persönliche Stellungnahme und Bewertung, evtl. auch mithilfe oder durch die Auseinandersetzung mit einem Zitat.

Reinschrift:

- Ebenen des Objektiven (Analysenergebnisse) und Subjektiven (Interpretation) beachten und sprachlich sauber trennen,
- Aussagen durch konkrete Stellen (Taktzahlen, notierte Rhythmen, harmonische Zusammenhänge …) belegen; dienen als Grundlage für die Interpretation.

Platz für eigene Notizen

Epochen der Musikgeschichte (1)

Epochen sind größere Zeitabschnitte, die durch bestimmte Lebensformen und (ästhetische) Sichtweisen geprägt und unterschieden werden. Die Einteilung ist schwierig, da sich Epochen z. B. überlappen oder in verschiedenen Ländern/Regionen erst später beginnen. Viele Epochen werden erst im Nachhinein benannt.

Geistliche und weltliche Musik der Frühzeit und des Mittelalters

Die erste Epoche in der europäischen Musik ist die **Gregorianik;** frühere Zeugnisse (z. B. der griechischen Antike) können nicht eindeutig rekonstruiert werden. Namensgeber ist Papst Gregor d. Gr. (um 540–604), der die verschiedenen Gesangsformen vereinheitlichen ließ.

Charakteristika sind:

- einstimmige und unbegleitete Vokalmusik der röm.-kath. Kirche (solistisch oder chorisch gesungen),
- kirchentonale Melodik in den acht sog. Kirchentönen oder Modi,
- frei schwebende Rhythmik ohne Taktgliederung, vom Text und seinen Zäsuren geprägt,
- syllabische (pro Silbe ein Ton) oder melismatische (pro Silbe mehrere Töne) Ausprägung.

Neben der geistlichen Musik spielt die Musik der (fahrenden) **Spielleute** eine wichtige Rolle; ihr Repertoire besteht aus Spiel-, Tanz- und Trinkliedern, die zum größten Teil verloren gegangen sind.

Im 11. Jh. entwickelt sich an den Höfen Südwestfrankreichs eine neue Liedkunst: Die **Troubadours,** später die **Trouvères** in Nordfrankreich, erfinden Liedtexte und -melodien. Im deutschsprachigen Raum wird diese Tradition von den **Minnesängern** weitergeführt. Nach dem Ende des höfischen Rittertums übernehmen die in den aufblühenden Städten in Zünften zusammengeschlossenen Handwerker **(Meistersinger)** ab dem 14. Jh. diese Liedkunst; ihre strengen Gesetzmäßigkeiten erstarren immer mehr, bis sie im 16. Jh. langsam endet.

Platz für eigene Notizen

Epochen der Musikgeschichte (2)

Anfänge der Mehrstimmigkeit

Die musikalische Leistung des Mittelalters besteht in der Eroberung der „Vertikalen", also des Zusammenklangs mehrerer Stimmen. Diese Entwicklung beginnt im 9. Jh. und korrespondiert mit der Veränderung des Baustils: Aus den gedrungenen romanischen Kirchenbauten werden ab dem 12. Jh. in die Höhe strebende Kathedralen der Gotik. Die **Entwicklung der Mehrstimmigkeit** vollzieht sich in mehreren Stufen:

1. **Organum:** Es entsteht durch die Parallelführung einer zweiten Stimme zu einer gregorianischen Melodie in Quinten oder Quarten, bei einem Chor aus Knaben und Männern kommen auch noch Oktaven hinzu.
2. **Discantus:** Während die gregorianische Melodie in langen Noten erstarrt, weist die hinzugefügte neue Stimme eine große rhythmische Selbstständigkeit auf.
3. **Notre-Dame-Epoche:** Sie ist nach der Sängerschule an der gleichnamigen Kathedrale in Paris benannt und gilt als der erste Höhepunkt in der Geschichte der Mehrstimmigkeit, u. a. durch die Erweiterung der Stimmenzahl zur Vierstimmigkeit.
4. **Ars antiqua:** Musik der 2. Hälfte des 13. Jh.s. Hauptgattungen sind Conductus (neu komponierte Melodie) und Motette, bei denen die zu einem gregorianischen Cantus firmus hinzugefügten Stimmen einen eigenen Text erhalten.
5. **Ars nova:** Musik des 14. Jh.s. Die Stimmen werden einheitlicher, was vor allem durch die verwendeten kanonischen Formen deutlich wird. Neben den Dreiertakt (Symbol der Vollkommenheit) tritt die Zweiteilung. Durch die *Isorhythmik* bei G. de Machaut hochkonstruktive Musik: Aus dem Rhythmus einer Anzahl von Takten wird ein Modell, dessen mehrfache Wiederholung melodisch aber immer anders gestaltet wird.

Platz für eigene Notizen

Epochen der Musikgeschichte (3)

Frührenaissance (franko-flämische oder niederländische Schule)

Diese Zeit (vor allem das 15. Jh.) gilt als **Höhepunkt der Vokalpolyphonie.** Die Komponisten stammen vorwiegend aus dem nördlichen Frankreich und den Niederlanden; allerdings reisen sie viel, besonders nach Italien. Sie sind verantwortlich für die **Klärung des Konsonanz-/Dissonanzbegriffs** und sorgen für eine Stärkung des harmonischen Empfindens (G. Dufay und J. Ockeghem). Die folgende Komponistengeneration (J. Desprez und J. Obrecht) schafft **hochkomplizierte Kanonformen** (z. B. Augmentations-, Diminutions-, Spiegelkanons). Die dritte Generation (A. Willaert und J. Clemens non Papa) überwindet allmählich die Kirchentonarten zugunsten von **Dur und Moll.** Durch die Ausdeutung des (immer noch vorwiegend geistlichen) Textes durch die Musik bereitet sie die Affekten- und Figurenlehre des Barock vor.

Spätrenaissance

G. P. da Palestrina (1525–1594) verkörpert den musikalischen Stil der Zeit so sehr, dass man diesen Vokalstil als „Palestrina-Stil“ bezeichnet. Er komponiert vor allem geistliche Musik, da er an der päpstlichen Kapelle in Rom arbeitet; seine Werke gelten als bedeutendste mehrstimmige Musik der röm.-kath. Kirchenmusik. Er ist ein Vertreter der sog. **Römischen Schule,** die die kirchenmusikalischen Forderungen des Tridentiner Konzils (1545 bis 1563) verwirklichte, das bei mehrstimmiger Musik vor allem Textverständlichkeit verlangte.

O. di Lasso (1534–1594) nimmt als junger Mann zunächst in Italien die musikalischen Strömungen auf, arbeitet dann in Rom und Antwerpen, anschließend als Hofkapellmeister in München. Neben geistlichen Kompositionen gibt es von ihm viele **Madrigale** in italienischer, deutscher, französischer und spanischer Sprache.

Platz für eigene Notizen

Epochen der Musikgeschichte (4)

Venezianische Schule

Mit der Venezianischen Schule beginnt die Entwicklung einer eigenständigen **Instrumentalmusik;** aber die verschiedenen Gattungen der Vokalmusik bleiben weiterhin wichtig. Durch die **veränderten Raumvorstellungen** des 16. Jh.s (z. B. die astronomischen Forschungen und Erkenntnisse, die Entwicklung der Zentralperspektive) wird der Raum, in dem musiziert wird, auch für die Komponisten wichtig. Die Architektur des Markusdoms mit den verschiedenen Emporen und zwei gegenüberliegenden Orgeln ermöglicht es, wechselchörig zu musizieren (instrumental oder vokal, auch kombiniert). Als Begründer der Venezianischen Schule gilt der Niederländer A. Willaert, der bis 1562 Kapellmeister am Dom war.

Erste **mehrchörige Kompositionen** gibt es seit der Mitte des 16. Jh.s. In die bisherigen Kirchentonarten werden **ionisch** und **äolisch** eingeführt und als Dur und Moll allmählich bevorzugt. Durch die Betonung des Basses als Fundament, dem die Oberstimme als Kontrast gegenübersteht, wird die von einem Generalbass begleitete **Monodie** entwickelt.

Bedeutendster Komponist der Venezianischen Schule ist **G. Gabrieli (1554/57–1612)**, der die mehrchörige Musik seiner Vorgänger (u. a. seines Onkels A. Gabrieli) weiterentwickelt. In seinen Kompositionssammlungen (z. B. *Canzoni et sonate per sonar*) teilt er die bis zu 22 Stimmen in bis zu fünf Chöre auf, die getrennt voneinander musizieren. In den unterschiedlichsten Kombinationen werden so neuartige Echo- und Kontrastwirkungen möglich. Neu ist auch, dass er bisweilen die Lautstärke für die Chöre vorgibt (so in der *Sonata pian' e forte*). Mit den verschiedenen Kombinationsmöglichkeiten der Chöre wird nicht nur die Prunkentfaltung der Kirche unterstützt, sondern auch eine neuartige Form des Konzertierens mit einem fast schon barocken Gefühl geschaffen.

Platz für eigene Notizen

Epochen der Musikgeschichte (5)

Barock (ca. 1600–1750): Zeitgeschichte, Gattungen

Der Barock ist das Zeitalter des **Absolutismus;** Repräsentation ist ein zentrales Element seines Selbstverständnisses. Die römisch-katholische Kirche setzt das Prunkvolle als Mittel der **Gegenreformation** ein (Abbild des Paradieses). Die mit dem Dreißigjährigen Krieg (1618–1648) und Pestepidemien einhergehende Todeserfahrung führt zu einem **antithetischen Lebensgefühl:** Wissen um die Vergänglichkeit („memento mori") auf der einen, Genießen des irdischen Daseins („carpe diem") auf der anderen Seite.

Das **Menschenbild** ist dominiert von Affekt, Leidenschaft und Pathos. Der Mensch grenzt sich durch **starke Stilisierungen** bewusst von der Natur ab, greift in sie ein (z. B. barocke Gartenanlagen) und inszeniert ein Welttheater, das von Prachtentfaltung und Künstlichkeit geprägt ist.

Musikentwicklung: Dur-/Moll-System und **Taktsystem** setzen sich endgültig durch, die **Generalbassschrift** wird zum bestimmenden Notationssystem. Die Kompositionen sind oft geprägt von **Ton- und Zahlensymbolik, Figuren- und Affektenlehre.**

Wichtige **Gattungen:**

- **Oper:** um 1600 in Florenz entstanden; kommt dem Repräsentationsbedürfnis des Adels entgegen,
- **Concerto grosso** und **Solokonzert:** konzertierende Formen,
- **Suite:** freie Reihungsform; sowohl für ein Instrument als auch für Orchester,
- **Oratorium** und **Passion:** bedeutende geistliche Gattungen; nutzen die Stilmittel der Oper (Rezitative, Chöre, Arien), werden allerdings nicht szenisch aufgeführt.

Mit der erst im späten 18. Jh. entstehenden Bezeichnung „Barock" wird die Musik dieser Epoche als schwülstig und überladen abgewertet. Eine Aufwertung erfolgt erst im 19. Jahrhundert.

Platz für eigene Notizen

Epochen der Musikgeschichte (6)

Barock (ca. 1600–1750): Komponisten, wichtige Werke

Frühbarock:

- **C. Monteverdi (1567–1643):** Opern, darunter *L'Orfeo* (1607), die früheste erhaltene Opernpartitur.

Hochbarock:

- **J.-B. Lully (1632–1687):** Komponist am Hof Ludwigs XIV.; Opern, Schöpfer der „französischen Ouvertüre".
- **H. Schütz (1585–1672):** Schüler von G. Gabrieli; vor allem geistliche Musik: *Madrigale, Psalmen Davids,* geistliche Chormusik, *Musikalische Exequien, Symphoniae sacrae.*

Spätbarock:

- **A. Corelli (1653–1713):** italienischer Geiger und Komponist; große Bedeutung für dic Entwicklung der Kammermusik und des konzertanten Stils *(12 Concerti grossi, op. 6).*
- **A. Vivaldi (1678–1741):** Geiger und Lehrer an einem Waisenhaus in Venedig; entwickelte die Technik bei den Streichinstrumenten weiter, Begründer des dreisätzigen Solokonzertes (ca. 500 für verschiedene Instrumente).
- **G. Ph. Telemann (1681–1767):** Musikdirektor in Hamburg, über 3500 Kompositionen aller Gattungen.
- **J. S. Bach (1685–1750):** Organist in Arnstadt, Mühlhausen, Weimar (viele Orgelwerke, Kantaten); Hofkapellmeister in Köthen (u. a. *Das Wohltemperierte Klavier Teil 1, 6 Brandenburgische Konzerte*), Thomaskantor in Leipzig (Kantaten, *Matthäus-* und *Johannes-Passion, h-Moll-Messe, Goldberg-Variationen, Weihnachtsoratorium, Das Wohltemperierte Klavier Teil 2, Die Kunst der Fuge*).
- **G. F. Händel (1685–1759):** Italienreise (Opern), Kapellmeister in Hannover und London (Opern, *Wasser-* und *Feuerwerksmusik,* Oratorien [u. a. *Der Messias*], ca. 20 *Concerti grossi*).

Platz für eigene Notizen

Epochen der Musikgeschichte (7)

Vorklassik

Um 1730 beginnt mit dem **Empfindsamen** oder **Galanten Stil** eine stilistische Wende. Die Bezeichnung der Epoche verdeutlicht die Abkehr vom barocken Denken. Im Zuge der **Aufklärung,** der zufolge der Mensch mithilfe seines Verstandes Mündigkeit erlangt (I. Kant), zerbricht allmählich die bisherige ständische Ordnung. Sie gipfelt gegen Ende des Jh.s in der **Französischen Revolution.** An die Stelle des höfischen Repräsentationsgedankens mit seinem Prunk, seinem Pathos und den Stilisierungen tritt das ästhetische Ideal der Einfachheit und Natürlichkeit (J. J. Rousseau: „Zurück zur Natur").

Musikentwicklung: Der polyphone Stil mit seinen kontrapunktischen Künsten (z. B. Spätwerk Bachs) gilt als veraltet; bevorzugt wird eine **gesangliche Oberstimme** mit einer sich unterordnenden Begleitung. Das persönliche Gefühl dominiert, nicht mehr die (stilisierten) barocken Affekte. **Komponisten,** die diesen stilistischen Umbruch in ihren Werken deutlich machen, sind vor allem die Söhne J. S. Bachs:

- **C. Ph. E. Bach (1714–1788):** wirkt lange als Cembalist am Hofe Friedrichs des Großen; komponiert mit einer äußerst subjektiven Tonsprache.
- **J. Ch. Bach (1735–1782):** Domorganist in Mailand, seit 1762 in London, wo er u. a. als Unternehmer eine Konzertreihe begründet.

Wichtiges musikalisches Zentrum ist Mannheim mit der Hofkapelle des Kurfürsten von der Pfalz, die als bedeutendstes Orchester in Europa gilt. Die **Mannheimer Schule** führt viele Neuerungen ein: absolute Vorherrschaft der Melodie, klare und geradzahlige Gliederungen, Kontraste statt Einaffektigkeit, Effekte wie Crescendo („Mannheimer Rakete") und Tremoli, eigenständiger Bläsersatz, Einbezug des Menuetts an der dritten Stelle in einer Sinfonie. Begründer ist der aus Böhmen stammende J. Stamitz (1717–1757).

Platz für eigene Notizen

Epochen der Musikgeschichte (8)

Klassik

Die Bezeichnung „klassisch“ bedeutet so viel wie **vorbildlich, mustergültig, zeitlos, ausgewogen** und markiert den Höhepunkt einer Entwicklung (z. B. „klassische Antike“). In der Musikgeschichte umfasst sie die **Wiener Klassik** mit den drei großen Komponisten Haydn, Mozart und Beethoven, in der Musik durch den **Ausgleich von Geist und Gefühl** – von Ratio und Emotio – zur Universalsprache der Menschheit wird. Dies zeigt sich in einer **inhaltlichen und formalen Ausgewogenheit,** z. B. in den proportionalen Gliederungen der Themen.

Die Zeit ist geprägt von einem idealistischen Glauben an die Würde und Freiheit des Menschen (Menschenrechtserklärung der USA 1776). Deshalb ist es undenkbar, dass ein Komponist im Dienst eines (weltlichen oder geistlichen) Fürsten steht. So vollzieht sich im Laufe des 18. Jh.s die **Entwicklung zum freien Künstler:**

- **J. Haydn (1732–1809)** ist noch über 30 Jahre bei dem kunstliebenden Fürsten Esterházy in Eisenstadt angestellt. Erst nach dessen Tod 1790 bleibt der inzwischen international berühmte Komponist ohne Anstellung, zieht nach Wien und reist zweimal nach London, wo er großen Erfolg hat.
- **W. A. Mozart (1756–1791)** dagegen hatte mit seinen Dienstherren, den Fürsterzbischöfen in Salzburg, immer wieder große Schwierigkeiten, bis er 1781 mit einem Eklat entlassen wird. Die restlichen zehn Jahre seines Lebens verbringt er als freier Künstler in Wien.
- **L. van Beethoven (1770–1827)** war, von einer kurzen Zeit in Bonn abgesehen, nie bei Hofe angestellt. Er verdient seinen Lebensunterhalt seit 1794 in Wien mit Unterricht, Konzerten und dem Verkauf seiner Kompositionen; außerdem unterstützen ihn adlige Gönner.

Die **musikalische Entwicklung** betrifft vor allem die instrumentalen Formen: Wichtig werden **Sonate** (insbesondere für Klavier), **Sinfonie** und die von Haydn neu geschaffene Gattung des **Streichquartetts.**

Platz für eigene Notizen

Epochen der Musikgeschichte (9)

Klassik: Wichtige Komponisten 1

J. Haydn (1732–1809): Er führt die Entwicklungen der Mannheimer Schule weiter und erreicht – unter Loslösung vom Generalbass – eine **Beteiligung aller Stimmen an der motivisch-thematischen Arbeit.** Damit legt er den Grundstein für die dramatische Entwicklung in der Durchführung einer Sonatenhauptsatzform. In der Abgeschiedenheit von Eisenstadt kann er formal experimentieren. Einen ersten Höhepunkt der Klassik bilden seine *Streichquartette op. 33* (1781). Dem Spätwerk werden ab etwa 1790 zugerechnet die 12 *Londoner Sinfonien, Die Schöpfung* (angeregt durch die Oratorien Händels), *Die Jahreszeiten* und die 6 späten Messen. – Das Lied, das Haydn 1797 dem österr. Kaiser Franz widmet und im langsamen Satz seines Streichquartetts op. 76,3 als Grundlage von Variationen wieder aufgegriffen wird, wird 1922 mit einem Text von Hoffmann von Fallersleben die deutsche Nationalhymne. – Haydn stirbt als ein in ganz Europa hoch geachteter Komponist.

W. A. Mozart (1756–1791): Er ist ein hoch begabtes Wunderkind, das schon früh mit seinem Klavierspiel und seinen Kompositionen Aufsehen erregt. Auf den vom Vater organisierten Reisen durch ganz Europa lernt er die musikalischen Stile seiner Zeit kennen. Ab 1781 lebt er als freier Künstler in Wien; mit der Musik Bachs und Händels macht ihn Baron van Swieten bekannt. Wichtige Werke sind seine Opern *(Die Entführung aus dem Serail, Die Hochzeit des Figaro, Don Giovanni, Così fan tutte, Die Zauberflöte)*, die Klavierkonzerte und -sonaten, die Streichquartette, die Sinfonien (bes. die drei letzten, darunter die sog. *Jupiter-Sinfonie*) und sein (unvollendet gebliebenes) *Requiem*. Mozart stirbt unter bis heute ungeklärten Umständen. – Seine Kompositionen werden im sog. Köchel-Verzeichnis (KV) aufgelistet, das in der Mitte des 19. Jh.s von L. Ritter von Köchel angelegt worden ist.

Platz für eigene Notizen

Epochen der Musikgeschichte (10)

Klassik: Wichtige Komponisten 2

Ludwig van Beethoven (1770–1827): Er ist der erste Komponist, der als freischaffender Künstler gelten kann und nur von seiner Musik lebt; allerdings erhält er auch Unterstützung von (adligen) Gönnern in Wien. Ab 1795 beginnt ein Gehörleiden, das 1819 zur völligen Taubheit führt, sodass er sich mehr und mehr aus der Wiener Gesellschaft zurückzieht. Beethoven ist vom Sendungsbewusstsein des Künstlers überzeugt; sein Werk ist geprägt von den Idealen der Freiheit und Menschenliebe (z. B. Inhalt seiner einzigen Oper *Fidelio,* 1806/1814).

Sein Schaffen kann in drei Phasen unterteilt werden:

- **Frühwerk (bis ca. 1802):** Seine frühen Werke knüpfen zwar an die Tradition an, doch es gibt bereits Ansätze zu einem individuellen Weg. Zu diesen Werken gehören u. a. die *1.* und *2. Sinfonie,* das *1.* und *2. Klavierkonzert* und die sechs *Streichquartette op.18.*
- **Mittlere Phase (bis ca. 1815):** Die in dieser Zeit geschaffenen Werke weisen viele Neuheiten auf: Brüche im formalen Ablauf und starke Kontraste in vielen Bereichen werden jedoch durch eine „klassische" Ausgewogenheit zusammengehalten. Zu diesen Werken gehören u. a. vor allem viele Klaviersonaten *(„Sturmsonate" op. 31,2, „Waldsteinsonate" op. 53, „Appassionata" op. 57),* die *3.–8. Sinfonie,* das *3., 4.* und *5. Klavierkonzert,* die 3 *Streichquartette op. 59.*
- **Spätwerk (vor allem 1820er-Jahre):** Es sind Werke, die sich in ihrer Individualität und Einzigartigkeit herausheben und teilweise schon weit in das 20. Jh. weisen: *Missa solemnis, 9. Sinfonie,* die späten Klaviersonaten *(op. 106, 109, 110, 111)* und die *Streichquartette op. 127, 130, 131, 132, 135.* Auch die separat herausgegebene *Große Fuge op. 133* sprengt in ihrer extremen Gestaltungsweise alles Bisherige.

Platz für eigene Notizen

Epochen der Musikgeschichte (11)

Romantik (19. Jh.)

Das 19. Jh. ist von so vielen **Widersprüchen und gegensätzlichen Entwicklungen** geprägt, dass kaum von einer einheitlichen Epoche gesprochen werden kann. Zwar gibt es eine romantische Weltanschauung, die aber in unterschiedlichen ästhetischen Richtungen zum Ausdruck kommt, die sich teilweise stark bekämpfen (z. B. absolute Musik/Programmmusik). Die junge Generation wendet sich gegen den Rationalismus der Aufklärung, gegen den reaktionären Geist in der Politik (Restauration nach dem Wiener Kongress 1814/15) und will das Leben „romantisieren". Die Sehnsucht nach etwas anderem als der realen Welt (z. B. im Symbol der „blauen Blume") ist prägendes Gefühl. Damit ist aber die Balance zwischen Verstand und Gefühl, die die Klassik prägte, aufgehoben und zugunsten des **subjektiven Gefühls,** des **Emotionalen** und des **Fantastischen** verschoben.

Die Künstler wenden sich der (verklärten) Vergangenheit zu, den Rittern und Burgen des Mittelalters („Rheinromantik"), den Märchen und Sagen, dem Übernatürlichen und Unerklärlichen, dem Geheimnisvollen. Dies wird z. B. in den gewählten **Opernstoffen** deutlich: E. T. A. Hoffmanns *Undine* (1816) handelt von der tragischen Liebe einer Nixe zu einem Menschen, bei C. M. von Webers *Freischütz* (1821) schließt der Mensch einen Pakt mit dem Bösen, dem er immer wieder neue Opfer bringen muss, dafür aber Zauberkugeln erhält, die immer treffen.

Getragen werden die Künste vom sog. **Bildungsbürgertum;** in Salons wird über die künstlerische Entwicklung diskutiert, Hausmusik hat einen hohen Stellenwert und von vielen Kompositionen gibt es Bearbeitungen (meist für Klavier). Die instrumentale Kunst der reisenden **Virtuosen** (N. Paganini als Geiger, F. Liszt als Pianist) begeistert die Zuhörer und versetzt sie in einen wahren Rausch.

Platz für eigene Notizen

Epochen der Musikgeschichte (12)

Romantik (19. Jh.)

Fast alle **musikalischen Elemente** werden im 19. Jh. weiterentwickelt und differenzierter angewendet.

- Die **Harmonik** wird durch Alterationen und immer stärkere Chromatisierung ausgeweitet, bis sie ab der 2. Hälfte des 19. Jh.s allmählich ihre Funktionalität zu verlieren beginnt (R. Wagner: *Tristan-Akkord,* 1859). **Mediante**n (Terzverwandtschaften) werden stark aufgewertet, was die Harmonik farbenreicher werden lässt.
- Die **Melodik** wird oft weit ausschwingend, ist häufig liedhaft und Träger des emotionalen Ausdrucks.
- In der **Rhythmik** werden neue Möglichkeiten (z. B. Duolen gegen Triolen, latente Taktwechsel) genutzt.
- Viele **Instrumente** (z. B. Klavier, Blasinstrumente) werden weiterentwickelt, sodass sie immer anspruchsvoller eingesetzt werden können. Bei den Blechblasinstrumenten führt die Erfindung des Ventils zu einer Aufwertung. – Durch die reichere **Instrumentation** wird in den teilweise sehr groß besetzten Orchestern die Palette der zur Verfügung stehenden Klangfarben immer größer.

Die **Gattungen** der Klassik werden weiter gepflegt und entwickelt, oft erweitert. Neu bzw. wichtig sind nun

- das **Kunstlied,** bei dem die musikalische Ebene oft den Text ausdeutet (F. Schubert, R. Schumann, J. Brahms, H. Wolf),
- **kleine, poetische Klavierstücke** mit unterschiedlicher Bezeichnung (z. B. Charakterstücke, Lied ohne Worte, Lyrische Stücke), etwa von F. Schubert, R. Schumann, F. Mendelssohn Bartholdy, E. Grieg,
- Kompositionen mit außermusikalischem Programm **(Sinfonische Dichtung/Programmmusik),**
- das Musiktheater mit den beiden Hauptrichtungen **Gesangsoper** (G. Verdi) und **Musikdrama** (R. Wagner).

Platz für eigene Notizen

Epochen der Musikgeschichte (13)

Romantik (19. Jh.): Wichtige Komponisten

Frühromantik:

- **C. M. von Weber (1786–1826):** Opern (u. a. *Der Freischütz* [1821], *Oberon* [1826]), 2 *Klarinettenkonzerte.*
- **F. Schubert (1797–1828):** über 600 Kunstlieder (u. a. *Die schöne Müllerin* und *Die Winterreise*), Kammermusik, späte Klaviersonaten, *Streichquintett C-Dur.*

Hochromantik:

- **H. Berlioz (1803–1869):** *Symphonie fantastique* (1830), Opern (u. a. *Die Trojaner* [1856–1858]).
- **R. Schumann (1810–1856):** Liederzyklen, Klavierkompositionen, 4 Sinfonien, Kammermusik.
- **F. Chopin (1810–1849):** virtuose Klaviermusik, *1.* und *2. Klavierkonzert.*
- **F. Liszt (1811–1886):** Klaviermusik, Sinfonische Dichtungen, Programmsinfonien (u. a. *Faust-Sinfonie* [1854]).

Spätromantik:

- **R. Wagner (1813–1883):** zunächst romantische Opern (*Tannhäuser* [1845], *Lohengrin* [1850]), später Musikdrama als Gesamtkunstwerk mit Leitmotivtechnik (*Der Ring des Nibelungen,* bestehend aus den Opern: *Rheingold, Walküre, Siegfried, Götterdämmerung* [1851–1874]; *Tristan und Isolde* [1865]).
- **A. Bruckner (1824–1896):** 9 Sinfonien *(4. Die Romantische),* 3 Messen (d-, e- und f-Moll).
- **J. Brahms (1833–1897):** Chormusik (u. a. *Ein deutsches Requiem* [1868]), 4 Sinfonien, Klavier- und Kammermusik.
- **G. Mahler (1860–1911):** Orchesterlieder (u. a. *Kindertotenlieder* [1901–1904]), 10 Sinfonien (10. unvollendet).
- **R. Strauss (1864–1949):** Sinfonische Dichtungen (u. a. *Till Eulenspiegel* [1894/95]), Opern.
- **A. Schönberg (1874–1951):** *Gurre-Lieder für Soli, Chor und Orchester* (1900–03/11).

Platz für eigene Notizen

Epochen der Musikgeschichte (14)

Impressionismus

Mit dem (zunächst verächtlich gemeinten) Begriff „Impressionismus" geht das 19. Jh. zu Ende. Ausgehend von der Malerei wird die gleiche Intention auch in den anderen Künsten verfolgt: Ein ganz bestimmter Augenblick, eine ganz bestimmte **Atmosphäre und Stimmung** soll festgehalten werden. Der Impressionismus ist vor allem eine Kunstrichtung in Frankreich. – Die musikalischen Neuerungen, die insbesondere bei **C. Debussy** (1862 bis 1918) zu finden sind, leiten zum 20. Jh. über:

- **Aufhebung der Funktionalität der Harmonik** (z. B. funktionslose Ketten von Dur-/Moll-Dreiklängen, Verwendung des übermäßigen Dreiklangs, Ganztonleitern, Wiederbelebung der Kirchentonarten),
- sehr differenzierte **Dynamik** und konturlose **Rhythmik** durch Verschleierung der traditionellen Taktfunktion,
- neuartiges, z. T. exotisches **Instrumentarium** und großer **Klangfarbenreichtum** (Debussy hatte ostasiatische Gamelanorchester bei der Weltausstellung 1889 in Paris kennengelernt).

Expressionismus

Anfang des 20. Jh.s erfolgt ein **radikaler Bruch** mit den bisherigen Ausdrucksmitteln und der traditionellen Ästhetik. Alle musikalischen Elemente werden ins Extreme gesteigert, die bisherige Harmonik durch die **Emanzipation der Dissonanz** völlig aufgegeben; der Verzicht auf einen Grundtonbezug führt zu Kompositionen der **freien Atonalität.** Damit ist die Harmonik als formales Gestaltungsmittel entfallen und es entstehen zunächst teilweise sehr kurze Stücke. Die wichtigsten Komponisten sind **A. Schönberg** (1874–1951), **A. von Webern** (1883 bis 1945) und **A. Berg** (1885–1935); die Konzerte dieser sog. **Zweiten Wiener Schule** lösen große Skandale aus.

Platz für eigene Notizen

Epochen der Musikgeschichte (15)

Strömungen in der Musik des 20. Jahrhunderts

Die Entwicklung des Jazz

Die Musik der afrikanischen Sklaven in Amerika – vor allem **Worksong, Blues, Spiritual** und **Ragtime** – ist eine der Quellen des Jazz; musikalische Merkmale sind in erster Linie **Offbeat, Hot Intonation, Blue Notes.** Zusammen mit der (europäischen) Musik der Weißen entsteht daraus zu Beginn des 20. Jh.s der Jazz. Seine verschiedenen Stile unterscheiden sich oft im Anteil der „schwarzen" und „weißen" Musikelemente, der Besetzung/Instrumentation und der Improvisationsart (Solo- oder Kollektivimprovisation). Bevorzugte Instrumentalgruppen sind die (klein besetzte) **Combo** und die groß besetzte **Big Band.** – Wichtige **Jazzstile** sind New-Orleans-, Dixieland- und Chicago-Stil, Swing, Bebop, Cool Jazz, Free Jazz und Rock Jazz.

Die Entwicklung der Popularmusik

Aus dem um 1950 entstehenden **Rock 'n' Roll** (B. Haley und E. Presley) entwickeln sich die verschiedenen Stile der Pop- und Rockmusik. Während die **Popmusik** eher auf Massenwirkung angelegt ist, grenzt sich eine rebellierende Jugend oft mit **Rockmusik** bewusst von der älteren Generation ab. Höhepunkte sind die Massenfestivals (z. B. Woodstock 1969), die aber auch schon die Kommerzialisierung anzeigen. Wichtig bei diesen Open-Air-Festivals mit ihren Live-Auftritten ist auch eine **Bühnenshow,** die mit professioneller Inszenierung, aufwendig produziertem Sound und direkter Kommunikation mit dem Publikum eine starke Suggestionswirkung ausübt. Die **große Stilvielfalt** der Rockmusik ist oft an einzelne Musiker oder Gruppen gebunden (Beatles, Rolling Stones, J. Hendrix, J. Joplin, B. Dylan, F. Zappa, Emerson, Lake & Palmer). Allgemeinere Stilrichtungen sind z. B. Heavy Metal, Reggae, Punk, Hip-Hop und Techno.

Platz für eigene Notizen

Epochen der Musikgeschichte (16)

Strömungen in der Musik des 20. Jahrhunderts: Neue Ansätze 1

Jazzeinflüsse in der europäischen Kunstmusik

- Viele europäische Komponisten sind von der neuartigen Musik des Jazz, der 1917 zum ersten Mal in Europa zu hören ist, fasziniert und übernehmen Elemente in ihre eigenen Kompositionen.

Einfluss der Volksmusik

- Die ungarischen Komponisten B. Bartók und Z. Kodály erforschen die Musik der Bauern in den Dörfern des Balkans, zeichnen sie auf und übernehmen Elemente dieser ursprünglichen Musik in ihre eigenen Kompositionen (z. B. neuartige Rhythmen und fremde Tonleiterordnungen).

Neoklassizismus

- Die Komponisten greifen auf Werke der Vergangenheit (vor allem der Barockzeit) zurück, verändern sie z. B. durch andere Harmonisierungen, eine veränderte Rhythmik. Manche schreiben auch Originalkompositionen im Stil einer vergangenen Epoche oder übernehmen traditionelle Formen (Suite, Passacaglia, Toccata …).

Dodekaphonie

- A. Schönberg entwickelt 1921 seine Methode der *Komposition mit zwölf nur aufeinander bezogenen Tönen.* Damit ist sowohl die Vorherrschaft eines (Grund-)Tones gebrochen als auch wieder ein Ordnungssystem entstanden, das größere Kompositionen ermöglicht.

Serielle Musik

- Ab 1950 werden nun möglichst alle musikalischen Elemente (z. B. Dynamik, Rhythmik, Anschlag) einer Determination unterworfen. Allerdings kann die Komplexität dieser Strukturen kaum durchgehört werden.

Platz für eigene Notizen

Epochen der Musikgeschichte (17)

Strömungen in der Musik des 20. Jahrhunderts: Neue Ansätze 2

Aleatorik/Zufallsmusik

- Hauptvertreter ist der Amerikaner J. Cage (1912–1992), der (häufig grafisch notierte) Kompositionen schafft, deren „Ergebnis nicht voraussehbar ist". Spiel mit Geräuschen, offene Formen, präparierte und damit den Klang verfremdende Instrumente sind Ansätze, die sich gegen die Vorherbestimmtheit wenden.

Elektronische Musik

- Die Möglichkeiten der Tongeneratoren und der Tonbandtechnik nutzt ab 1950 besonders K. Stockhausen (1928–2007) und erfindet völlig neuartige Klänge. Ein Interpret ist ausgeschaltet, da alle Kompositionen auf Tonband vorliegen. Später (ab ca. 1960) werden aber auch wieder Interpreten hinzugezogen.

Cluster- und Klangfarbenmusik

- Klangflächen aus eng beieinander liegenden Tönen (Cluster), oft grafisch notiert, sind ab 1960 neue Klangerlebnisse vor allem bei den Komponisten K. Penderecki (* 1933) und G. Ligeti (1923–2006).

Minimal Music

- Diese Richtung entsteht Mitte der 1960er-Jahre in den USA. Die Komponisten (u. a. T. Riley, S. Reich, Ph. Glass) arbeiten mit Patterns, die sich allmählich und unmerklich verändern.

Neue Einfachheit

- Ab 1970 entstehen Kompositionen, die in ihrem rituellen und litaneihaftem Ausdruck wieder stark mit alten Techniken arbeiten. Auch konsonante Klänge werden wieder häufiger verwendet.

Platz für eigene Notizen